U0596343

中华经典藏书

张富祥 译注

梦溪笔谈

中华书局

图书在版编目（CIP）数据

梦溪笔谈/张富祥译注. —北京：中华书局，2016.1
（2024.12重印）
（中华经典藏书）
ISBN 978-7-101-11360-0

Ⅰ. 梦…　　Ⅱ. 张…　　Ⅲ. ①笔记-中国-北宋②《梦溪笔谈》-
译文③《梦溪笔谈》-注释　　Ⅳ. Z429.441

中国版本图书馆 CIP 数据核字（2015）第 264293 号

书　　　名	梦溪笔谈
译 注 者	张富祥
丛 书 名	中华经典藏书
责任编辑	刘胜利
装帧设计	毛　淳
责任印制	陈丽娜
出版发行	中华书局
	（北京市丰台区太平桥西里 38 号　100073）
	http://www.zhbc.com.cn
	E-mail：zhbc@zhbc.com.cn
印　　　刷	河北博文科技印务有限公司
版　　　次	2016 年 1 月第 1 版
	2024 年 12 月第 11 次印刷
规　　　格	开本/880×1230 毫米　1/32
	印张 11½　插页 2　字数 200 千字
印　　　数	91001-95000 册
国际书号	ISBN 978-7-101-11360-0
定　　　价	23.00 元

前　言

　　公元 1081 年和 1082 年，也就是北宋神宗元丰四年和五年，北宋皇朝和西北地区党项族所建立的西夏政权之间，接连发生了两次影响当时时局的战役，即史书上所称的"灵州之战"和"永乐城之战"。先是，神宗采纳边将种谔的建议，调动五路兵马攻西夏，开始时也曾取得一些胜利。不过西夏人坚壁清野，宋军粮饷不继，又加上缺乏统一的指挥，诸路兵马很快就相继溃败，其中以攻至灵州（今宁夏青铜峡东）的一路败得最惨，故时称"灵州之战"。第二年，神宗又专遣给事中徐禧筑永乐城（在今陕西榆林东南），试图以此为前哨，进逼西夏都城兴庆府（今宁夏银川）。西夏人自然知道宋人此举的利害，因此待城成以后，倾其全部兵力来攻，结果城被攻破，守城的宋军被歼，徐禧等也阵亡。从此神宗决计不再对西夏用兵，而战役失败的责任是要由臣下承担的，其中沈括——即《梦溪笔谈》的作者——便是主要的责任人之一。

　　沈括（1031—1095）[①]，字存中，杭州钱塘（今浙江杭州）人。他的父亲沈周以进士起家，晚年曾做过多任知州，仁宗皇祐三年（1051）以太常寺少卿分司南京（今河南商丘）的官称赋闲，数月后即去世，时年七十四。沈括早年大部分时间随父亲生活，而当父亲去世时，他不过二十一岁，家境并不甚好。为生计考虑，他在为父亲终丧后，遂依父荫出任沭阳县（今属江苏）主簿。后来他自述年少时虽有志于专心为学，而"不幸家

----

　　① 关于沈括的生卒年，目前还有争议，这里采用的是胡道静《梦溪笔谈校证》中的考证结果。另一种看法较此迟两年，即公元1033—1097年。

贫",不得不"亟于仕禄"。这主簿的差事,名义上是县令的佐官,其实是接近于吏人的,所以他说"仕之最贱且劳,无若为主簿,沂、海、淮、泗、地环数百里,苟兽蹄鸟迹之所及,主簿之职皆在焉"。这就使得他"不得复若平时之高视阔步,择可为而后为,固宜稍善其职"。史载他在任大兴水利,"疏水为百渠九堰,以播节原委,得上田七十顷"。此后他在基层多年,直到嘉祐八年(1063)才考取进士功名,被正式授予扬州司理参军的职务。

英宗治平年间,沈括被推荐为馆阁校勘,曾参与编校昭文馆的书籍。神宗熙宁初年,他以馆职协助王安石变法,参加了主持变法的机构制置三司条例司的工作。史称沈括"博物洽闻,贯乎幽深,措诸政事,又极开敏",这主要是就他熟悉古今制度,又懂得如何变通运用而言的。他曾奉命整理郊祀大礼仪制,编成《南郊式》百余卷,郊祀活动依此实行后,节省大量费用,受到神宗的称赞。神宗又曾当面向他征询车战及盐法等事,这些都直接关系到当时所采取的军事决策和行政措施,他都能作出明通的回答,并被神宗所采纳。由此沈括逐渐得到神宗的信任,不数年间,即由检正中书刑房公事、提举司天监等职,累迁至知制诰兼通进银台司。其间曾以史馆检讨察访淮南钱粮及救灾,以集贤校理察访两浙农田水利。熙宁七年(1074),他又奉命为河北西路察访使,讲修边备,改革旧政数十事。次年接受特别的使命,出使北方辽国,力挫辽人提出的割地要求,取得外交上的胜利,回国后即擢翰林学士、权三司使。他担任三司使将近三年,总揽朝廷财政,是他仕途上的高峰。不过到熙宁末,由于他对免役法说过与先前稍有不同的话,竟引起变法派的不满,被劾罢三司使的职务而出知宣州(今安徽宣城)。这一结果大概完全出乎他本人的意料,因为他并非是要否定免役法,他只是谈到下户人家的役钱不妨免除,轻役则依旧轮差,而富户该出的役钱是决不能免除的。其实从人情上说，他的失误多半在说话不慎而为变法反对派所利用。元丰三年（1080），他复以龙图阁待制知审官西院，两日后命出知青州，未行而又改除鄜延路经略使、知延州（今陕西延安），成为一方边帅。两年后，永乐城之战发生，沈括得罪责，从此也结束了他的从政生涯。

永乐城的修筑，据史书所记，是由沈括首先提出来的。而当战役发生时，由于他手下的兵力实在太少，而且烽烟四起，顾头不顾尾，所以他没有援救永乐城。虽然事后他也采取了一些整顿军纪的举措，然已无济于事，责任是逃不掉的。当年十月，他以"措置乖方"责授均州团练副使，命于随州（今属湖北）安置（在指定地区居住而行动有一定限制的一种处分）。三年后，哲宗即位，允许他迁居秀州（今浙江嘉兴）。元祐三年（1088），因为他献进花费多年精力编制而成的《天下郡县图》，得赐绢一百匹，并允许任便居住。此后他卜居润州（今江苏镇江）梦溪园，潜心学问，直到去世。

"梦溪"的名目，据沈括《自志》所说，是缘于他"年三十许"时，曾梦见来到一处小山，见"花木如覆锦，山之下有水，澄澈极目，而乔木蓊其上"，因而"梦中乐之，将谋居焉"。后来他常梦至其处，"习之如平生之游"。及熙宁十年（1077）谪守宣州，他曾托一位道士在京口（今江苏镇江）买下一处园圃，但没有去看过。后六年废居随州，又曾在浔阳（今江西九江）的熨斗涧盖一座房子，准备过后依栖庐山以终老其身。不过到移居秀州前后，他有一次路过京口，恍然发现先前所买下的园圃正是梦中所游之地，乃悟自己的缘分在此，于是决定弃去浔阳之居，就在这京口之郊筑室。其地"巨木蓊然，水出峡中，停紫杳缭，环地之一偏者，目之梦溪"，看来果然是梦境成真了。然而这故事总令人有些疑心：也许两处置居舍的打算都是真的，而"梦溪"之名也不过是"人生如梦"的托喻而已！这一细节不必追究，想来他在人生的最后岁月，已不愿回到故籍杭州，所以就在这京口的"一偏"住了下来。

沈括自己所命名的梦溪是个好地方。溪之上耸立的山丘，千木放花，名曰"百花堆"，他的庐舍就建在花堆的中间。庐舍之西是荫于花竹之间的殼轩，轩之上有俯瞰山下田野阡陌的花堆阁，阁旁百寻巨木参天。靠近花堆崖头有茅舍曰"岸老堂"，堂后有俯瞰梦溪的苍峡亭。西花堆有环绕湍急绿波的万竿青竹，名曰"竹坞"。过竹坞而南，在溪岸与岸上道路之间有狭长的杏嘴。竹林中有供游燕的萧萧堂，堂南水边轩榭曰"深斋"，又有建在封土高台上可以眺望的远亭。这样的地方，在今人看来也真如梦境。然而沈括又记叙说，"居城邑而荒芜，古木与豕鹿杂处，客有至者，皆颦额而去"，是知当时士大夫并不欣赏。沈括则是独得其乐的："渔于泉，舫于渊，俯仰于茂木美荫之间。所慕于古人者，陶潜、白居易、李约^①，谓之'三悦'，与之酬酢于心；目之所寓者，琴、棋、禅、墨、丹、茶、吟、谈、酒，谓之'九客'。"在这样的环境中过退隐的生活，也是古代士大夫文化的"一绝"，然沈括只因政治上的失意不得已而为之，恐怕与陶渊明等人的心境又不同。而且这地方在他去世后，很快就物是人非了，南宋时半为农圃，半为军寨，已全无"梦溪"的踪影。

沈括一生著作很多，据胡道静先生统计，仅见于载籍著录及前人和沈括本人杂记的就有 40 种。其中至今流传下来的，《长兴集》为残本，《苏沈良方》非其《良方》原著，基本保存原貌而最受后人重视的只有《梦溪笔谈》一书，其余则差不多全都亡佚了。《梦溪笔谈》是作者晚年所作笔记文字的结集，不一定都作于他卜居梦溪园之后，有些可能在他贬居随州时已开始写作，或者是更早笔录的拣选整理，然而大部分条目的写作

---

① 李约：字存博，唐德宗初年宰相李勉之子。元和中曾为兵部员外郎，后弃官归隐。性清洁寡欲，一生不近粉黛。博古探奇，多蓄古今器玩、怪石、法书名画，与雅士清谈终日，弹琴煮茗，略不及尘事。

和全书的结集一定是在他入住梦溪园之后的元祐年间。从《笔谈》有《补笔谈》和《续笔谈》来看，可能《笔谈》原本在沈括生前已有印行，否则更不必单独作补，且有的条目（如关于"乌鬼"的考证）就是对原有条目的补充思考。今本《笔谈》前尚有作者简短的自序，以说明撰写梗概，可惜没有缀年月：

> 予退处林下，深居绝过从，思平日与客言者，时纪一事于笔，则若有所晤言，萧然移日。所与谈者，唯笔砚而已，谓之《笔谈》。圣谟国政及事近宫省，皆不敢私纪；至于系当日士大夫毁誉者，虽善亦不欲书，非止不言人恶而已。所录唯山间木荫率意谈噱，不系人之利害者，下至间巷之言，靡所不有。亦有得于传闻者，其间不能无阙谬。以之为言则甚卑，以予为无意于言可也。

由这些话可见作者在深居简出之后，想到平时与客人朋友谈论过的一些问题，时时作些回忆性质的笔记，就像又回到当日与客人会晤闲谈时的情景，而每每沉浸于笔谈之中，萧逸忘情，不知日已偏西。这大概就是沈括《自志》所说的与相悦者"酬酢于心"了。实际所与交谈的，也不过笔墨纸砚而已，所以叫做《笔谈》。涉及朝廷大政方针或近乎宫廷轶闻的故事，是都不敢私记的；至于关系到士大夫褒贬毁誉的文字，就是善事也不想记，不只是不说人坏话而已。所录都是一些山间林荫之下率意谈笑的东西，不系人事利害，所以下至街谈巷语、鄙俚风俗，无所不有。作者谦称：以为这就是著述，则卑之无甚高论，就当我本无意于著述也就是了。

其实，宋人对《梦溪笔谈》的评价已自不低，南宋时引用和辩论此书的学者不计其数。宋代的三大笔记体著作，此居其一，另外的两种——洪迈的《容斋随笔》和王应麟的《困学纪闻》，风格各异。三书都是广博精深的，这不用怀疑。相对来说，清人更重视《困学纪闻》，这多半是由于此书正统的经史考据取向和意趣；而近世以来，《梦溪笔谈》在世界上的知名度要远高于洪、王二书，这又多半是由于今人对科技的重视。

两宋时期的博学家有一大批，这得力于时代学术的综合发展。然其时在既博又专的领域，真能与沈括比肩的人并不多。他的专门学问，大概可以举出以下几个方面：

1. 唐宋制度史。他在这方面的著作有《南郊式》、《阁门仪制》、《诸敕令格式》及《诸色人厨料式》、《女道士给赐式》等，主要涉及仪制、法令；另有《丧服后传》，专讲丧服。沈括在典制史方面的修养是多方面的，且不限于唐宋，但他对唐、五代、宋代典制更为精熟，《笔谈》开篇的"故事"门也以此为主。这点实际上是他从政的看家本领。

2. 宋代财政史。他在这方面的学术积累主要得力于他曾任三司使的经历，虽无专门的著作，但《笔谈》中保存了不少这方面的史料，特别是有关盐法、茶法及税制、荒政、粮运、钱法等内容。

3. 音乐学。这方面他有《乐论》、《乐律》、《乐器图》、《三乐谱》等著作，《笔谈》的"乐律"门也集中了这方面的研究成果。这点与他的礼制学术是联系在一起的。

4. 天文历算学。这方面他有制定历法的系列书，包括《熙宁奉元历》、《熙宁奉元历立成》、《熙宁奉元历备草》、《比较交蚀》、《熙宁晷漏》等。这些都是他在提举司天监时，聘请淮南人卫朴制定历法所取得的成果，《笔谈》的"象数"门也大都是这类内容。古人将天文历算统归为一类，其实他的天文学、历法学、数学才能是应当分开来看的。

5. 医药学。这方面他有《灵苑方》、《良方》及《笔谈》的"药议"门。

6. 地理地图学。他在这方面的代表著作是《使虏图钞》和《天下郡县图》，后者尤可称是地图学上的创规之作。

7. 考古学。从《笔谈》的记载来看，他在这方面的修养极高，且不限于器物考古，还涉及地质考古等。《笔谈》的"器用"

门基本上可以归入考古类。

8. 诗学及书画学。《笔谈》的"艺文"、"书画"两门集录了他在这两个方面的一些见解，合观之即可见他作为一位文艺家的本色。

9. 音韵学。《笔谈》卷十五对音韵之学的介绍，在北宋学者的记述中是最为系统的。其他一些条目，对沈约四声说、切韵学等都有介绍和新看法。

10. 文献考证学。《笔谈》所反映的精到文献考证亦别具一格。

以上所列举的十个方面，随便抽出哪一个方面，沈括都可称是响当当的专家，其专精程度都不是普通学者所能达到的。这个概括当然还是不全面的，不过《梦溪笔谈》的结集，事实上即以上述内容为骨架，其他遗闻轶事、杂记琐谈等，虽然出于笔记的体例，无所不包，其中也不乏千秋文字，而并不占据主导的地位。博学不是泛览，真正的博学是由专精织成的，沈括就是这样一位博学家。他的专学与他个人的经历有关系，一位绝顶聪明的学者几乎是无往而不精的。其间当然也有认识上的局限，这是时代的限制，不能全拿今天的知识标准去衡量；然而就是纯知识性的内容，他的有些讲解也是很超前的，以致人们至今还难以看懂。这点不仅表现在天文、历法、数学、乐律等艰深的学问上，也表现在人类学、社会学上。例如他讲"时间"，就说"方其知时，即是今日"（《笔谈》卷二十"事非前定"条），以为预言的"未来时"其实就是"现在时"，现知之事与预言之事原无时间上的先后。由此推广开来，那么一切"历史时间"便也同时都是"现在时间"，可以轻易地引出如现代史家所说的"一切历史都是现代史"的结论。沈括的超前观念，有时今人也想不到，这便是他的学问广博专精的一些光点。

上面所举没有单列科技一类，这并不是说沈括在这方面不专精，只是因为中国古代除了天文、历法、地理、医学、农学、兵器学等官方所控制的学科外，其他发明创造往往不被看成是学问，得不到应有的重视。《梦溪笔谈》的"技艺"门虽然记载了建筑、活字印刷等内容，而大部分篇幅是数学和医学，还涉及书法、棋艺和占卜，并不能看作是科技类的专篇。《笔谈》所包含的科技资料事实上散布于全书的各个门类中，其中常被提到的重要事项如：

　　天体运动的观察、日月食形成的机制和极星测量；

　　日月之形和月球发光原理的推测；

　　月球和海潮的关系；

　　彩虹和太阳位置的关系；

　　流星、陨石的记载；

　　龙卷风的记载；

　　指南针及其装置、使用方法的记载；

　　地磁偏角的发现；

　　人工磁化方法及磁化水的记载；

　　十二气历——纯阳历的提出；

　　数学中的隙积术、会圆术、围棋变局总数的计算及其他；

　　华北冲积平原的形成机制；

　　地貌剥蚀的原理；

　　化石的记载；

　　"石油"一词的首先使用及石烟制墨；

　　解州池盐的结晶原理；

　　多种矿物晶体的物理性质及磷化氢自燃现象、冷光现象等记录；

　　胆矾炼铜的记载；

　　炼钢的记载；

　　冷锻铁甲的记载；

　　凹面镜、凸面镜的成像原理；

　　声学共振现象；

革囊纳声的记载；

汴水落差的测量；

高超治黄河决口的"三节压埽法"；

毕昇发明活字印刷的记载；

喻皓《木经》的建筑学；

地理模型、木地图的制作及制图方法的改进；

地理纬度、地形和物候的关系；

江湖行船避风术；

桂屑除草（生物除草）技术；

人体解剖学的记载；

大量生物学、药物学的记载；

……

以上举例也只是一个梗概。如果按现代科学分类，《笔谈》至少有三分之一的条目可以分归或互见于自然科学的二十个左右的门类之内。沈括在自然科学方面的探索精神和认知能力，不仅在宋代独步一时，在整个中国古代恐怕也找不出几个，所以英国科学史家李约瑟博士说《笔谈》一书是"中国科学史的里程碑"，沈括是"中国整部科学史中最卓越的人物"。这样的评价在旧时代是决不可能有的。

《梦溪笔谈》是沈括晚年的总结性著作，是他一生学问最精华部分的结晶，其中每一条在他看来都是有寓意、有心得、值得记或他人所未知、未记的，尽管有些条目也许在后人看来本是不必记或不应记的。元代大德九年（1305）东山书院刊刻的本子（今有文物出版社 1975 年影印本），有当时学者陈仁子的序言，说此书"辨讹正谬，纂录详核，闻未闻，见未见，融之可以润笔端，采之可以裨信史"。这当然不是说书中就没有错误，除了有些知识性的问题会有争议外，沈括对个别史实的记忆也是不真的，所记或不免有偏差，但这只是枝节问题，不妨害全书的整体价值。按胡道静先生的划分，全书（包括

《补》、《续》在内）共有 609 条，量并不大，但因沈括的学问太博太专，所以有些条目不太好读。学者的研究和利用可以各从专门，一般读者则仍可把它当作传统所称的文史著作或知识性书籍来读，而不必过分求解书中的专深部分，特别是不要因为现在常称此书是自然科学史上的名著，就忽视占全书大部分篇幅的社会科学内容。古人学问虽也分类，而注重综合，在今也应尝试用古人的思维读古书，以便更好地理解中国古文化。

现在奉献给读者的这个小册子只是个普及性的选本，不能展示《笔谈》的全貌，是个遗憾。不过所选各条都是原文，不加删节。《笔谈》的知识性很强，涉及面很广，作者的文笔又极洗练，且有不少唐宋习用语，今日已很陌生，一般辞书也查不到。要注译这样的作品是很难的，非联合各方面的专家难以做得好。尽管如此，这里对各条文字仍不加删节，个别实在注不出者宁可付缺，或提出可能的意见或疑问，也不避难节去。选条是有倾向性的，一些过于专深的门类，特别是乐律、天文历算、音韵学、药物学几类选得较少，这也不是因为难注，而是考虑到读者的阅读问题。艺文部分选得也不多，这是由于相关内容有共通性，每卷选几条表示一些类型就可以了。关于阴阳五行及传统术数的条目，以及所谓"神奇"、"异事"的条目，凡是在今天看来多少有些迷信色彩的，均不入选。"权智"多用兵故事，也只择其一二。《补笔谈》和《续笔谈》所选也是示例的性质，且不再分门类。这些当然都是因为篇幅问题，不是说原书内容有高下尊卑之分。如是，凡得 218 条，约占全书条目总数的三分之一强。这样做难免会拣了芝麻丢了西瓜，但仍不妨借以领略原书的基本风貌。

选目原文主要依据胡道静先生的《梦溪笔谈校证》（上海古籍出版社 1987 年版），同时参考了元大德本的影印本，个别字词和标点有改动，并于紧要处作了说明。注释和译文都力求简明，不足之处还请读者批评指正。

与原文不同的是，本书的选目都添加了小标题，这是原书所没有的。原书只是各卷有标题，如"故事"、"辨证"等，凡有十七门（类），分为二十六卷；每门之下则一条一条记下去，都不用小标题。现在为阅读和检查的方便，权且对所有选条（不论条幅长短）都加了一个标题。这些小标题是译注者拟定的，不一定很准确，而且这做法也不大符合严格的古籍整理的通则，此亦请读者体谅。此外，也为便于理解，译注者还在各门类的标题下加了一段简要的题解，而同一门类分为两卷或三卷者则不重复提示。

张富祥

2015 年 10 月

目　录

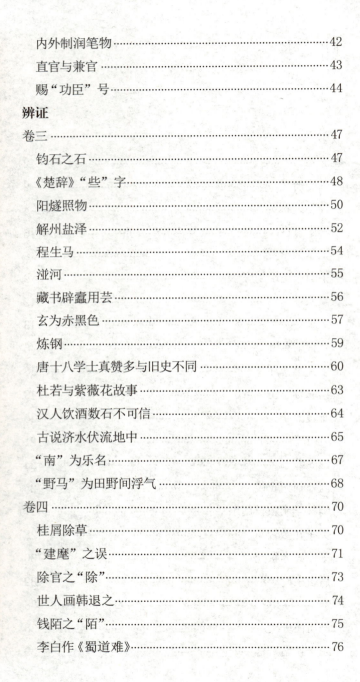

人事

官政

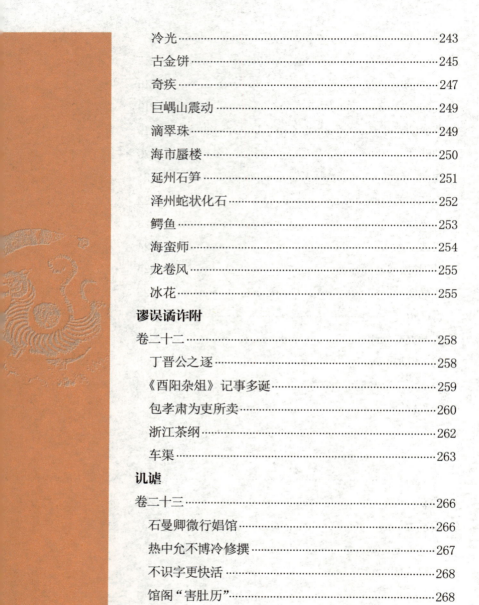

杂志

故事

　　《梦溪笔谈》首载"故事"一门，凡分两卷，是记叙和谈论宋代朝廷的典章故实的，涉及官制、礼仪、舆服、图籍、科举、封赐等内容，并及有关掌故。作者所谈是有所选择的，多为当时人们已不甚熟知或不知所从来的事项，许多细节可以弥补史书的缺载；同时因为宋朝典制多沿承唐朝典制，故作者叙其源流多溯及唐代。

卷一

郊庙册文

上亲郊庙①，册文皆曰"恭荐岁事"②。先景灵宫③，谓之"朝献"；次太庙，谓之"朝飨"；末乃有事于南郊④。予集《郊式》时⑤，曾预讨论⑥，常疑其次序：若先为尊，则郊不应在庙后；若后为尊，则景灵宫不应在太庙之先。求其所从来，盖有所因⑦。按唐故事，凡有事于上帝，则百神皆预遣使祭告，唯太清宫、太庙则皇帝亲行⑧。其册祝皆曰："取某月某日，有事于某所，不敢不告。"宫庙谓之"奏告"，余皆谓之"祭告"，唯有事于南郊，方为正祠⑨。至天宝九载⑩，乃下诏曰："'告'者，上告下之词。今后太清宫宜称'朝献'，太庙称'朝飨'。"自此遂失"奏告"之名，册文皆为正祠。

【注释】

①郊庙：指郊祀和庙祀，即祭天和祭祖的活动。郊，南郊，古代帝王于冬至日，在都城南郊的圜丘（圆形高坛）举行祭天的仪式；有时郊祀也指合祭天地的活动。庙，太庙，藏祖先神主之所。

②恭荐岁事：于岁时祭祀恭恭敬敬地进献祭品。荐，进献祭品，犹言祭祀。岁事，指岁时祭祀。

③景灵宫：宋代皇室奉祠本朝历世帝、后的处所。仿道家宫观形式，供奉已故帝、后的画像。真宗大中

祥符间始建于皇城东南，后来不断扩大建筑规模，每帝为一殿，皇后亦别为一殿，又有诸多附属建筑，并画功臣像陪祀。祭奠时，于皇帝用道家仪，于皇后用家人礼。南渡初暂寓其宫于温州，后复迁建于临安。

④有事：指祭祀。

⑤《郊式》：指宋神宗熙宁初年沈括等奉敕编修的《南郊式》。原书详考礼制沿革，重定南郊大礼仪式及一应事务程序，总为110卷。因当时王安石以宰执总领其事，故《宋史·艺文志》著录为王安石撰。

⑥预：参与。

⑦盖：承接连词，表示推论原由。因：因袭，沿承。

⑧太清宫：唐代在京师建立的祭祀老子的庙观。唐王朝李氏自称为老子的后裔，高宗时追尊老子为太上玄元皇帝。玄宗时命各地普建玄元皇帝庙，在京师者称为"玄元宫"，后改名为"太清宫"。

⑨正祠：指列入朝廷议程的规定性祭祀活动。此处意谓当南郊祭天时，太清宫、太庙之"奏告"及诸神庙之"祭告"皆为临时性的辅助祭祀，只有郊祀是按常规进行的正式典礼。

⑩天宝九载：唐玄宗天宝三年（744）改"年"为"载"，至肃宗至德三载（758）复改"载"为"年"。

【译文】

皇上亲临南郊祭天、太庙祭祖的典礼，写在典册上的祷祝文字都称"恭荐岁事"。先到景灵宫荐享，称之为"朝献"；然后到太庙行祭，称之为"朝飨"；最后才到南郊祭天。我在编集《南郊式》时，曾参与讨论，每每怀疑这三项典礼的次序：如果以先祀者为尊，则祭天的郊祀不应在祭祖的庙祀之后；如果以后祀者为尊，则景灵宫之祀又不应在太庙之前。考察这种次序的由来，它原是有所因袭的。按唐朝的旧制，凡是祭祀上帝，则对众多神庙都预先派遣使者祭告，只有太清宫、太庙的祭祀，皇帝才亲自参加。所有典册祷祝文字都称："定于某月某日，到某处行祭，不敢不祷告于神灵。"太清宫、太庙的祭祀称为"奏告"，其余诸神庙称为"祭告"，只有南郊之祀才是按规定进行的正式大典礼。至天宝九载，却又下诏说："所谓'告'，本是在上位者对下属谈话的用词。今后太清宫的祭礼应该称为'朝献'，太庙的祭礼称为'朝飨'。"自此以后，"奏告"的名目就不用了，太清宫、太庙的典册祝文遂皆与按规定进行的郊祀大礼无别。

翰林之称

　　唐翰林院在禁中①，乃人主燕居之所②，玉堂、承明、金銮殿皆在其间③。应供奉之人，自学士已下，工伎群官司隶籍其间者④，皆称"翰林"，如今之翰林医官、翰林待诏之类是也⑤。唯翰林茶酒司止称"翰林司"，盖相承阙文⑥。

【注释】

①翰林院：以文翰及其他杂艺供奉皇帝的御用机构。

禁中：皇宫。

②燕居：闲居。燕，安息。

③玉堂、承明、金銮殿："玉堂"疑当作"浴堂"（见下条），在此亦为殿名，故与承明、金銮二殿并举。唐人以"玉堂"为翰林院之别称，此叙翰林院址所在，则不当重出"玉堂"之名，且玉堂作为朝廷机构的建筑，亦不可与承明、金銮二殿并列。今译文权且以作"浴堂"为是。唐承明殿未详；金銮殿在金銮坡，载籍习见。

④工伎群官司：唐代翰林院除文学之士外，尚有医卜、技艺、方士、僧道等人，各有其分隶的官职部门。隶籍：指名籍所属。

⑤翰林待诏：宋代翰林御书院、翰林图画院皆有待诏之官，以随时待命应奉皇帝而名。

⑥阙文：此指"翰林茶酒司"省去"茶酒"二字而只称"翰林司"，犹言省称。阙，同"缺"。

按：宋代翰林司属光禄寺，掌供应酒茶汤果，而兼掌翰林院执役者的名籍及轮流值宿。

【译文】

唐代翰林院在皇宫内，这里是皇帝平日起居之处，浴堂殿、承明殿、金銮殿都在此院附近。所有在翰林院供职的人员，自学士以下，以及各技艺部门的人隶属本院的，都可称为"翰林"，如现在的翰林医官、翰林待诏之类都是。只有翰林茶酒司，现在只称"翰林司"，是由于习俗相沿而省称。

学士宣召

唐制，自宰相而下，初命皆无宣召之礼^①，惟学士宣召。盖学士院在禁中，非内臣宣召，无因得入。故院门别设复门^②，亦以其通禁庭也。又学士院北扉者^③，为其在浴堂之南^④，便于应召。今学士初拜，自东华门入^⑤，至左承天门下马待诏^⑥，院吏自左承天门双引至阁门^⑦，此亦用唐故事也。唐宣召学士自东门入者，彼时学士院在西掖^⑧，故自翰林院东门赴召，非若今之东华门也。至如挽铃故事^⑨，亦缘其在禁中，虽学士院吏亦止于玉堂门外，则其严密可知。如今学士院在外，与诸司无异，亦设铃索，悉皆文具故事而已^⑩。

【注释】

①初命：新任命。宣召：此指传旨召入使就职。皇帝派人传达谕旨叫"宣"。《宋史·职官志二》："凡初命为学士，皆遣使就第宣诏旨，召入院。"

②复门：夹门，旁门。

③北扉：北门。此用作动词，指开北门。

④浴堂：唐代皇宫中院、殿名。为皇帝住处之一，皇帝常于此召见学士。

⑤东华门：北宋宫城的东门。宫城西门称"西华门"。

⑥左承天门：东华门内第二道门。西华门内第二道门称"右承天门"。

⑦双引：指由两吏人一前一后共同引导。当时臣下

被皇帝召见，以双引为荣。阁（gé）门：北宋宫城
正殿文德殿的东西掖门，分称"东上阁门"与"西
上阁门"。此应指东上阁门。

⑧学士院：唐代学士初称"翰林供奉"，属翰林院，玄
宗开元末改称"学士"，别置学士院。西掖：指宫
城西掖门内。宫城南面有三门，在正南门东、西两
侧者分称"东掖门"、"西掖门"或"左掖门"、"右
掖门"。

⑨挽铃故事：唐学士院处禁密之地，初为备夜间值班
时有皇帝诏命至，故设悬铃而系以绳索，以代传
呼。后渐成故事，凡欲入本院者，皆须先拉铃，经
院官允许方得入内。宋太宗时曾恢复铃索的设置。

⑩文具：徒具形式的文饰。

【译文】

唐朝制度，自宰相以下官员，新任命时都没有皇帝传
旨使就职的礼节，只有学士是传旨就职的。这是由于学士
院在皇宫内，除非皇帝派宦官传旨召入，就不能入内任职。
所以学士院门另设有旁门，也是为了以此门连通皇帝居住
的殿庭。学士院又开有北门，是因为该院在浴堂之南，便
于出北门应召。现在新任命的学士，由东华门进入，到左
承天门下马听命，然后由院中两吏人一前一后引至东上阁
门下，这也是用唐代旧制的典故。不过唐代传旨召学士而
由东门进入，是因为那时学士院在西掖门内，所以要从翰
林院东门赴召，这个东门并非如现在的东华门。至于唐代
学士院设置铃索的故事，也因为该院在皇宫内，即使是院

中吏人也只在本院正厅的门外活动，则本院森严禁密的程度可知。如今学士院在皇宫之外，与朝廷各机构无异，而也设置铃索，都不过是徒具形式的文饰故事而已。

玉堂故事

学士院玉堂①，太宗皇帝曾亲幸②，至今唯学士上日许正坐③，他日皆不敢独坐。故事：堂中设视草台④，每草制，则具衣冠据台而坐。今不复如此，但存空台而已。玉堂东承旨阁子⑤，窗格上有火燃处。太宗尝夜幸玉堂，苏易简为学士⑥，已寝，遽起，无烛具衣冠，宫嫔自窗格引烛入照之。至今不欲更易，以为玉堂一盛事。

【注释】

①学士院玉堂：宋代学士院全称"翰林学士院"，学士亦称"翰林学士"，但为独立机构，不隶翰林院，且实际地位远高于翰林院。掌起草制、诰、诏、令等朝廷文件。宋人仍沿唐俗，称学士院正厅为"玉堂"，宋太宗曾赐其匾额，题为"玉堂之署"。

②亲幸：亲临，亲至。古人称皇帝至某处专用"幸"字。

③上日：指上任之日。

④视草：起草。

⑤承旨：指翰林学士承旨。为翰林学士之首，不常置，以翰林学士久任者充任。

⑥苏易简（958—997）：字太简，绵州盐泉（今四川

绵阳东南）人。太宗时进士第一，历翰林学士承旨，官至参知政事。

【译文】

学士院玉堂，太宗皇帝曾亲自临视，至今只有学士上任之日才可以坐到大堂的正座上，其他日子都不敢擅自坐上去。按旧例：堂上有起草文件用的台子，学士每起草诏制，即穿戴好官服端坐于台前。现在不再这样做，就只剩一个空台子了。玉堂东面翰林学士承旨的阁子，窗格上有一块被火烧灼过的地方。太宗曾夜间来到玉堂，苏易简为学士，已经睡下而匆忙起床，无烛火照明穿戴官服，随从太宗的宫女就从窗格子里伸进蜡烛给他照明。至今学士院不打算更换这扇被烧灼过的窗子，以为它代表了玉堂的一件盛事。

中国衣冠用胡服

中国衣冠，自北齐以来①，乃全用胡服②。窄袖绯绿短衣③，长靿靴④，有蹀躞带⑤，皆胡服也。窄袖利于驰射，短衣长靿，皆便于涉草。胡人乐茂草，常寝处其间，予使北时皆见之⑥，虽王庭亦在深荐中⑦。予至胡庭日，新雨过，涉草，衣袴皆濡，唯胡人都无所沾。带衣所垂蹀躞，盖欲佩带弓剑、帉帨、算囊、刀砺之类⑧。自后虽去蹀躞，而犹存其环。环所以衔蹀躞，如马之鞦根⑨，即今之带銙也⑩。天子必以十三环为节，唐武德、正观时犹尔⑪。开元之后，虽仍旧俗，而稍褒博矣⑫。然带钩尚穿带本为孔⑬，本朝加顺折⑭，茂人文也⑮。

【注释】

①北齐：南北朝时北方政权之一。为鲜卑化汉人所建。公元550年正式取代东魏建国，577年为北周所灭。

②胡服：泛指北方少数民族服装。古籍称北方边地及西域各民族为"胡"。史载战国时赵武灵王已提倡胡服骑射。

③绯（fēi）：红色。

④长靿（yào）靴：长筒靴。靿，靴筒。

⑤蹀躞（diéxiè）带：装饰蹀躞的腰带。蹀躞，亦作"鞢䩞"，一种北方少数民族特有的装饰物，样式不详。疑"蹀躞"本为一种兽名。

⑥使北：出使北方。指宋神宗熙宁八年（1075）沈括出使契丹辽国事。

⑦荐：兽所食草。此泛指草。

⑧帉帨（fēnshuì）：佩巾，手巾。算囊：亦称"算袋"，本指盛算子（计算用具）的革袋。后来成为一种装饰品，亦用以盛他物。刀砺：佩刀和磨石。

⑨鞦（qiū）根：套车时拴在牛马大腿后面的革带称"鞦"（也写作"鞧"、"緧"），"鞦根"当是此种革带上的装饰物。按本条文意，"鞦根"亦是一种环。

⑩带銙（kuǎ）：作带扣用的金属板或玉板。亦为装饰物。

⑪正观：即贞观，唐太宗年号。作者避宋讳改"贞"为"正"。尔：如此，这样。

⑫褒博：宽大。

⑬带钩：腰带上用来结系两端的金属钩。古代贵族所
用形制多样，装饰华丽。穿带本为孔：指带钩的固
定须在腰带根部（前端）穿孔嵌入。

⑭顺折：此二字之意待考。疑指唐人所称的"铊尾"，
亦称"挞尾"，即腰带下插的垂头。史载古时韦带
垂头反插，唐高祖曾令下插，以取顺下之义。宋代
挞尾亦视官阶高下，分别以金、玉、犀、银、铜、
铁为饰。

⑮茂人文：他书或引作"盖弥文"，指更增加了礼制文
明的色彩。

【译文】

中国的衣冠服饰，自北齐以来，便全用北方少数民族
的服制。袖子窄瘦、或红或绿的短上衣，长筒靴，有装饰
蹀躞的腰带，这些都是北方少数民族的服装。袖子窄瘦便
于驰射，短上衣、长筒靴都便于过草地。北方少数民族喜
欢茂盛的草地，经常居处其间，我出使辽国时都曾亲眼看
到，即使他们的王庭也在深草之中。我到辽国王庭时，正
碰上刚下过雨，此时过草地，衣裤都沾湿了，只有辽人都
无沾湿。他们腰带上所缀的蹀躞，大概是为了佩带弓剑、
手巾、算袋、刀子和磨石之类东西的。后来虽然去掉了蹀
躞，而仍然保存着蹀躞的环。这种环是用来衔着蹀躞的，
就像马车上络马股的革带上的套环，也就是现在腰带上的
铐。天子的腰带必以十三环作为分节的装饰，唐初武德、
贞观年间也还是这样。开元年间以后，虽然因袭了旧的习

俗，而腰带变得稍稍宽大起来。但带钩还是在腰带前端穿孔固定的，而本朝添加分等级的挞尾，表示礼制文明的意味就更浓厚了。

幞头

幞头①，一谓之"四脚"，乃四带也。二带系脑后垂之；二带反系头上，令曲折附顶，故亦谓之"折上巾"。唐制，唯人主得用硬脚②。晚唐方镇擅命，始僭用硬脚③。本朝幞头，有直脚、局脚、交脚、朝天、顺风④，凡五等；唯直脚贵贱通服之。又庶人所戴头巾，唐人亦谓之"四脚"。盖两脚系脑后，两脚系额下⑤，取其服劳不脱也；无事则反系于顶上。今人不复系额下，两带遂为虚设。

【注释】

①幞头：包头软巾。相传北周武帝时裁定用四条带子，谓之"四脚"。隋时加桐木骨子，使巾顶高起，后世或以藤、竹等为骨。"幞"字旧读 pú，今读 fú。

②硬脚：用金属线撑起的巾脚。唐代皇帝所服的幞头用硬脚，稍上曲；五代晚期以后，硬脚渐趋平直。

③僭（jiàn）：僭越，超越等级本分。

④直脚：指平直的硬脚。宋人多用铁线支撑。局脚：即曲脚，硬脚弯曲者。交脚：指前后脚互相交叉者。朝天：指巾脚上曲者。顺风：指一脚下垂、一脚上曲者。

⑤颔（hàn）：下巴颏。

【译文】

幞头，又叫"四脚"，就是四条带子。两条带子系在脑后下垂；另两条带子由下巴颏下折返，系于头顶上，所以幞头又叫"折上巾"。唐朝制度，只有人主的幞头能用金属线支撑的硬脚。晚唐时，地方镇守官专擅权力，开始僭越本分而用硬脚。本朝的幞头，有叫做直脚、局脚、交脚、朝天、顺风的五种；只有直脚的一种是不论贵贱都通行服用的。又老百姓所戴的头巾，唐人也称之为"四脚"。大抵两条带子系于脑后，两条带子系于下巴颏下，是为了在劳作时幞头不致脱落；若无事时，则都反系于头顶上。今人通行直脚而不复系于下巴颏下，则前面的两条带子都成为无用的设置。

宣头

予及史馆检讨时①，枢密院札子问宣头所起②。予按唐故事，中书舍人职掌诏诰③，皆写四本，一本为底，一本为宣。此"宣"谓行出耳，未以名书也。晚唐枢密使自禁中受旨，出付中书④，即谓之"宣"。中书承受，录之于籍，谓之"宣底"。今史馆中尚有《梁宣底》二卷，如今之"圣语簿"也。梁朝初置崇政院⑤，专行密命；至后唐庄宗复枢密使⑥，使郭崇韬、安重诲为之⑦，始分领政事。不关由中书直行下者⑧，谓之"宣"，如中书之"敕"⑨；小事则发头子、拟堂帖也⑩。至今枢密院用宣及头子。本朝枢密院亦用札子，但中书札子，宰相押字在上，次相及参政以次向下；枢密院札子，枢长押字在下，副贰以次向上，以此为别。头子，唯给驿马之类用之⑪。

【注释】

①史馆检讨：史馆属官。掌修日历、国史，通常以他官兼任。

②枢密院：官署名。长官为枢密使。唐代宗以宦官为枢密使，掌传达皇帝命令。五代时改以士人充任。宋代为最高军事机构，掌军国机务、兵防、边备、军马等政令，与中书省对掌军政大权，合称"二府"。札子：官府文书名。宋代中央机构处置公事，已奉皇帝旨意者，许用札子命下级官府执行。有些官员在一定情况下，亦许用札子向皇帝奏事。宣头：又称"头子"，实指零碎事体的宣命文件。详下。

③中书舍人：中书省属官。掌起草诏令，署敕宣旨，并参议表章、接纳上奏文表等事。三国曹魏时已置，后世沿置。宋初中书舍人仅为确定俸禄的官阶，实不任职，而另置知制诰及直舍人院起草诏令。神宗元丰年间改官制以后，废舍人院，建为中书后省，始以中书舍人为事务主管。

④中书：即中书省。自三国曹魏以后，即为中央最高决策机构，其长官多称"中书令"，实为宰相。唐宋时宰相于政事堂议事，实是中书省与门下省合署办公，故政事堂亦称"中书门下"，或简称"中

书"。宋代皇城外尚有中书省和门下省，俗称"外省"或"后省"。

⑤崇政院：五代后梁惩唐代宦官专权之弊，改"枢密院"为"崇政院"，以文臣为院使及直院。可参与朝廷机密，然仅备皇帝顾问，承旨宣于宰相而行之，并无决策和专擅行事的权力。

⑥后唐庄宗（885—926）：即李存勖。公元923—926年在位。他即位后，复改"崇政院"为"枢密院"。

⑦郭崇韬（？—926）：五代后唐将领。庄宗时首以宰相兼任枢密使。自此枢密院专掌军事。安重海（？—931）：五代后唐将领。后唐明宗（李嗣源）时官至枢密使，累加侍中兼中书令。

⑧关由：指政府机构间的文书往来。其文体与札子大同小异。

⑨中书之"敕"："敕"和"宣"有别。宋承五代，凡皇帝圣旨及札子批状，由中书省下达者称"敕"，由枢密院下达者称"宣"。

⑩发头子、拟堂帖：此亦指枢密院与中书省之别。凡处置具体事务的文书，枢密院称"头子"或"宣头"，中书省则称"堂帖"或"札子"。"堂帖"之名，本指唐代政事堂（宰相办公处）所颁文书，《梦溪笔谈》本卷上文有"唐中书指挥事谓之'堂帖子'"条。

⑪驿马：驿站的马。古代为传递政府文书而设驿站，供传递者更换马匹或休息、住宿。

【译文】

我刚兼任史馆检讨时，参与讨论枢密院札子所问宣头文件的来历。我考察唐代旧事，中书舍人职掌起草诏诰，都写成四份，其中一份为底本，一份为宣本。这个"宣"本指由宫廷颁行出来，在初并未用作文件的名称。晚唐枢密使自宫廷中领受皇帝旨意，出而交付中书省，即称之为"宣"。中书省承受之后，抄录一份于文件簿，就称之为"宣底"。现在史馆中还保存有《梁宣底》二卷，就像现在的"圣语簿"。后梁初置崇政院，专掌传达皇帝的机密诏命；后唐庄宗恢复枢密院，使郭崇韬、安重诲为枢密使，枢密院才开始分领军政大权。当时枢密院传达皇帝旨意的文件不经由中书省，而直接颁行于下级部门的，就称为"宣"，如同中书省所颁行的"敕"；至于较小的事体，则由枢密院发头子，中书省拟堂帖。至今枢密院仍用宣及头子。本朝枢密院也用札子，但中书省的札子，宰相的签名画押在上面，名次在后的宰相及参知政事的签名画押依次向下排列；枢密院的札子，则长官的签名画押在下面，副长官的签名画押依次向上排列，以此与中书省的札子相区别。枢密院的头子，只在供给驿马之类的小事情上使用。

百官见宰相

百官于中书见宰相，九卿而下[①]，即省吏高声唱一声"屈躬"[②]，趋而入[③]。宰相揖及进茶，皆抗声赞喝[④]，谓之"屈揖"。待制以上见[⑤]，则言"请某官"，更不屈揖，临退仍进汤[⑥]。皆于席南横设百官之位，升朝则坐⑦，京官以下皆立⑧。后殿引臣寮⑨，则待制已上，宣名拜舞⑩；庶官但赞拜⑪，不宣名，不舞蹈。中书则略贵者⑫，示与之抗也⑬；上前则略微者⑭，杀礼也⑮。

【注释】

①九卿：泛指中央政府各部门长官。

②唱：犹"喝"，高喊。屈躬：表示趋进时身体略前倾的称谓。

③趋：以小碎步向前行走。古人以此表示恭敬。

④抗声：高声。"抗"通"亢"。赞喝：一作"赞唱"，赞礼喊号。古代称辅助行礼或辅助行礼的人为"赞"，即司仪。

⑤待制：宋代于文臣正式官职之外所加的一种衔名，地位在学士、直学士之下。此种衔名率系于诸阁，如天章阁学士、直学士、待制等，为文臣清贵之选。

⑥临退仍进汤：指直到离去之前仍然上茶。汤，茶水，古人称"茶汤"。

⑦升朝：指升朝官，又称"朝官"或"常参官"。宋代常朝日参见皇帝的高级官员称"常参官"，有一定的官阶规定。

⑧京官：宋代官阶在升朝官以下的官员称"京官"，即常参官以外的未常参者。亦有一定的官阶规定。

⑨后殿：指皇宫内举行常朝的正殿（又称"正衙"、"前殿"）之后的殿庭。皇帝常于后殿办公及接见臣

下。臣僚：同"臣僚"。

⑩宣名拜舞：指自报官职姓名并行拜见舞蹈的礼节。古人正规行礼时手舞足蹈，称"拜舞"或"舞蹈"。

⑪庶官：众官。此指待制以下的官员。

⑫中书则略贵：指百官在中书省见宰相略显得受到尊重。实指礼节较简化。贵，尊重。

⑬抗：对等，平等。

⑭微：低微。

⑮杀：减，降低等次。

【译文】

朝廷百官拜见宰相于中书省，凡各部门长官以下的官员，待中书省吏人高喊一声"屈躬"，即小碎步趋前进入。宰相向来者作揖并上茶水，司仪都高唱口号，称为"屈揖"。有待制以上衔名的高级官员来见，则吏人只传"请某官"，更不行屈揖之礼，而直到会见结束前还不断上茶。会见时，宰相都在坐席的南面横向设置百官的座位，来者若为升朝官则坐，若为京官以下官员则站立。皇帝在后殿接见臣僚，凡有待制以上衔名的官员都自报官职姓名并行拜舞之礼；其余众官则但行拜见礼，既不自报官职姓名，也不舞蹈。百官在中书省见宰相礼仪较简，略显得受到尊重，这是表示同为朝廷官员的身份是平等的；在皇帝面前则礼仪较繁，身份略显得低微，这是根据礼制规定而降低等次的做法。

学士争槐厅

学士院第三厅学士阁子，当前有一巨槐，素号

"槐厅"①。旧传居此阁者多至入相，学士争槐厅，至有抵彻前人行李而强据之者②。予为学士时，目观此事。

【注释】

①素：向来。

②抵：抵任，到任。彻：撤出，搬出。

【译文】

翰林学士院的第三厅，因为学士阁子的正前面有一棵巨大的槐树，一向号称"槐厅"。旧时相传住过此阁的学士后来多至入为宰相，所以诸学士争槐厅，以致有到任即强行搬出前任者的行李而占据此阁的。我做翰林学士时，曾亲眼看到过这样的事。

馆职称学士

《集贤院记》①："开元故事，校书官许称'学士'②。"今三馆职事皆称"学士"③，用开元故事也。

【注释】

①《集贤院记》：即唐人韦述所撰《集贤注记》。原书三卷，记唐代开元、天宝间集贤院置院始末、院中故事及学士名氏。已佚，今存佚文尚多。

②校书官：泛指集贤院整理图籍的官员。唐代集贤院曾先后置学士、直学士、校理、待制、留院、入院、侍讲、刊校、修撰、修书及直院等官，俗间统

称"学士"。后规定登朝官五品以上为学士，六品以下为直学士，学士中取位次最高者一人判院事，缺学士即以直学士中位次最高者递补；非登朝官不问品秩，并为校理，其余名目皆停废。

③三馆：宋承唐制，以史馆、昭文馆、集贤院为三馆，掌修史、藏书、校书事务。太宗时增建秘阁，与三馆合称"馆阁"，又新建崇文院总寓馆阁。凡供职馆阁及崇文院者，有学士、直学士、直馆、直阁、修撰、校理、检讨、校勘、校书等职名，统称"馆职"，为文臣清贵之选。元丰五年（1082）改官制后，崇文院并入秘书省，而秘书省官著作郎、著作佐郎、秘书郎、校书郎、正字等仍称"馆职"。其余还有不同职事的史官名目，亦与馆职等同，有时馆职还包括诸杂阁的部分职事。两宋时期，民间沿唐俗，亦往往统称担任馆职者为"学士"。

【译文】

《集贤院记》记载："开元间的旧制，凡校书官都可称为'学士'。"现在担任三馆职事者都被称为"学士"，用的还是唐开元间的旧制。

雌黄改字

馆阁新书净本有误书处①，以雌黄涂之②。尝校改字之法③：刮洗则伤纸，纸贴之又易脱；粉涂则字不没④，涂数遍方能漫灭。唯雌黄一漫则灭，仍久而不脱。古人谓之"铅黄"⑤，盖用之有素矣。

①新书净本：指馆阁书籍经过精心校勘定本后，又重
　新缮写、校对、誊清及装订的新本。
②雌黄：矿物名。为晶体鸡冠石的一种，可作颜料。
　旧称鸡冠石为"石黄"或"黄金石"，又分为雄黄和
　雌黄二种，然载籍亦每相混。古人用黄纸写字抄书，
　有误则以雌黄涂抹，取其易于漫灭而不留痕迹。
③校（jiào）：考察比较。
④粉：指铅粉。古人用铅粉作化妆品涂面，也用以涂改
　书写误字。特制的铅粉亦呈黄色，故道家铅丹又称
　"黄丹"。
⑤铅黄：即铅粉和雌黄。

【译文】

　　馆阁校书重新缮写誊清的定本，遇有书写错误的地方，
即以雌黄涂抹误字。我曾考察比较改字的方法：用刀刮削
擦拭则容易伤纸破损，用纸贴住误字则又容易脱落；用铅
粉涂抹则不容易盖住误字，要涂好几遍才能使误字漫灭。
只有用雌黄涂抹，则一涂即能漫灭误字，且所涂久不脱落。
古人以其与铅粉并称"铅黄"，可见雌黄的使用是久有来
历的。

五司厅

　　予为鄜延经略使日①，新一厅，谓之"五司厅"。
延州正厅乃都督厅②，治延州事；五司厅治鄜延路军
事，如唐之使院也③。五司者，经略、安抚、总管、

节度、观察也④。唐制，方镇皆带节度、观察、处置三使⑤。今节度之职多归总管司，观察归安抚司，处置归经略司。其节度、观察两案并支掌、推官、判官⑥，今皆治州事而已。经略、安抚司不置佐官⑦，以帅权不可更不专也。都总管、副总管、钤辖、都监同签书⑧，而皆受经略使节制。

【注释】

①鄜（fū）延经略使：全称"鄜延路经略安抚使"，治延州（今陕西延安）。宋代经略使不常置，多以"经略安抚使"为名，由各路帅府的知州、知府兼任，总掌一路兵民之政，并兼马步军都总管。其官署称"经略使司"或"经略司"。

②都督：宋代都督府的长官，掌本府兵民之政。一般以亲王担任，不常置，缺则以知府兼任。

③使院：指唐代节度使等地方军政大员的治事处所。

④安抚、总管、节度、观察：宋代安抚使职同经略使，唯后者地位高于前者，在沿边重要地区多由经略兼安抚。总管即都部署，又称"都总管"，掌军旅屯戍等事，北宋时多由诸路帅臣或知州兼任，南宋时多成闲职。节度使在唐代总揽一方军、政、财权，观察使为一道行政长官，二者到宋代都仅为武臣虚衔。

⑤处置使：唐代初设各道按察使，开元时改设采访处置使，掌举劾州县官吏。后改为观察处置使，即观

察使。

⑥节度、观察两案：因节度、观察之职已分归总管司、安抚司，在各自司内分案治事，故称"两案"。支掌："幕职官节度掌书记"与"观察支使"的合称。掌文案。二者不同置，一般有出身者为节度掌书记，无出身者为观察支使。推官、判官：亦皆为幕职官。前者掌本州司法，后者掌行政事务。

⑦佐官：副职。

⑧铃（qián）辖：又称"兵马铃辖"。为统兵官，位在都部署、部署之下。北宋时亦往往由文臣地方官兼任，后亦多成闲职。都监：又称"兵马都监"。性质与铃辖同，位在铃辖之下。

【译文】

我在担任鄜延经略使时，新建了一处办事机构，叫做"五司厅"。延州府的正厅是都督厅，治理延州的事务；五司厅治理鄜延路的军务，有如唐代的节度使等机构。所谓"五司"，指的是经略司、安抚司、总管司、节度司、观察司。唐代制度，凡方镇长官皆带节度使、观察使、处置使的职名。现在节度使的职权多归于总管司，观察使的职权归于安抚司，处置使的职权归于经略司。其中节度、观察两个机构及其所属的幕职支掌官、推官、判官，如今都仅仅治理州事而已。经略司、安抚司不设置副职，是因为地方的军事统领之权不可不专擅。都总管、副总管、铃辖、都监虽共同签署军事文书，而都受经略使的节制。

馆阁藏书

前世藏书分隶数处，盖防水火散亡也。今三馆、秘阁，凡四处藏书，然同在崇文院①。其间官书多为人盗窃，士大夫家往往得之。嘉祐中，置编校官八员，杂雠四馆书②，给吏百人，悉以黄纸为大册写之，自此私家不敢辄藏。校雠累年③，仅能终昭文一馆之书而罢。

【注释】

①崇文院：宋初承五代，仍以小屋数十间为三馆。太宗太平兴国二年（977）另选址重建，次年建成，赐名"崇文院"，迁三馆书籍于其中。真宗时曾因失火，临时建崇文外院。仁宗时故址修缮毕，复撤外院。神宗元丰五年（1082）改官制，"崇文院"改为"秘书省"。

②杂雠（chóu）四馆书：指以崇文院总领的史馆、昭文馆、集贤院、秘阁之书相互校雠。后又以诸阁书供校雠。

③校雠累年：此项工作始于仁宗嘉祐四年（1059），八年罢局。

【译文】

前代国家藏书，都隶属于几个地方，这是为了防止因水火灾害而散亡。现在三馆、秘阁的藏书共有四处，然而都在崇文院中。其间国家图书多被人盗窃，士大夫之家往往可以得到。嘉祐年间，朝廷置编校书籍官八员，以四馆之书互相校雠，并配给书写吏等百余人，将所校之书全部以黄纸缮写装订成大册的书本，从此私家才不敢擅自收藏。不过这次校雠持续了好几年，仅能校完昭文馆一馆的书籍就停止了。

内外制无职钱

旧翰林学士地势清切①，皆不兼他务。文馆职任，自校理以上②，皆有职钱③，唯内外制不给④。杨大年久为学士⑤，家贫请外⑥，表辞千余言⑦。其间两联曰："虚忝甘泉之从臣⑧，终作若敖之馁鬼⑨；从者之病莫兴⑩，方朔之饥欲死⑪。"

【注释】

①地势：地位。清切：清闲而亲近皇帝。切，亲近。

②校理：馆阁校勘书籍官。以京官任者称"校勘"，以朝官任者称"校理"。

③职钱：亦称"贴职钱"，于俸禄之外加给的钱。

④内外制：官职合称，亦称"两制"。宋代翰林学士皆加知制诰官衔，起草制、诰、诏、令、赦书、德音等文件，称"内制"；翰林学士之外，以他官加知制诰官衔履行同样职任者，则称"外制"。

⑤杨大年：即杨亿（974—1020）。字大年，建州浦城（今属福建）人。十一岁时，以天资颖异，皇帝特命召试，授秘书省正字，入馆阁读书。后官至翰林学士、户部侍郎。为宋初"西昆体"诗派的代表人物。

⑥请外：请求为外官（地方官）。

⑦表辞：所上辞职表的言辞。今存杨亿《武夷新集》卷十四有《求解职领郡表》与《再乞解职表》，前者六百余字，后者近千字。

⑧忝（tiǎn）：谦词，自称愧居某官位之意。甘泉：指汉武帝时的甘泉宫。此以喻皇宫、皇帝。从臣：侍从之臣。宋代诸殿阁学士、直学士、待制及翰林学士、六部尚书、侍郎皆称"侍从官"。

⑨若敖之馁鬼：各本"若敖"皆作"莫敖"，今从洪迈《容斋续笔》卷十六《唐朝士俸微》条所引及杨亿《再乞解职表》原文改。若敖，即"若敖氏"，指春秋时楚国令尹子文之族；馁鬼，饿鬼。《左传》宣公四年载子文临终，知其从子越椒之狼子野心将导致其族大难，故嘱其族速行，并泣谓："鬼犹求食，若敖氏之鬼，不其馁而！"后人因以"若敖鬼馁"比喻绝嗣。

⑩从者之病莫兴：此用传说的孔子典故。相传孔子晚年周游列国时，曾在陈、蔡之间被困，多日不得食，随从他的弟子们也都饿病了，以致不能起身。兴，起。

⑪方朔之饥欲死：此用西汉东方朔典故。《汉书·东方朔传》载其初为公车待诏时，曾因俸禄微薄，自称"臣朔饥欲死"。

附按：本条末所引两联文字，与杨亿《再乞解职表》不同，盖出于传闻的概括。杨氏表辞原文如下："汉臣之饿且欲死，难免侏儒之嗤；孔徒之病不能兴，敢怀子路之愠。行作若敖之馁鬼，徒辱甘泉之从官。"其文大意是说：汉臣（东方朔）俸薄而饿得要死，却难免被侏儒嘲笑；孔子的弟子们病饿得不能起，又哪还敢有子路的恼怒。行将成为像若敖氏一样的饿鬼，白白辱没了侍从甘泉宫的职位。下面的译文仍从沈括的原文略述其意。

【译文】

旧时翰林学士地位清贵亲近，都不兼任其他事务。文馆的职任，自校理以上，都有贴职钱，只有内外两制官不添给。杨大年久为学士，家境清贫，请求外任地方官，其章表达千余言。其中有两联文字说到："空占着甘泉宫侍从之臣的职位，最终却成为像若敖氏一样的饿鬼；孔子的随从弟子们病饿得不能起，东方朔的饥饿也渐渐要死。"

翰林学士敕设用乐

京师百官上日①，唯翰林学士敕设用乐②，他虽宰相，亦无此礼。优伶并开封府点集③。陈和叔除学士④，时和叔知开封府⑤，遂不用女优。学士院敕设不用女优，自和叔始。

【注释】

①京师：今河南开封。上日：上任之日。

②敕设：特指皇帝下旨安排的宴会。凡宴会所用帐幕、食品、酒醴、茶果等，皆由御用机构供给陈设，故

称"敕设"。有时还安排杂戏。

③优伶：古代杂戏及歌舞演员之称。此实指有乐籍的歌舞艺人。

④陈和叔：即陈绎（1021—1088）。字和叔，开封人（一说洛阳人）。历翰林学士、权知开封府事，晚年曾兼任经略安抚使。

⑤和叔知开封府：此六字语气不顺，疑当作"权知开封府"五字。或后人传抄误"权"字为"叔"，遂又擅加"和"字。史载陈绎先曾拜翰林学士，后屡任他职，又权知开封府事，久之，复还翰林，仍领府治。《笔谈》此条所记当是他复还翰林时事。

【译文】

京师百官上任之日，只有翰林学士奉旨设宴可以用乐舞，其他官员，即使是宰相，也没有这种礼仪。宴会所用的乐工和歌舞艺人，都由开封府指定招集。陈和叔复为翰林学士，当时他权知开封府事，遂不用歌舞女艺人。学士院奉旨设宴不用女艺人，自陈和叔开始。

贡举礼数轻重

礼部贡院试进士日①，设香案于阶前，主司与举人对拜②，此唐故事也。所坐设位供张甚盛③，有司具茶汤饮浆④。至试学究⑤，则悉彻帐幕毡席之类⑥，亦无茶汤，渴则饮砚水，人人皆黔其吻⑦。非故欲困之，乃防毡幕及供应人私传所试经义。盖尝有败者，故事为之防。欧文忠有诗⑧："焚香礼进士，彻幕待经生。"以为礼数重轻如此，其实自有谓也^⑨。

【注释】

①贡院：宋代科举考试的事务管理机构和试场。进士：
宋代凡应进士科考试的举人均称"进士"，已登科
者则自称"前进士"。宋承唐制，科举考试有乡试、
礼部试、殿试，殿试合格即授进士及第等出身，是
谓"登科"。

②主司：即知举官，包括知贡举、同知贡举。职掌主
持礼部试，决定合格举人名次。举人：宋代凡应贡
举考试的各科士人均称"举人"，俗称"举子"。

③设位：预先安排的位置。举子参加考试，皆有单独
的隔离空间。供张：指帐幕毡席等一应物品的供给
陈设。

④茶汤饮浆：茶水和饮料。

⑤学究：别本或作"经生"。北宋贡举有学究科，试
《诗》、《书》、《易》三经经义，神宗熙宁间罢去。

⑥彻：撤去。

⑦黔其吻：染黑了嘴巴。

⑧欧文忠：当作"欧阳文忠"，即欧阳修（1007—
1072）。字永叔，庐陵（今江西吉安）人。为北宋文
坛领袖，官至参知政事。卒谥文忠。

⑨谓：理由，原因。

【译文】

礼部贡院考试进士之日，在阶前设置香案，主持贡举

的官员与参加考试的举人对拜，这也是唐朝故事。举人所坐的考位，一应物品的供给陈设甚为排场，有关部门还给准备茶水和饮料。至于学究科的考试，则帐幕毡席之类的用品全都撤去，也没有茶水，考生渴了就喝研墨用的水，以致人人都染黑了嘴巴。这并不是要故意与考生为难，而是为了防止有人利用毡幕和送水的人私下传递所考的经义。因为以往曾有这样做而败露的，所以现在要事事为之防备。欧阳文忠曾有诗说："焚香礼进士，彻幕待经生。"以为对待二者礼数上的轻重如此悬殊，其实这中间自有原因。

王俊民为状元

嘉祐中，进士奏名讫①，未御试②，京师妄传王俊民为状元③。不知言之所起，人亦莫知俊民为何人。及御试，王荆公时为知制诰④，与天章阁待制杨乐道二人为详定官⑤。旧制：御试举人，设初考官，先定等第；复弥之⑥，以送覆考官，再定等第；乃付详定官，发初考官所定等，以对覆考之等，如同即已，不同则详其程文⑦，当从初考，或从覆考为定，即不得别立等。是时王荆公以初、覆考所定第一人皆未允当，于行间别取一人为状首；杨乐道守法，以为不可。议论未决，太常少卿朱从道时为封弥官⑧，闻之，谓同舍曰："二公何用力争？从道十日前已闻王俊民为状元。事必前定，二公徒自苦耳。"既而二人各以己意进禀，而诏从荆公之请。及发封，乃王俊民也。详定官得别立等自此始，遂为定制。

①奏名：指礼部试后，贡院将合格举人列出名册奏进
　皇帝。

②御试：即殿试，又称"廷试"、"亲试"。礼部试后，
　合格举人再经殿试，最后被录取者才算真正登科。殿
　试完毕后，由皇帝主持唱名，授中榜者出身，表示他
　们为"天子门生"。

③王俊民：字康侯，莱州掖县（今山东莱州）人。北宋
　嘉祐六年（1061）进士第一，授官未几，得狂病卒。

④王荆公：即王安石（1021—1086）。字介甫，号荆
　公，抚州临川（今江西抚州）人。北宋改革家，官
　至宰相。知制诰：见前"旧翰林学士地势清切"条
　"内外制"注。

⑤杨乐道：即杨畋（1007—1062）。字乐道，新泰（今
　属山东）人。出身于将家，官至龙图阁学士知谏院。

⑥弥：一作"弥封"。宋人称"封弥"，又称"糊名"，
　即科举考试中为防止评卷作弊，在考生纳卷后密封
　卷头（或截去卷头），誊录副本以供评阅。

⑦程文：指科举考试的答卷。因按一定程序作文，故称
　"程文"。

⑧朱从道：字复之，沛县（今属江苏）人。尝历员外
　郎、郎中。

【译文】

　　嘉祐年间，贡院奏上进士名册后，尚未殿试，京师已
妄传王俊民将为状元。这种传言不知是从哪里来的，人们

也不知道王俊民为何人。等到殿试时，王荆公当时为知制诰，与天章阁待制杨乐道二人同为详定官。按以往的制度：殿试举人设初考官先阅试卷，确定合格者的等次；再封弥试卷，送复考官审核，进一步确定等次；然后才交付详定官，拆封看初考官所定的等次，以与复考官所定的等次对照，如果二者相同就不再变动，如果不同就再详阅不同者的试卷，或从初考官所定，或从复考官所定，均不得另外确定等次。其时王荆公以为初考、复考所定的第一人都不允当，欲从名册上另外取一人为状头；杨乐道坚持旧有的法规，不同意这样做。二人的争议还没有结果，太常少卿朱从道这时为封弥官，闻知此事，就对同掌封弥的人说："二公何必要力争，我在十天前就已听说王俊民为状元。其事必然是预先定下来的，二公只不过自寻烦恼罢了。"稍后二人各以自己的意见进呈禀奏皇上，而皇上诏令采取王荆公的意见。等到发榜，状元果然是王俊民。详定官得以别立进士名次由这次开始，后来遂成为定例。

后唐案检

予尝购得后唐闵帝应顺元年案检一通①，乃除宰相刘昫兼判三司堂检②。前有拟状云③："具官刘昫④。伏以刘昫经国才高，正君志切，方属体元之运⑤，实资谋始之规⑥。宜注宸衷⑦，委司判计⑧，渐期富庶，永赞圣明⑨。臣等商量，望授依前中书侍郎兼吏部尚书、同中书门下平章事、充集贤殿大学士兼判三司⑩，散官勋封如故⑪，未审可否？如蒙允许，望付翰林降制处分⑫。谨录奏闻。"其后有制书曰:"宰臣刘昫可兼判三司公事,宜令中书门下依此施行。付中书门下,准此。四月十日。"用御前新铸之印,与今政府行遣稍异⑬。本朝要事对禀⑭,常事拟进入,画"可"然后施行⑮,谓之"熟状";事速不及待报,则先行下具,制草奏知,谓之"进草"。熟状白纸书,宰相押字,他执政具姓名⑯;进草即黄纸书,宰臣、执政皆于状背押字。堂检,宰执皆不押,唯宰属于检背书日,堂吏书名,用印。此拟状有词⑰,宰相押检,不印,此其为异也。大率唐人风俗,自朝廷下至郡县,决事皆有词,谓之"判",则书判科是也⑱。押检二人,乃冯道、李愚也⑲。状检瀛王亲笔,甚有改窜勾抹处。按《旧五代史》:"应顺元年四月九日己卯,鄂王薨。庚辰,以宰相刘昫判三司。"正是十日,与此检无差⑳。宋次道记《开元宰相奏请》、郑畋《凤池藁草》《拟状注制集》悉多用四六㉑,皆宰相自草。今此拟状冯道亲笔,盖故事也。

【注释】

①后唐闵帝:即李从厚(914—934)。明宗李嗣源次子。在位仅数月,即被李嗣源养子李从珂(末帝)起兵攻败,降封鄂王,旋被杀。应顺元年:934年。案检:犹今言"档案"。古代竹木简文书的封识或题签称"检",后世因用以指称档案文件或书籍的

题签。

②刘昫（xù，885—944）：字耀远，涿州归义（今河北雄县）人。后唐宰相。兼判：兼管。唐宋时以高位兼任低职称"判"。三司：指户部、度支司、盐铁司，均为朝廷财政机构。唐代分别置署，后唐时置三司使统之，三司职事始趋向整合。宋因之，号称三司为"计省"，三司使的地位亦仅次于执政，俗称"计相"。堂检：亦称"堂案"，指宰相办公处政事堂的文书档案。

③拟状：初拟政事意见或建议供皇帝定夺的奏状。

④具官：唐宋时官府文书或私人应酬文字，往往将应该写出而对方实际都熟知的某人或自己的官职、爵位、级别等省略为"具官"二字，此二字遂成为一种套语，而兼有谦称的味道。此下"伏以"二字亦为臣下向皇帝奏事的套语。

⑤属（zhǔ）：逢，适值。体元之运：旧时代用于帝王即位后要建立功德的套话。体元，意谓效法体现作为万物之本始的天地之德。运，机运，时机。

⑥资：借助。谋始之规：计议基业之建立的规划。

⑦注宸衷：得到皇帝的眷注。宸衷，指帝王的心意。

⑧委司判计：委任他兼判三司事而掌管财计。

⑨赞：襄助，辅佐。

⑩中书侍郎：中书省副长官，参议大政。同中书门下平章事：唐宋时以中书、门下、尚书三省长官为宰相，因位重不常置，凡以他官代行宰相职务者，即

加"同中书门下平章事"的衔名，亦简称"同平章事"。集贤殿大学士：宰相加官。以次相兼领，首相则加昭文馆大学士。

⑪散官：唐宋时表示官员等级而无实际职事的一种官称。亦称"散阶"、"阶官"。

⑫降制处分：发布制书实施。

⑬政府行遣：此指由政府发布皇帝诏令。

⑭对禀：晋见皇帝当面报告。臣下见皇帝称"对"。

⑮画"可"：指皇帝画押批准。宋代经皇帝亲阅的文件，例书"依"字，并在纸尾盖御宝（皇帝印玺）。

⑯执政：宋代宰相和执政有别。历两宋，凡称同平章事、尚书左右仆射、左右丞相、侍中者为宰相，而参知政事、中书侍郎、门下侍郎、尚书左右丞及枢密院长官和副长官则皆为执政。二者合称"宰执"。

⑰词：此指骈体文字，即下文所称的"四六"。唐宋以后的朝廷文件仍习用骈体文。

⑱书判科：即"书判拔萃科"，唐宋铨选考试的名目之一。宋代选人参加此科考试，最初试判词三道，合格而等次高者可授官；后来所试判词加至三十道，词理优长者又须赴京再试十道，合格者准许参加殿试。

⑲冯道（881—954）：字可道，瀛州景城（今河北河间）人。历任后唐、后晋、后汉、后周四朝宰相，自号"长乐老"，不为后世所称。死后追封瀛王。李愚（？—935）：字子晦，渤海无棣（今属山东）人。官至后唐宰相。

⑳ "按《旧五代史》"以下几句：《旧五代史》载后唐闵帝死于是年四月九日戊寅，十一日庚辰刘昫判三司，《资治通鉴》卷二百七十九同。盖制书出于四月十日，正式任命在四月十一日，沈括检阅《旧五代史》日期有误解。下面的译文仍从沈括原文。

㉑ 宋次道：即宋敏求（1019—1079）。字次道，赵州平棘（今河北赵县）人。为北宋著名藏书家，历知制诰，官至龙图阁直学士。《开元宰相奏请》：宋敏求《春明退朝录》所记原称《开元宰相奏请状》，二卷。郑畋（约824—882）：字台文，荥阳（今属河南）人。唐僖宗时官至宰相。

【译文】

我曾经购求得到后唐闵帝应顺元年的档案一通，是除授宰相刘昫兼判三司的政事堂文档。文档前面有进拟的奏状说："关于具官刘昫任职事。谨拜伏奏上，刘昫治国有高才，辅佐君主意志深切，正当陛下即位效法天地建立功德之时，实有赖于他谋策奠基的经营规划。陛下应当倾心眷顾，委任他综理国家财政大计，期待国家逐渐富裕，长久襄助圣明天子的治世。臣等商量，望刘昫授职，仍依其旧任，以中书侍郎兼吏部尚书、同中书门下平章事、充集贤殿大学士兼判三司，其阶官和勋爵封禄等都不变，未详适当与否。如果承蒙允许，望即付翰林学士院撰进制书施行。谨录此状，奏闻皇上。"此状后面有制书说："宰臣刘昫可兼判三司公事，应令中书门下依此施行。付中书门下，准此。四月十日。"制书用闵帝即位后新铸的印玺，与现在制书由政府发布稍不同。本朝重要事体要大臣晋见皇帝当面报告，平常事体则拟状进入，由皇帝批示同意后施行，这种状子叫做"熟状"；如果事情急迫，来不及等待报告批复，就先让下属部门施行，然后再草拟制书奏知皇帝，叫做"进草"。熟状用白纸书写，宰相画押签字，其他执政官一起署名；进草用黄纸书写，宰相和执政官在状子的背面签字画押。政事堂的文案，宰相和执政官都不画押，只是宰相的属官在文件的背面写明日期，政事堂的主管吏人一起署名，并用政事堂的印。我所购得的这一纸拟状有骈体文词，宰相在文件上画押签字，不用政事堂的印，这是和通常的拟状不同的地方。大率唐人的风俗，从朝廷下至郡县，决断事体都有骈体文词，称之为"判词"，也就是书判拔萃科所要考试的文体。此状押字的有二人，即宰相冯道和李愚。状子是瀛王冯道的亲笔，多有改添勾抹之处。按《旧五代史》记载："应顺元年四月九日己卯，鄂王薨。庚辰，以宰相刘昫判三司。"所记日期正是四月十日，与此状无异。宋次道曾记唐《开元宰相奏请状》及郑畋的《凤池藁草》、《拟状注制集》皆多用四六文字，都是宰相自己起草。现在这一拟状为冯道亲笔，看来也是秉承旧例。

卷二

三司使班次

三司使班在翰林学士之上①。旧制权使即与正同②，故三司使结衔皆在官职之上③。庆历中，叶道卿为权三司使④，执政有欲抑道卿者，降敕时移权三司使在职下结衔⑤，遂立翰林学士之下，至今为例。后尝有人论列⑥，结衔虽依旧，而权三司初除，阁门取旨，间有叙学士上者⑦，然不为定例。

【注释】

①三司使：见上卷末条注。班：亦称"班次"，指群臣朝会时按官职爵位等排列的次序。代表官员的实际级别。

②权使即与正同：指代理性质的三司使权使公事与正式任命的三司使职任相同。宋代"权三司使"本称"三司使权使公事"，简称"权使"。

③三司使结衔皆在官职之上：此句实指"三司使权使公事"的称谓，"三司使"三字在实际职务"权使公事"之上。

④叶道卿：即叶清臣（（1000—1049）。字道卿，长洲（今江苏苏州）人。官至翰林学士、权三司使。

⑤移权三司使在职下结衔：意指移"三司使"三字于"权"字之下，遂使"三司使权使公事"之称变而为"权三司使"。如此则使"权三司使"的地位又低于

"三司使权使公事"一等。

⑥论列：指上章讨论评判。

⑦叙：指等级排列。

【译文】

三司使的级别在翰林学士之上。按旧时体制，三司使权使公事与三司使正官职任相同，所以"三司使权使公事"的结衔，"三司使"三字在"权使公事"之上。庆历年间，叶道卿为三司使权使公事，执政官有欲压制叶道卿的，因而在颁降任命他的敕书时，移"三司使"三字于"权"字之下而称"权三司使"，遂使权三司使的立班在翰林学士之下，并且至今沿用为定例。后来曾有人奏论此事，虽然"权三司使"的结衔未变，而权三司使新任命，阁门使传达皇帝圣旨，偶尔也有列其等级在翰林学士之上的，但不是固定的成例。

宗子授南班官

宗子授南班官①，世传王文正太尉为宰相日②，始开此议，不然也。故事：宗子无迁官法，唯遇稀旷大庆③，则普迁一官。景祐中，初定祖宗并配南郊，宗室欲缘大礼乞推恩④，使诸王宫教授刁约草表上闻⑤。后约见丞相王沂公⑥，公问前日宗室乞迁官表何人所为。约未测其意，答以不知。归而思之，恐事穷且得罪，乃再诣相府。沂公问之如前，约愈恐，不复敢隐，遂以实对。公曰："无他，但爱其文词耳。"再三嘉奖。徐曰："已得旨别有措置，更数日当有指挥⑦。"自此遂有南班之授。近属自初除小将军⑧，凡七迁则为节度使，遂为定制。诸宗子以千缣谢约⑨，约辞不敢受。予与刁亲旧，刁尝出表藁以示予。

【注释】

①宗子：宗人、宗室，皇族子弟。南班官：即环卫官，包括左右金吾卫、左右卫、左右骁卫、左右武卫、左右屯卫、左右领军卫、左右监门卫、左右千牛卫上将军、大将军、将军。为无职事、无定员的虚衔，仅用于武臣赠典或安置闲散武职人员，亦用于除拜宗室。

②王文正：即王旦（957—1017）。字子明，莘县（今属山东）人。宋真宗时官至宰相。卒谥文贞，后来宋人避仁宗讳而改称"文正"。太尉：此用作军事长官的尊称。因王旦曾为同知枢密院事，故以太尉称之。按：下文叙及宰相王曾，谥号文正，沈括为区别两"文正"，故于此特加"太尉"二字。宋人或以宗室授南班事属之王旦，亦因以两文正相混之故。

③稀旷大庆：很少举行的大规模庆祝典礼。

④推恩：施恩惠于他人。此特指皇帝利用特殊机会授予官阶爵位等。

⑤诸王宫教授：教授宗室子弟的学官名。宋代各王宫均设大学和小学，宗室子弟十岁以上入小学，二十岁以上入大学，其学官称教授。刁约（？—约

1082）：字景纯，丹徒（今江苏镇江）人。熙宁初官至判太常寺。卒年八十余。

⑥王沂公：即王曾（978—1038）。字孝先，青州益都（今山东青州）人。宋仁宗时官至宰相，封沂国公。卒谥文正。

⑦指挥：宋代尚书省各部临时解释皇帝敕令的文件。具有法律效力。

⑧小将军：即将军。因将军位在上将军、大将军之下，故称"小将军"。

⑨千缣（jiān）：一千匹细绢。

【译文】

宗室子弟授予南班官衔，世人传说是在王文正为宰相时开始提议的，事实不是这样。按旧时制度：宗室子弟没有升迁官阶的法规，只有遇到很少举行的盛大庆典，才普遍升迁一级。景祐年间，初次制定在南郊合祭天地时以太祖、太宗、真宗一起配享的制度，宗室欲借此大典礼请求推恩迁官，因而让诸王宫教授刁约起草表章报告皇上。事后刁约拜见宰相王沂公，沂公问日前宗室请求迁官的表章是谁起草的。刁约一时猜不透他的意思，就回答说不知道。回来后刁约想这事，怕事情被追查后会造成窘迫且将得罪，于是又到宰相府拜见沂公。沂公还像上次那样问他，刁约更加恐慌，不敢再隐瞒，于是如实回答。沂公说："没有其他意思，只是喜欢这表章的文词。"并再三给以表扬。然后又慢慢说道："已得皇上旨意另行安排，隔几天就会有政府的指令。"自此遂有宗室授予南班官的成例。皇帝的近亲从开始除授位次低的将军，凡经七次升迁，即升至节度使，于是成为固定的制度。宗室诸人用上千匹细绢答谢刁约，刁约推辞不敢接受。我和刁约有亲戚故旧关系，他曾出示当时所上表章的草稿给我看过。

内外制润笔物

内外制凡草制除官①，自给谏、待制以上②，皆有润笔物③。太宗时立润笔钱数，降诏刻石于舍人院④，每除官，则移文督之，在院官下至吏人院驺⑤皆分沾。元丰中，改立官制，内外制皆有添给⑥，罢润笔之物。

【注释】

①内外制：即起草皇帝诏令等文件的翰林学士知制诰（内制）和以他官为知制诰（外制）的官员。

②给谏、待制以上：泛指五品以上的官员。给谏，为"给事中"与"谏官"的合称，皆掌驳正朝廷政令之违失；待制，为诸殿阁掌文物官员的一种职名，位在直学士之下。

③润笔物：略似现在的"稿费"。有钱有物。宋代皇帝所赐者往往有金玉等贵重物品，而赐钱之数或至万缗。

④舍人院：北宋元丰以前中书省所属官署之一。置知制诰与直舍人院，与翰林学士对掌内外制。元丰改制以后废罢。

⑤院驺（zōu）：指舍人院照料官员马匹的吏人。

⑥添给：即添支钱，有时又有添支米，指官员的各种
　加俸。

【译文】

　　掌内外制的学士和知制诰凡是起草任命官员的制书，
只要被任命的是给谏、待制等五品以上的官员，起草者就
都有润笔物。太宗时曾确定润笔的钱数，命刻于碑石上立
在舍人院，每任命官员就出文书督促发放，供职舍人院的
官员以至吏人和马夫都有分沾。元丰年间改革官制，内外
制官员都增加了添支钱，遂罢去润笔的钱物。

直官与兼官

　　唐制，官序未至，而以他官权摄者为"直官"，
如许敬宗为"直记室"是也①。国朝，学士、舍人
皆置直院。熙宁中，复置直舍人学士院，但以资浅
者为之，其实正官也。熙宁六年，舍人皆迁罢②，
阁下无人，乃以章子平权知制诰③；而不除直院者，
以其暂摄也。古之兼官多是暂时摄领，有长兼者即
同正官。予家藏《海陵王墓志》④，谢朓文⑤，称
"兼中书侍郎"。

【注释】

①许敬宗（592—672）：字延族，杭州新城（今浙江
　富阳西南）人。武则天时官至中书令。记室：古代
　王府或高官的开府中掌文书笺奏的属官。
②迁罢：指因迁官或罢免而去职。

③章子平：即章衡（1025—1099）。字子平，浦城（今
　属福建）人。曾以直舍人院拜宝文阁待制，后历知
　州府。
④《海陵王墓志》：见本书卷十五"海陵王墓志"条。
⑤谢朓（tiǎo，464—499）：字玄晖，陈州夏阳（今河
　南太康）人。南朝文学家，官至尚书吏部郎。

【译文】

　　唐朝制度，官品未到担任某职务的资格而以他官暂时代理某职务的，都称为"直某官"，如许敬宗曾为"直记室"者即是。本朝制度，学士院和舍人院都设有直院官。熙宁年间，曾复设直舍人学士院的官职，只以资格较浅的人担任，其实是正式任命的直院官。熙宁六年，舍人皆因升迁或罢免去职，舍人院堂阁下一时无人，乃以章子平暂时代理知制诰之职；而他所以不除授直院官，是因为他只是暂时兼任。古代的兼官多是暂时代领其职，有兼职时间长的即与正官无别。我家里藏有《海陵王墓志》，其文是尚书吏部郎谢朓撰写的，而落款称"兼中书侍郎"。

赐"功臣"号

　　赐"功臣"号，始于唐德宗奉天之役①。自后藩镇下至从军②，资深者，例赐"功臣"。本朝唯以赐将相。熙宁中，因上"皇帝"尊号③，宰相率同列面请三四，上终不允，曰："徽号正如卿等'功臣'，何补名实？"是时吴正宪为首相④，乃请止"功臣"号，从之。自是群臣相继请罢，遂不复赐。

【注释】

①奉天之役：唐德宗建中四年（783），因京师发生兵变，德宗逃往奉天（今陕西乾县）。次年下罪己诏，赖诸将平叛收复京师，史称"奉天之役"。

②藩镇：又称"方镇"，指唐代"安史之乱"后形成的掌握地方实权的节度使等割据势力。从军："从事"和"参军"的合称。二者为古代文、武长官的属官名，分掌文案和军事。唐代藩镇，从事和参军的职权往往甚重。

③尊号：亦称"徽号"，指古代给皇帝（或皇后）所加的出于歌功颂德的名号。宋神宗熙宁元年（1068），群臣曾请加神宗以"奉元宪道文武仁孝"之号，神宗不许。后来神宗又有"绍天法古运德建功英文烈武钦仁圣孝皇帝"之号。

④吴正宪：即吴充（1021—1080）。字冲卿，浦城（今属福建）人。官至宰相，卒谥正宪。

【译文】

朝廷赐予臣下"功臣"的名号，始于唐德宗奉天之役时。从那以后，各藩镇长官以至其僚属从事和参军，凡是资历深的，都援例赐以"功臣"之号。本朝只以"功臣"名号赐予将相大臣。熙宁年间，因按制度要加皇帝尊号，宰相率领同事诸大臣当面请示再三，神宗始终不答应，并说："这种名号如同你们的'功臣'之号，对一个人的名实又有何补益？"其时吴正宪为宰相第一人，于是请求取消已赐给他的"功臣"之号，神宗答应了。自此群臣相继请求撤销"功臣"名号，遂不再赐予。

辨证

　　卷三和卷四以"辨证"为标题，即辨别考证之意。传统上将《梦溪笔谈》列为考证笔记的著作，所以全书中的考证文字实不止于此门，不过此门仍可作为有代表性的考证门类之一。沈括考证工作的最大特点，是以文献记载、书本知识与亲历见闻、实地调查及自身实践经验相印证，而不是仅仅辗转于古今文字记录之间求左验，因此能以自己深厚的学术素养和前沿式的治学方式为基础，构筑起一个足以服人又自成一格的实证体系。故所考虽杂而人不病其杂，所记虽细而人不病其细，上至天文地理、国典朝章，下至人伦日用、族群风俗，以至种种人不经意的物理现象，一经其手便皆成学问。如本门所收各条，即包括了各种考证方法，而尤重经历见闻、观察试验及实践经验，这与一般的文献考证著作是有所不同的。

卷三

钧石之石

"钧石"之"石"，五权之名①，石重百二十斤。后人以一斛为一石②，自汉已如此，"饮酒一石不乱"是也。挽蹶弓弩③，古人以钧石率之④；今人乃以粳米一斛之重为一石⑤，凡石者以九十二斤半为法，乃汉秤三百四十一斤也。今之武卒蹶弩，有及九石者，计其力，乃古之二十五石，比魏之武卒⑥，人当二人有余；弓有挽三石者，乃古之三十四钧，比颜高之弓⑦，人当五人有余。此皆近岁教养所成，以至击刺驰射，皆尽夷夏之术，器杖铠胄，极今古之工巧。武备之盛，前世未有其比。

【注释】

①五权：指五种重量单位，即铢、两、斤、钧、石。汉代二十四铢为一两，十六两为一斤，三十斤为一钧，四钧为一石。作为重量单位的"石"，古代即读作 shí，后世多读作 dàn。

②斛（hú）：古代量器名，也用作容量单位。作为容量单位，一般十斗为一斛，南宋末年改五斗为一斛。

③挽蹶弓弩（nǔ）：犹言"挽弓蹶弩"，即拉弓和踏弩。挽，拉。蹶，踏。弩，一种利用机械力量发箭的强弓，其大者要用脚踏或腰开。

④率（lǜ）：计算。

⑤粳（jīng）米：粳稻米。

⑥魏之武卒：指战国时魏国经过特别训练的勇武的士兵。《荀子·议兵》谓"魏氏之武卒"能够"操十二石之弩"。

⑦颜高：春秋时鲁国武士。《左传》定公六年载"颜高之弓六钧"。

【译文】

"钧石"的"石"，是五种重量单位的名称之一，每石重一百二十斤。后人以一斛为一石，自汉代以来已经如此，如说"饮酒一石不乱"，就是以一斛当一石。拉弓踏弩的力量之大小，古人都用作为重量单位的钧、石来计算；今人却以粳稻米一斛的重量为一石，而每石以九十二斤半为标准，则相当于汉秤的三百四十一斤。现在的武士踏弩，有能达到九石力量的，换算所用之力，乃相当于古代的二十五石，与先秦魏国的武士相比，则一人之力抵得上二人还有余；弓有能拉到三石力量的，乃相当于古代的三十四钧，与鲁国武士颜高的六钧之弓相比，则一人之力抵得上五人还有余。这些都是近年来的军事训练所取得的成效，以至于击刺、驰射等都掌握了中原和四裔之民所能有的技术，兵器铠甲的制造也都极尽古今工巧之能事。现时武备的程度，前世没有哪一代可以相比。

《楚辞》"些"字

《楚词·招魂》尾句皆曰"些"苏个反①，今夔、峡、湖、湘及南北江獠人凡禁咒②，句尾皆称

"些"。此乃楚人旧俗，即梵语"萨嚩诃"也③，"萨"音桑葛反，"嚩"无可反，"诃"从去声④。三字合言之⑤，即"些"字也。

【注释】

①苏个反：此三字为"些"字的注音，即以"苏"字的声母与"个"字的韵母相拼而得"些"字的读音，其声调从"个"字。古人称这种注音方法为"反切"，具体注音时则只称"反"或"切"。本条下文的"桑葛反"注"萨"字，"无可反"注"嚩"字，均同此。由于汉字的古今读音有变化，所以用现在的普通话语音读古人的反切用字，有时候拼不出，要能顺利拼读，需熟悉古音才行。

附按：《梦溪笔谈》原文有些夹注（如本条的注音），今为便读，一律用小字录入以别之。注文是否译出，视内容而定。后面遇有相同情况，均如此处理，不再另作说明。

②夔（kuí）、峡、湖、湘：大略指今重庆东部、湖北西部及湖南中西部地区。南北江：指今湖北江陵以东至洞庭湖一带。獠（lǎo）：当写作"僚"。魏、晋以后对分布于今四川、重庆、贵州、云南、广西、湖南、湖北等省份境内的部分古代少数民族的泛称。唐以后又有"葛僚"或"仡僚"之称。禁咒：禳除疾病邪祟的巫术，也指巫术咒语。

③梵语：古印度书面语。萨嚩诃：梵语 Svāhā 的音译。

佛教真言（咒）多用于结句。

④"诃"从去声：指"诃"字读作去声（今普通话第
四声）。

⑤三字合言：指三字急读成一字。

【译文】

《楚辞·招魂》篇的句子，句尾都有个"些"字苏个反，
如今夔、峡、湖、湘及南北江地区的僚人，凡是巫祝祈祷
时念咒语，句尾还都说"些"。这是楚人的旧风俗，也就是
梵语的"萨嚩诃"，"萨"音，桑葛反，"嚩"音，无可反，"诃"
去声。三字急读就合成一个"些"字。

阳燧照物

阳燧照物皆倒①，中间有碍故也②。算家谓之
"格术"③。如人摇橹④，臬为之碍故也⑤。若鸢飞
空中⑥，其影随鸢而移，或中间为窗隙所束，则影
与鸢遂相违，鸢东则影西，鸢西则影东。又如窗隙
中楼塔之影，中间为窗所束，亦皆倒垂，与阳燧一
也。阳燧面洼，以一指迫而照之则正，渐远则无所
见，过此遂倒。其无所见处，正如窗隙、橹臬腰鼓
碍之⑦，本末相格，遂成摇橹之势。故举手则影愈
下，下手则影愈上，此其可见。阳燧面洼，向日照之，
光皆聚向内。离镜一二寸，光聚为一点，大如麻、菽⑧，著
物则火发，此则腰鼓最细处也。岂特物为然，人亦如
是，中间不为物碍者鲜矣⑨。小则利害相易，是非
相反；大则以己为物，以物为己。不求去碍，而欲

见不颠倒，难矣哉！《酉阳杂俎》谓"海翻则塔影倒"⑩，此妄说也。影入窗隙则倒，乃其常理。

【注释】

①阳燧：古人用以聚阳光取火的凹面铜镜。

②碍：此字所表达的概念，以凹面镜言之，实指聚光的焦点。但下文以"橹臬"（支点）、"窗隙"（小孔成像）作比，皆不属同类现象。

③格术：指研究凹面镜成像原理的学问。"格"有阻碍、暌违、牵制之义，凹面镜之成像对称而颠倒，故谓其数理逻辑为"格术"。

④橹：划船用具。古人称大者为"橹"，小者为"桨"。

⑤臬（niè）：用来支撑橹的小木桩。

⑥鸢：鹞鹰。

⑦腰鼓：此指像腰鼓的细腰那样。实指细腰处。

⑧麻、菽：指麻籽和豆粒。

⑨鲜（xiǎn）：少。

⑩《酉阳杂俎》：分门辑录的杂记之书，唐人段成式撰。

【译文】

用阳燧照物体，所形成的物像是颠倒的，这是由于在物和镜面之间有"碍"的缘故。算术家研究这一现象的数理，称之为"格术"。譬如人摇橹能够行船，就是因为有臬作为橹的"碍"的缘故。即如鹞鹰在空中飞行，它的影子是随着鹞鹰而移动的，假如鹞鹰和影子之间被窗子的小孔所约束，那么影子和鹞鹰就会相背离，鹞鹰向东则影子向西，鹞鹰向西则影子向东。又如从窗子的小孔中所看到的楼塔的影子，楼塔和影子之间被窗孔所约束，影子也都是倒立着的，和阳燧照出的物像一样。阳燧的镜面是凹下去的，将一个手指靠近镜面，所看到的手指像就是正的；将手指渐渐远离镜面，到一定位置，镜子里就看不到手指像了；超过这个位置而更远一些，镜子里又会出现倒着的手指像。那个看不到手指像的位置，正如窗缝和船橹的臬，就是像腰鼓的细腰那样的"碍"，它使得首尾两端既相牵制又相背离，从而造成像摇橹时橹的两头上下翻转的形势。所以用阳燧照手指，手越是向上举则影子就越向下，手越是向下放则影子就越向上，这是可以看得见的情形。阳燧的镜面是凹下去的，将镜面正对着日光照，光线就都向凹形的里面聚集。在离镜面一二寸的地方，光线聚集成一个点，像麻籽或豆粒般大小，在这个点上安放可燃物品就会着火，这个点就是光线聚集所造成的那种看不见的腰鼓状图形的最细的部位。岂止外物是这样，人也是这样，人和人以及人和物之间没有某种东西为"碍"的情形是很少见的。这种"碍"小则导致利害关系混乱，是非标准相反；大则导致物我关系颠倒，乃至以自我为外物，以外物为自我。不求排除这种"碍"，而希望所知所见不颠倒，那真是太难了啊！《酉阳杂俎》记载"海翻则塔影倒"，这是一种荒唐的说法。影子入窗子的小孔则颠倒，这是倒影现象的常理。

解州盐泽

解州盐泽①，方百二十里。久雨，四山之水悉注其中，未尝溢；大旱，未尝涸。卤色正赤②，在版泉之下③，俚俗谓之"蚩尤血"④。唯中间有一泉，乃是甘泉⑤，得此水然后可以聚人。其北有尧梢_{音消}水，亦谓之"巫咸河"。大卤之水⑥，不得甘泉和之，不能成盐；唯巫咸水入，则盐不复结，故人谓之"无咸河"，为盐泽之患，筑大堤以防之，甚于备寇盗。原其理，盖巫咸乃浊水，入卤中则淤淀卤脉⑦，盐遂不成，非有他异也。

【注释】

①解（xiè）州：今山西运城西南解州镇。盐泽：又称"盐池"。

②卤：卤水，指含盐的水。

③版泉：通作"阪泉"。古地名。在此当是山名，疑即指中条山。相传上古黄帝与炎帝曾战于阪泉。

④蚩尤：上古传说人物。相传与黄帝战于涿鹿或冀州之野，被杀。一说蚩尤在阪泉被杀，故解州盐池之地亦有阪泉之名。

⑤甘泉：淡水泉。在盐池北岸，俗称"淡泉"。

⑥大卤：指水的含盐量很高。

⑦卤脉：指含盐咸水的来源通道。

【译文】

解州的盐池，方圆有一百二十里。雨多的时候，四面山里的水都流入池中，池水却从来没有满溢过；大旱的时候，池水也从来没有干涸过。盐池咸水的颜色是纯红的，因为在阪泉山下，所以民间俗称为"蚩尤血"。在盐池中部附近只有一处泉水是淡水泉，有了这一处泉水，人们才可以在这里聚集居住。盐池的北面又有尧梢"梢"读作"消"河，也称"巫咸河"。含盐量很高的咸水，如果不能与淡水泉的水混合，就不能结晶出盐来；唯独巫咸河的水流入盐池，则盐池的水就不能再结晶，所以人们称这条河叫"无咸河"，视为盐池的大祸害，筑起一条大堤防堵它，看得比防范贼寇强盗还要重。推究其间的道理，大抵巫咸河的水是混浊的重水，流入咸水之后，就会因为淤淀而造成咸水上源的阻塞，从而使得咸水的含盐量降低而不能结晶，并无其他特别的原因。

程生马

《庄子》云："程生马。"尝观《文字注》^①："秦人谓豹曰'程'。"予至延州，人至今谓虎豹为"程"，盖言"虫"也^②。方言如此，抑亦旧俗也。

【注释】

①《文字注》：疑即唐人张参所撰《五经文字》。宋人引书有《五经文字注》，或即张参之书的别称，因其书正字下有注而名之。

②虫：古人称老虎为"虫"或"大虫"。

【译文】

《庄子》书中说："程生马。"曾翻阅《文字注》一书，其注中谈到："秦人谓豹为'程'。"我到延州任职时，见那里的人至今还把虎豹叫作"程"，大概说的是"虫"。此类方言，或者也是沿袭旧时风俗而来的。

涩河

《唐六典》述五行①，有"禄"、"命"、"驿马"、"涩河"之目②，人多不晓"涩河"之义。予在鄜延，见安南行营诸将阅兵马籍③，有称"过范河损失"。问其何谓"范河"，乃越人谓"淖沙"为"范河"④，北人谓之"活沙"。予尝过无定河⑤，度活沙，人马履之，百步之外皆动，濒濒然如人行幕上⑥。其下足处虽甚坚，若遇其一陷，则人马驼车，应时皆没，至有数百人平陷无孑遗者⑦。或谓此即"流沙"也；又谓沙随风流，谓之"流沙"。"涩"，字书亦作"壆"蒲滥反。按古文"壆"，深泥也。术书有"涩河"者，盖谓陷运，如今之"空亡"也⑧。

【注释】

①《唐六典》：唐玄宗时官修书，记唐代官制。

②涩：与"壆"为异体字，见下。今读作 bàn。

③安南行营：宋神宗熙宁九年（1076），交趾（今越南）侵入邕州（治今广西南宁），朝廷以郭逵为安南行营经略招讨使，率兵击走之。此役用兵，当有征自北边的，故沈括在鄜延得见其军籍册。阅：检阅，审查。

④淖沙：像泥淖那样易陷的流沙。

⑤无定河：在今陕西省北部，流经沙漠地带，东入黄

河。以泥沙混流、湍急而深浅无定得名。宋时其地为边塞。

⑥颒颒（hòng）然：形容空洞、沉闷又持续不断的声音，类似"轰轰然"。

⑦孑（jié）遗：残存者。

⑧空亡：古人迷信，以为十二地支多出十天干的两个时辰不吉利，称为"空亡"。术数家往往以虚诈丧财等凶运为"空亡"。

【译文】

《唐六典》叙述阴阳五行，有"禄"、"命"、"驿马"、"涩河"等名目，人们多不明白"涩河"是什么意思。我在鄜延时，看到过安南行营诸将检阅所部兵马的军籍簿，有说"过范河损失了人马"的。我问他们什么叫"范河"，原来南方人称"淖沙"叫"范河"，北方人则称之为"活沙"。我曾过无定河，度活沙，人马踩在上面，百步之外皆动，颒颒然就像人行走在幕布上。其下足之处虽然相当结实，而一遇上塌陷的地方，人马驼车立时就会沉没，以至有数百人都没到头顶而一个不剩的。或说这就是"流沙"；也有说沙随着大风流动才叫"流沙"。"涩"字，在字典里也写作"湿"蒲滥反。按古文"湿"字，意思是深泥。预测吉凶的术数书中所以有"涩河"的名目，大概就是指陷没的命运，就如同现今术数书中所讲的"空亡"。

藏书辟蠹用芸

古人藏书辟蠹用芸①。芸，香草也，今人谓之七里香者是也。叶类豌豆，作小丛生，其叶极芬香。秋后叶间微白，如粉污，辟蠹殊验^①；南人采置席下，能去蚤虱。予判昭文馆时，曾得数株于潞公家^②，移植秘阁后，今不复有存者。香草之类，大率多异名。所谓兰荪，荪即今菖蒲是也；蕙，今零陵香是也；茝，今白芷是也。

【注释】

①辟：除。蠹（dù）：蛀虫。

②潞公：即文彦博（1006—1097）。字宽夫，介休（今属山西）人。官至宰相，封潞国公。

【译文】

古人藏书，防治蛀虫用芸草。芸草是一种香草，就是现在人们所称的七里香。叶子类似豌豆，成小丛生长，其叶极为芳香。秋后叶片微微发白，像用白粉染过，用以除蛀虫非常灵验；南方人采摘放在席子下面，能够去除跳蚤和虱子。我担任昭文馆判官时，曾从文潞公家得到几株，移栽于秘阁后，现在已没有存下来的。香草之类，大抵多有不同的名称。如所谓兰荪，兰荪就是现在的菖蒲；蕙，就是现在的零陵香；茝，就是现在的白芷。

玄为赤黑色

世以玄为浅黑色，璊为赭玉，皆不然也。玄乃赤黑色，鸢羽是也，故谓之"玄鸟"。熙宁中，京师贵人戚里多衣深紫色，谓之"黑紫"，与皂相乱①，几不可分，乃所谓玄也。璊，赭色也，"毳衣如璊音门"②。稷之璊色者谓之"穈"。"穈"字音门，以其色命之也。《诗》"有穈有芑"，今秦人音"糜"，声之讹也。穈色在朱黄之间，似乎赭，极光莹，掬之粲泽③，熠熠如赤珠。此自是一色，似赭非赭。盖所谓"璊"，色名也，而从玉，以其赭而泽，故以谕之也④；犹"鶣"以色名而从鸟⑤，以鸟色谕之也。

【注释】

①皂：黑色。

②毳（cuì）衣：古代的一种上衣彩绘、下裳刺绣而五色具备的礼服。

③掬：捧。粲泽：鲜亮有光泽。

④谕：通"喻"，比喻。

⑤鶣（biǎn）：青黄色。

【译文】

世人认为玄是浅黑色，璊是赭色的玉，都是不对的。玄是赤黑色，鸢鸟的羽毛就是这种颜色，所以被称为"玄鸟"。熙宁年间，京师的贵人和皇亲国戚多穿深紫色衣服，而称为"黑紫"，与黑色相混，几乎不可分别，这也是一种人们所称的玄色。璊是赭色，所以《诗经》里说"毳衣如璊""璊"字的读音同"门"。有一种稷子的米是璊色的，这种稷子叫作"穈"。"穈"字的读音同"门"，是用它的颜色命名的。《诗经》里说"有穈有芑"，现在秦地的人把"穈"字读作"糜"，是读音发生了讹变。穈的颜色在朱黄之间，与赭色相似，极为光洁晶莹，捧在手上鲜亮有光泽，熠熠生辉如赤色宝珠。这自是一种颜色，似赭色而非赭色。大抵所谓"璊"是一种颜色的名称，而其字以"玉"为部首，是因为它近乎赭色而有光泽，故以玉来比喻它；这也如同"鹒"也用作一种颜色的名称，而其字以"鸟"为部首，也是用这种鸟的颜色来比喻它。

炼钢

世间锻铁所谓"钢铁"者，用柔铁屈盘之①，乃以生铁陷其间，泥封炼之，锻令相入，谓之"团钢"，亦谓之"灌钢"。此乃伪钢耳，暂假生铁以为坚，二三炼则生铁自熟，仍是柔铁。然而天下莫以为非者，盖未识真钢耳。予出使至磁州锻坊观炼铁②，方识真钢。凡铁之有钢者，如面中有筋，濯尽柔面则面筋乃见。炼钢亦然，但取精铁锻之百余火，每锻称之，一锻一轻，至累锻而斤两不减，则纯钢也，虽百炼不耗矣。此乃铁之精纯者，其色清明，磨莹之则黯黯然青且黑，与常铁迥异。亦有炼之至尽而全无钢者，皆系地之所产。

【注释】

①柔铁：即现在所称"熟铁"。因熟铁较软，故称"柔铁"。

②出使：指熙宁八年（1075）沈括奉使察访河北事。

磁州：今河北磁县。

【译文】

世上锻铁所称的"钢铁"，是先把熟铁弯曲盘卷起来，又将生铁陷入其中，然后用泥包裹好加以烧炼，炼好后再加锻打，使熟铁和生铁互相掺杂渗透，这样锻炼出来的钢就称为"团钢"，也叫"灌钢"。这其实是一种假钢，只不过暂时借生铁提高熟铁的硬度，经过两三次烧炼之后，生铁自然变熟，则得到的还是熟铁。然而天下人都不以为这办法有什么不对，大概是由于不知道什么是真钢。我出使河北时，曾到磁州的锻坊看炼铁，才知道什么是真钢。凡是铁里面含有钢的，如同小麦面粉和成的面团里头有面筋，把面团的软面洗干净了，才会见到面筋。炼钢也是这样，只要取精纯的熟铁烧炼锻打百余火，每次锻打都称称重量，锻一回轻一回，直到屡次锻打而斤两不减，那就是纯钢了，即使再炼上百次也将不会再有损耗。这是最精纯的铁，其成色看上去清澈有光亮，而磨光之后又显得暗暗的，青而且黑，和普通的铁迥然不同。也有铁炼尽了而全无钢的，这都和铁的产地有关系。

唐十八学士真赞多与旧史不同

予家有阎博陵画唐秦府十八学士①，各有真赞②，亦唐人书，多与旧史不同③。姚柬字思廉，旧史"姚思廉字简之"。苏壹、陆元朗、薛庄④，《唐书》皆以字为名。李玄道、盖文达、于志宁、许敬宗、刘孝孙、蔡允恭⑤，《唐书》皆不书字。房玄龄字乔年⑥，《唐书》乃"房乔字玄龄"。孔颖达字颖达，《唐书》"字仲达"。苏典签名从日从九⑦，《唐书》乃从日从助⑧。许敬宗、薛庄官皆"直记室"，《唐书》

乃"摄记室"。盖《唐书》成于后人之手，所传容有讹谬，此乃当时所记也。以旧史考之，魏郑公对太宗云⑨："目如悬铃者佳⑩。"则"玄龄"果名，非字也。然苏世长，太宗召对玄武门⑪，问云："卿何名长意短？"后乃为学士，似为学士时方更名耳⑫。

【注释】

①阎博陵：即阎立本（？—673）。唐代著名画家。官至宰相，封博陵县公。秦府：即秦王府，唐太宗李世民即位前的王府。十八学士：李世民为秦王时，为笼络人才，开文学馆，命十八人为学士，时谓之"登瀛"。史载十八人为杜如晦、房玄龄、于志宁、苏世长、薛收、褚亮、姚思廉、陆德明、孔颖达、李玄道、李守素、虞世南、蔡允恭、颜相时、许敬宗、薛元敬、盖文达、苏勖。及薛收卒，复补以刘孝孙。当时李世民命阎立本画像，褚亮题赞。

②真赞：画像赞。真，写真，指画像。赞，即评语。因一般为正面评价，故称"赞"。褚亮所题附有十八学士的姓名、字号、籍贯、官爵等，而赞语皆为十六字韵文，四字一句。

③旧史：指《旧唐书》。其书为五代时后晋官修，领衔署名者为后晋宰相刘昫。宋人以《旧唐书》与本朝官修的《新唐书》相对而言，习称"旧史"和"新史"。下文所述《唐书》均指《旧唐书》。

④苏壹："壹"原作"台"，误，据南宋洪适《盘洲文

集》卷六十三《跋登瀛图》及明胡应麟《少室山房笔丛》正集卷八所引改。盖后人传抄致讹。洪适谓苏氏名壹，字世长，《旧唐书》则只作"苏世长"。陆元朗：陆氏本名元朗，字德明，《旧唐书》则只作"陆德明"。薛庄：即薛元敬。洪适谓薛庄字符敬，《旧唐书》则只作"薛元敬"。

⑤李玄道："玄"原作"元"，系清人避本朝讳改。沈括本文当是原作"真"，乃避宋朝讳而改"玄"为"真"。今为便读，仍用"玄"字。

⑥房玄龄：此"玄"字及下文两见的"玄龄"之"玄"，各本原皆作"真"。今仍用"玄"字，理由同注⑤。

⑦苏典签：即苏勖，"典签"为其职名。从日从九：即"旭"字。盖苏勖本名"旭"，因"旭"、"勖"同音，遂致转写。

⑧从日从助：即"勖"字。

⑨魏郑公：即魏徵（580—643）。字玄成，馆陶（今属河北）人。官至宰相，封郑国公。

⑩悬铃：此二字与"玄龄"谐音，魏徵借此喻指房玄龄宜为宰相。

⑪太宗：当作"高祖"，疑亦后人误改。《旧唐书·苏世长传》载召对苏世长者为唐高祖，非是太宗。

⑫按：苏世长之名，"世"字犯太宗讳，故沈括疑其本名世长，在入太宗文学馆后才改名壹。

【译文】

我家中藏有阎立本所画的唐初秦王府十八学士图，每图各有姓字爵里及画像赞，也是唐人撰文题写的，而多与《旧唐书》的记载不同。姚柬字思廉，《旧唐书》则作"姚思廉字简之"。苏壹、陆元朗、薛庄，《旧唐书》皆以他们的字为名。李玄道、盖文达、于志宁、许敬宗、刘孝孙、蔡允恭，《旧唐书》则都没有记录他们的字。房玄龄字乔年，《旧唐书》却作"房乔字玄龄"。孔颖达字颖达，《旧唐书》记载他"字仲达"。苏典签本名从日从九的"旭"，《旧唐书》却写作从日从助的"勖"。许敬宗、薛庄的官职都是"直记室"，《旧唐书》却作"摄记室"。大抵《旧唐书》成书于后人之手，所传述的免不了会有讹谬，而这幅十八学士图的附加文字则是当时的记录。以旧史考之，魏郑公曾对太宗说："目如悬铃者佳。"则"玄龄"确是房氏的名，而不是他的字。然而苏世长，高祖曾在玄武门召见他，问他说："您为何名为长而见识短？"他后来才成为十八学士之一，似乎是在为学士时才改名"壹"的。

杜若与紫薇花故事

唐正观中①，敕下度支求杜若②。省郎以谢朓诗云"芳洲采杜若"③，乃责坊州贡之④，当时以为嗤笑。至如唐故事，中书省中植紫薇花⑤，何异坊州贡杜若？然历世循之，不以为非。至今舍人院紫薇阁前植紫薇花，用唐故事也。

【注释】

①正观：即"贞观"，唐太宗年号。沈括避本朝讳用

"正"字代"贞"。

②度支：即户部度支司。杜若：香草名。《楚辞》有"采芳洲兮杜若"。

③省郎：实指度支郎。尚书省各部郎官统称"省郎"。

④坊州：州名。治今陕西黄陵东南。此所记事，讥省郎以"芳洲"与"坊州"谐音，即令坊州贡进杜若。唐人记坊州回报说："坊州不出杜若，应由谢朓诗误。"太宗闻之大笑，罢度支郎官。

⑤"中书省"句：唐玄宗开元元年（713），取天文上的紫微垣为帝居之义，改中书省为紫微省。寻于省中植紫薇花，故俗间又称"紫薇省"。此省名仅存数年，而省中植紫薇花之事却被沿袭。

【译文】

唐朝贞观年间，皇上敕令度支司寻求香草杜若。度支郎官因为南朝谢朓有"芳洲采杜若"的诗句，就责令坊州进贡，当时被传为笑柄。至于有些唐代故事，如中书省中栽植紫薇花，与坊州进贡杜若事又有何差异？然而历世因循，却不以为这是有违典制的事例。至今舍人院的紫薇阁前还栽植紫薇花，用的就是唐代故事。

汉人饮酒数石不可信

汉人有饮酒一石不乱。予以制酒法较之①，每粗米二斛，酿成酒六斛六斗。今酒之至醲者②，每秫一斛③，不过成酒一斛五斗。若如汉法，则粗有酒气而已，能饮者饮多不乱，宜无足怪。然汉之一斛，亦是今之二斗七升，人之腹中亦何容置二斗七升水邪？或谓"石"乃"钧石"之"石"，百二十斤，以今秤计之，当三十二斤，亦今之三斗酒也。于定国饮酒数石不乱④，疑无此理。

【注释】

①较：用同"校"，考校，检验。

②醨（lí）：薄酒。

③秫（shú）：黏高粱米。

④于定国（？—前41）：西汉后期大臣，官至丞相。《汉书》有传。

【译文】

汉代有人饮酒一石不醉。我以酿酒法考校，汉代用二斛粗米能够酿出六斛六斗酒。现在最薄的酒，用一斛黏高粱米，不过能酿成一斛五斗。若采取汉代那种酿法，酿成的酒是原料的三倍多，则不过稍微有些酒味而已，能饮者饮多了也不醉，应该无足为怪。但汉代的一斛，也相当于今天的二斗七升，人的肚子里又如何容得下二斗七升水？或说"饮酒一石"指的是"钧石"的"石"，即一百二十斤，用今天的秤来换算，相当于三十二斤，那也等于现在的三斗酒。史书上说于定国饮酒数石不醉，恐怕没有这样的道理。

古说济水伏流地中

古说济水伏流地中①。今历下凡发地皆是流水②，世传济水经过其下。东阿亦济水所经，取井水煮胶③，谓之"阿胶"。用搅浊水则清；人服之，下膈、疏痰、止吐④。皆取济水性趣下⑤，清而重，故以治淤浊及逆上之疾⑥。今医方不载此意。

【注释】

①济水：古水名。古四渎之一，今已不存在。其故道自今山东东阿至济南泺口段，略同今黄河河道。此记"古说济水伏流地中"，意谓济水虽已消失，而民间传说它只是转移到了地下。

②历下：今济南市区。以在历山下得称。这里自古以泉水多著称。

③煮胶：旧时其地主要取驴皮熬胶。

④下膈：此指疏通食气，治疗不思饮食之症。

⑤趣（qū）：趋向。

⑥淤浊及逆上之疾：指食气淤滞浑浊、不能通下之类的病症。

【译文】

过去有说济水消失后是在地下潜流的。现在历下一带，只要掘地就都是流水，世人相传是因为济水经过其地下。东阿也是济水经过的地方，这里的人们取井水熬胶，称之为"阿胶"。将阿胶放入浊水中搅动，浊水就会变清；人服用阿胶，能够疏通食气、化痰、止呕吐。这些都是利用了济水更趋下的天然性质，其水清而不滞，重而不浊，因此被用于治疗食气淤滞浑浊、不能通下的病症。现在医家的药方书没有记载这层意思。

"南"为乐名

"人而不为《周南》、《召南》，其犹正墙面而立也。"①《周南》、《召南》，乐名也，"胥鼓南"、"以雅以南"是也②。《关雎》、《鹊巢》③，"二南"之诗而已，有乐有舞焉。学者之事，其始也学《周南》、《召南》，末至于舞《大夏》、《大武》④。所谓为《周南》、《召南》者，不独诵其诗而已。

【注释】

① "人而不为"二句：引文见《论语·阳货》，为孔子之语。《周南》、《召（shào）南》，《诗经》"十五国风"的前两部分。

② 胥鼓南：语见《礼记·文王世子》。"胥"为古代乐官，"鼓南"指教习乐舞。以雅以南：语见《诗经·小雅·鼓钟》。"雅"、"南"并列，也可见"南"为音乐体裁的一种。

③《关雎（jū）》、《鹊巢》：分别为《周南》、《召南》的第一篇。

④ 末：最终。《大夏》、《大武》：周代所存古时乐舞名称。相传《大夏》为夏禹之乐，《大武》为周武王之乐。

按：依照沈括本条所述的看法，"南"也是一种音乐体裁，和"风"是并列的。而孔子提倡学习"二南"，并不仅仅是指诵读其诗篇，同时也指练习与诗篇相配的乐舞。

【译文】

孔子说:"为人而不学习《周南》、《召南》,将如同面向墙壁站在那里,什么都看不见。"《周南》、《召南》的"南"是音乐体裁名称,"胥鼓南"、"以雅以南"就都是以"南"为音乐体裁的。《诗经》的《关雎》、《鹊巢》以下诸篇,都不过是"二南"的诗歌,"二南"原是又有音乐和舞蹈的。学习者的任务,开始要学习《周南》、《召南》之诗,最终要能够掌握《大夏》、《大武》之舞。所谓为《周南》、《召南》,不仅仅是诵读其诗篇就算完事了。

"野马"为田野间浮气

《庄子》言"野马也,尘埃也",乃是两物。古人即谓"野马"为尘埃,如吴融云"动梁间之野马"①,又韩偓云"窗里日光飞野马"②,皆以尘为"野马",恐不然也。"野马"乃田野间浮气耳。远望如群马,又如水波,佛书谓如热时"野马阳焰"③,即此物也。

【注释】

①吴融:唐末官员、诗人。《新唐书》有传。

②韩偓(wò,844—923):字致尧,万年(今陕西西安)人。晚唐诗人,官至翰林学士承旨。《新唐书》有传。

③野马阳焰:此四字当是隋释慧远《维摩义疏》所说"阳焰浮动,相似野马"的概括语。

【译文】

《庄子》书中说到"野马也，尘埃也"，指的是两种东西。前人即有以为"野马"就是尘埃的，如吴融说"动梁间之野马"，又韩偓也说"窗里日光飞野马"，都以尘埃为"野马"，恐怕不是这样。"野马"其实就是田野间的浮气。这种浮气远望如群马，又像水波，佛书上称酷热时的"阳焰如野马"，就是这种东西。

卷四

桂屑除草

《杨文公谈苑》记江南后主患清暑阁前草生①，徐锴令以桂屑布砖缝中②，宿草尽死③，谓《吕氏春秋》云"桂枝之下无杂木"，盖桂枝味辛螫故也④。然桂之杀草木，自是其性，不为辛螫也。《雷公炮炙论》云⑤："以桂为丁，以钉木中，其木即死。"一丁至微，未必能螫大木，自其性相制耳。

【注释】

① 《杨文公谈苑》：杂记北宋名家杨亿言论的著作。黄鉴初纂，宋庠删编。完书已佚，今仅存部分摘录文字。江南后主：即南唐后主李煜（937—978）。公元961年即南唐国主之位，975年宋灭南唐时被俘，死于宋都开封。为著名词人。

② 徐锴（kǎi，921—975）：字楚金，广陵（今江苏扬州）人。仕南唐，官至内史舍人。为著名文字学家。

③ 宿草：来年生的草。宿，一作"经宿"，则指一昼夜。

④ 辛螫（shì）：毒虫以毒刺蜇人。二字见《诗经·周颂·小毖》，意同单用的"螫"。"螫"或亦读作zhē，音、义均同"蜇"。

⑤ 《雷公炮炙论》：古医方书。托名于传说的黄帝时的雷公。后世学者或说为南朝刘宋时雷敩撰。

《杨文公谈苑》记载南唐后主厌烦清暑阁前长草，徐锴就让后主把桂树枝的碎屑撒在地上的砖缝中，多年生的杂草就全死了，并说《吕氏春秋》上提到"桂枝之下无杂木"，大概是由于桂树的气味能蛰死草木的缘故。但桂树能杀死草木，自是它本来的特性使然，它并不用气味去蛰草木。《雷公炮炙论》上说："把桂木切成小丁，用以钉在其他树上，那树就会死去。"一个桂木丁是极微小的，未必能够蛰死大树，自是它的特性与其他草木相克罢了。

"建麾"之误

今人守郡，谓之"建麾"，盖用颜延年诗"一麾乃出守"^①，此误也。延年谓"一麾"者，乃"指麾"之"麾"^②，如武王"右秉白旄以麾"之"麾"^③，非"旌麾"之"麾"也^④。延年《阮始平》诗云"屡荐不入官，一麾乃出守"者^⑤，谓山涛荐咸为吏部郎^⑥，三上，武帝不用^⑦，后为荀勖一挤^⑧，遂出始平，故有此句。延年被摈，以此自托耳。自杜牧为《登乐游原》诗^⑨，云"拟把一麾江海去，乐游原上望昭陵"^⑩，始谬用"一麾"，自此遂为故事。

【注释】

① 颜延年：即颜延之（384—456）。字延年，临沂（今属山东）人。东晋至刘宋时文学家，官至金紫光禄大夫。

②指麾：意同"指挥"。"麾"、"挥"通用。

③武王：周武王。右秉白旄以麾：语出《尚书·牧誓》。意谓右手持装饰白色旄牛尾的大旗挥动着。

④旌麾：古时用五色羽毛装饰的旗子称"旌"，指挥作战用的旗子称"麾"。"旌"也多用作旗帜的统称。

⑤《阮始平》诗：颜延之的组诗《五君咏》中的一篇。阮始平，即阮咸。字仲容，尉氏（今属河南）人。西晋名士，"竹林七贤"之一。因曾任始平太守，故称"阮始平"。

⑥山涛（205—283）：字巨源，河内怀（今河南武陟）人。初仕曹魏，入晋为吏部尚书，官至司徒。

⑦武帝：晋武帝（236—290），西晋第一位皇帝。

⑧荀勖（？—289）：字公曾，颍阴（今河南许昌）人。晋初大臣，以佐命之功屡受封，官至中书监、尚书令。一挤：一下子排斥而去。颜氏"一麾乃出守"的"一麾"即此意，犹言"一挥"，即挥斥之。

⑨杜牧（803—852？）：字牧之，京兆万年（今陕西西安）人。晚唐著名诗人。《登乐游原》：原诗题为《将赴吴兴登乐游原一绝》。

⑩此二句引诗大意是，欲领一命出守外郡逍遥于江海上，而又在乐游原上恋恋怅望昭陵（唐太宗的陵墓）。沈括以为杜氏所说"把一麾"是持一旌麾之意。

【译文】

今人将出任地方州郡长官称为"建麾"，大概是借用颜延年"一麾乃出守"的诗句而来的，这是一种误用。颜延年所说的"一麾"是"指麾"的"麾"，如同周武王"右秉白旄以麾"的"麾"，而不是"旌麾"的"麾"。颜延年《阮始平》诗的"屡荐不入官，一麾乃出守"，说的是山涛推荐阮咸为吏部郎官，为此三次上奏武帝，武帝都不用，后来阮咸为荀勖所排挤，一挥而斥之，遂出为始平太守，故颜延年有此诗句。颜延年也是被摈斥而为始平太守的，他作此诗也是用以寄托自己的情绪。自从杜牧作《登乐游原》诗，而称"拟把一麾江海去，乐游原上望昭陵"，始误用"一麾"一词，从此守郡称"建麾"遂成为典故。

除官之"除"

除拜官职，谓除其旧籍①，不然也。"除"犹"易"也，以新易旧曰"除"，如新旧岁之交谓之"岁除"。《易》"除戎器，戒不虞"②，以新易弊，所以备不虞也。阶谓之"除"者③，自下而上，亦更易之义。

【注释】

① 旧籍：旧名册，实指任新职之前的原职务。

② 戎器：兵器。虞：意料。

③ 阶：台阶。除：本义为"殿陛"，即宫殿的高台阶。

【译文】

今人谓除拜官职的"除"，是解除其原任职务的意思，不是这么回事。这个"除"犹如当交换讲的"易"，以新易旧叫作"除"，如新旧岁之交的那一天就称为"岁除"。

《易经》上说"除戎器，戒不虞"，意思是用新的兵器更换陈旧的兵器，以防备意外情况的发生。而台阶所以被称为"除"，也是因为登台阶要自下而上，有更换的意思。

世人画韩退之

世人画韩退之^①，小面而美髯，著纱帽。此乃江南韩熙载耳^②，尚有当时所画，题志甚明。熙载谥文靖，江南人谓之"韩文公"，因此遂谬以为退之。退之肥而寡髯。元丰中，以退之从享文宣王庙，郡县所画皆是熙载。后世不复可辩，退之遂为熙载矣。

【注释】

①韩退之：即韩愈（768—824）。字退之，南阳（今属河南）人。唐代大文学家。官至吏部侍郎，卒谥文，世称"韩文公"，又称"韩吏部"。

②韩熙载（902—970）：字叔言，北海（今山东潍坊）人。仕南唐，官至中书侍郎，卒谥文靖。

【译文】

世人画韩退之像，脸面小而美胡须，戴纱帽。这像所画的其实是南唐韩熙载，现在还有当时所画的韩熙载的像存着，题词非常明确。韩熙载谥文靖，江南人称之为"韩文公"，因此世人遂误以为韩退之。韩退之身体肥胖而少胡须。元丰年间，以韩退之配享文宣王孔子庙，各州县孔庙所画的都是韩熙载。后世不再能辨别，韩退之竟变为韩熙载了。

钱陌之“陌”

今之数钱，百钱谓之“陌”者，借“陌”字用之，其实只是“佰”字，如“什”与“伍”耳。唐自皇甫镈为垫钱法[1]，至昭宗末，乃定八十为陌。汉隐帝时[2]，三司使王章每出官钱[3]，又减三钱，以七十七为陌，输官仍用八十。至今输官钱有用八十陌者。

【注释】

[1] 皇甫镈（bó）：唐中期官员。宪宗时历掌财政，以盘剥聚敛媚上，官至宰相。垫钱法：实即宋人所称“省陌法”。中唐以后，钱币缺乏，实际开支时往往以不足百钱之数为陌（如以九十二钱当百钱），称为“垫陌”，其不足之数则称为“除陌”。宋太宗时曾规定以七十七钱为陌，习称“省陌”，钱陌足百数则称“足陌”。

[2] 汉隐帝：即五代时后汉君主刘承佑（931—950）。在位不足三年，被杀国亡。

[3] 王章（？—950）：后汉隐帝时由三司使擢宰相，后坐事罢，被杀。

【译文】

今日计钱币之数，称一百钱为“陌”，虽借用“陌”字，其实它只是“佰”字，就跟十钱用“什”字、五钱用“伍”字一样。唐代自皇甫镈始行垫钱法，至昭宗末年乃规定以八十钱为一陌。后汉隐帝时，三司使王章每开支国库钱币，又减去三钱，以七十七钱为一陌，输入国库的钱币则仍以八十钱为一陌。至今输入国库的钱币也还有以八十钱为一陌的。

李白作《蜀道难》

前史称严武为剑南节度使放肆不法①，李白为之作《蜀道难》。按孟棨所记②，白初至京师，贺知章闻其名③，首诣之；白出《蜀道难》，读未毕，称叹数四。时乃天宝初也。此时白已作《蜀道难》，严武为剑南乃在至德以后肃宗时，年代甚远。盖小说所记，各得于一时见闻，本末不相知，率多舛误，皆此文之类。李白集中称刺章仇兼琼④，与《唐书》所载不同，此《唐书》误也。

【注释】

①前史：指《新唐书》。严武（726—765）：字季鹰，华州（今陕西华县）人。历官东川剑南节度使。《新唐书》本传载其不满于前宰相房琯，又因房琯厚待杜甫而屡欲杀杜，李白为房、杜担忧，因作《蜀道难》以斥严氏。此采自野史，不足据，故沈括辨之。

②孟棨（qǐ）：唐后期人。著有《本事诗》一卷。《笔谈》此条所引见《本事诗·高逸第三》。

③贺知章（659—744）：字季真，会稽（今浙江绍兴）人。历官秘书监，推尊李白。

④章仇兼琼（？—751）：姓章仇，名兼琼，又以名为

字，祖籍任城（今山东济宁），颍川（今河南许昌）人。历剑南节度使兼西川采访使，官至户部尚书。

【译文】

《新唐书》称严武为剑南节度使，放肆不遵礼法，李白因作《蜀道难》以斥之。按孟棨《本事诗》所记，李白初到京师，贺知章闻其名，最先去拜访他；李白出示《蜀道难》，贺知章还未读完，就已经再三再四地叹赏。这时应是天宝初年。其时李白已经创作了《蜀道难》，严武为剑南节度使则在至德以后的肃宗时期，二者年代相差甚远。大抵稗官小说所记，各得于一时的见闻，并不清楚事情的本末源流，故大多舛误，皆类似此种记载。李白的文集中称《蜀道难》是指斥章仇兼琼的，与《新唐书》所载不同，此事应是《新唐书》的记载有误。

云梦考

旧《尚书·禹贡》云"云梦土作乂"①，太宗皇帝时，得古本《尚书》，作"云土梦作乂"，诏改《禹贡》从古本。予按孔安国注②："云梦之泽在江南。"不然也。据《左传》："吴人入郢……楚子涉睢济江，入于云中。王寝，盗攻之，以戈击王……王奔郧。"③楚子自郢西走涉睢，则当出于江南；其后涉江入于云中，遂奔郧，郧则今之安陆州。涉江而后至云，入云然后至郧，则云在江北也。《左传》曰："郑伯如楚……王以田江南之梦。"④杜预注云⑤："楚之云梦，跨江南北。"曰"江南之梦"，则云在江北明矣。元丰中，予自随州道安陆入于汉口，有景陵主簿郭思者⑥，能言汉沔间地理⑦，亦以谓江南为梦，江北为云。予以《左传》验之，思之说信然。江南则今之公安、石首、建宁等县，江北则玉沙、监利、景陵等县。乃水之所委⑧，其地最下，江南二浙⑨，水出稍高，云方土而梦已作乂矣。此古本之为允也。

【注释】

①云梦：古代泽薮名。对其名称及分布范围等，历来解释甚多，沈括此条所辨亦为一说。土作乂：按传统的解释，此指云梦泽中亦有高平之地，水退时可以耕作。乂，治，指耕作。

②孔安国：西汉学者，孔子后裔。魏、晋以后传世的古文《尚书》有旧注，相传为孔安国所作，实际是托名，这些注文并不出于孔安国之手。

③此处引文见《左传》定公四年（前506），原文"吴"下无"人"字。是年吴国联合蔡国、唐国攻楚，打败楚军，攻入楚国都城郢（今湖北江陵西北），楚昭王逃入云梦泽中，又先后奔郧（今湖北安陆）、奔随（今湖北随县）。次年因越国攻吴，吴国退兵，楚昭王始返回郢都。楚子，指楚昭王（？—前489）。睢（jū），睢水，即今湖北西部沮水。江，即今长江。

④郑伯如楚：指郑简公访问楚国。事在鲁昭公三年

（前 539）。田：打猎。

⑤杜预（222—284）：字元凯，京兆杜陵（今陕西西安东南）人。西晋政治家、军事家、学者。所撰《春秋左氏经传集解》，是现存《左传》注解中最早的一种。

⑥景陵：县名。治今湖北天门。主簿：官名。知县的佐官，掌文书和事务。郭思：疑即北宋末年曾任秦凤路经略安抚使的郭思。字得之，温县（今属河南）人。曾有著述传世。

⑦汉沔（miǎn）间：泛指今汉水与长江交汇的地区。古人有时统称"汉水"为"沔水"，有时又称汉水汇入后的长江为"沔水"。

⑧委：聚。此指水流的汇聚。

⑨二浙：他书或引作"上浙"，均不可通。疑为"之渐"二字传抄之误。"渐"（jiān）谓渐泽，指低湿之地。

【译文】

以往所传《尚书·禹贡》篇记载"云梦土作乂"，本朝太宗皇帝时得古本《尚书》，作"云土梦作乂"，于是指示将现存本《禹贡》篇的这五个字改从古本。我查考现存孔安国的注，谓："云梦之泽在江南。"这说法是不确实的。据《左传》所载："吴人攻入郢都……楚昭王涉过睢水，又渡过长江，逃入云泽之中。昭王在泽中寝睡时，有劫盗攻击他，用戈来刺……昭王于是逃奔郧地。"楚昭王自郢都西逃而涉过睢水，那么他出逃时应该是先逃到了长江以南；此后他渡过长江而进入云泽，又从云泽逃奔郧地，郧即现在的安陆州。渡过长江而后至于云泽，进入云泽然后至于郧地，那么云泽必定是在长江以北。《左传》又记载："郑简公到楚国访问……楚王和他一起在江南的梦泽打猎。"杜预注释说："楚国的云梦泽，跨长江南北。"《左传》说"江南之梦"，则云泽在江北就是显而易见的了。元丰年间，我从随州取道安陆而到汉口，有个做景陵主簿的郭思，能谈论汉沔地区的古今地理，他也以为在长江以南的是梦泽，在长江以北的是云泽。我用《左传》的记载检验，郭思的说法是可信的。长江以南即今日的公安、石首、建宁等县，长江以北则即玉沙、监利、景陵等县。大抵这一带众多水流的汇聚，以云梦之地最为低下，而长江以南的湿地，在大水消退后要较江北稍高一些，所以说云泽中的土地刚刚露出水面，而梦泽中的土地已开始耕作了。此种记载，应该是古本的文字更为妥当。

乐律

　　卷五和卷六题称"乐律"，原载内容较丰，而卷五有 29 条，且有一条达两千余字者，卷六则仅有 5 条。内容大致有这样几项：一是讲解十二律的性质、名称、次序、产生机制和方法、变化模式和规律等；二是讨论一些古曲（如《柘枝曲》、《霓裳羽衣曲》、《广陵散》等）的演变源流及唐宋时代各种乐曲的构成模式和调式等；三是讨论羯鼓、钟镈、磬、羌笛、琴等乐器的形制、制作及演奏等；四是记录、考辨了一些古代善歌者的故事，并论及演唱方法等。这些内容都很专门，大约主要是由作者早年所作的《乐律》、《乐论》二书而来的，故论说颇成系统。这里只节选部分较好懂的条目。

卷五

羯鼓

吾闻《羯鼓录》序羯鼓之声①，云"透空碎远，极异众乐"。唐羯鼓曲，今唯有邠州一父老能之②，有《大合蝉》、《滴滴泉》之曲。予在鄜延时，尚闻其声。泾原承受公事杨元孙因奏事回，有旨令召此人赴阙。元孙至邠，而其人已死，羯鼓遗音遂绝。今乐部中所有，但名存而已，"透空碎远"，了无余迹。唐明帝与李龟年论羯鼓③，云"杖之弊者四柜"，用力如此，其为艺可知也。

【注释】

①《羯（jié）鼓录》：唐人南卓撰，记盛行于唐开元、天宝年间的羯鼓及有关佚事。

②邠（bīn）州：今陕西彬县。

③唐明帝：即唐明皇、唐玄宗。李龟年：玄宗时乐工。

【译文】

我阅读《羯鼓录》，见书中叙述羯鼓的声音，说它"声破长空，穿透远方，特异于诸种乐器"。唐代的羯鼓曲，如今只有邠州的一位老人能演奏，有《大合蝉》、《滴滴泉》等曲名。我在鄜延时，还听过他的演奏。泾原承受公事杨元孙因为奏事入京，回来后传达朝廷谕旨，令召此人赴阙。杨元孙到邠州，而其人已去世，羯鼓流传下来的音曲遂从此断绝。现在官府乐班中所存的羯鼓曲，只不过徒有其名而已，所谓"声破长空，穿透远方"，已全无剩余的痕迹。唐明皇与李龟年讨论羯鼓，曾说"鼓杖敲坏了的就有四柜"，当时的练习如此用力，其技艺的精湛可想而知。

杖鼓

唐之杖鼓①，本谓之"两杖鼓"，两头皆用杖。今之杖鼓，一头以手拊之，则唐之"汉震第二鼓"也。明帝、宋开府皆善此鼓②。其曲多独奏，如鼓笛曲是也。今时杖鼓，常时只是打拍，鲜有专门独奏之妙，古曲悉皆散亡。顷年王师南征③，得《黄帝炎》一曲于交趾，乃杖鼓曲也。"炎"或作"盐"。唐曲有《突厥盐》、《阿鹊盐》，施肩吾诗云④："颠狂楚客歌成雪，妩媚吴娘笑是盐。"盖当时语也。今杖鼓谱中，有"炎杖声"。

【注释】

①杖鼓：杖击之鼓。此实指羯鼓，唐时羯鼓俗亦称"杖鼓"或"两杖鼓"。

②宋开府：即宋璟（663—737）。开元初宰相，因位至开府仪同三司，故称"宋开府"。雅善羯鼓，常与玄宗讨论。

③王师南征：指宋灭南汉之役（971）。

④施肩吾：字希圣，洪州（今江西南昌）人。唐元和间进士，隐居不仕。

按：鼓曲称"盐"，又作"炎"，《通雅》以为犹如"艳"。

【译文】

唐代的杖鼓，本称"两杖鼓"，两头都能用鼓槌敲击。现在的杖鼓，一头用鼓槌敲，另一头用手拍打，则是唐人所称的"汉震第二鼓"。唐明皇、宋开府宋璟都擅长两杖鼓。两杖鼓演奏的曲子多是专用的，如与玉笛相配的鼓笛曲就是。现在的杖鼓，通常只是用来击打节拍，很少有专门独奏的妙用，旧时杖鼓曲也全都散失了。当年王师南征时，于交趾搜集到一曲《黄帝炎》，即是杖鼓曲。"炎"或作"盐"。唐代杖鼓曲有《突厥盐》、《阿鹊盐》，施肩吾的诗句说："颠狂楚客歌成雪，妩媚吴娘笑是盐。"可见鼓曲称"盐"就是当时的用语。现在杖鼓谱子的标识符号中，还有"炎杖声"的名目。

凯歌

边兵每得胜回，则连队抗声凯歌，乃古之遗音也。凯歌词甚多，皆市井鄙俚之语。予在鄜延时，制数十曲，令士卒歌吟之，粗记得数篇。其一："先取山西十二州，别分子将打衙头[①]。回看秦塞低如马，渐见黄河直北流。"其二："天威卷地过黄河，万里羌人尽汉歌。莫堰横山倒流水[②]，从教西去作恩波。"其三："马尾胡琴随汉车，曲声犹自怨单于。弯弓莫射云中雁，归雁如今不寄书。"其四："旗队浑如锦绣堆，银装背嵬打回回[③]。先教净扫安西路，待向河源饮马来。"其五："灵武西凉不用围，蕃家总待纳王师。城中半是关西种，犹有当时轧吃_{根勿切}儿[④]。"

【注释】

①子将：小将。衙头：山名。在今甘肃通渭南。

②堰：堵塞。横山：泛指今甘肃东部到陕西中北部的山区。北宋时为宋、夏争夺之地。

③银装：银饰的铠甲。泛指铠甲闪亮。背嵬（wéi）：指大将的亲兵。回回：回纥，实指西夏。

④轧吃儿：新生儿的意思，指汉人后代。

【译文】

守卫边境的士兵每当得胜回军的时候，就会连营结队地高唱凯歌，凯歌的曲调也是古代流传下来的。凯歌的歌词很多，用的都是市井街巷的俚俗语言。我在鄜延时，曾创作了数十首，令士卒歌唱，现在还粗略地记得几篇。其一："先取山西十二州，别分子将打衙头。回看秦塞低如马，渐见黄河直北流。"其二："天威卷地过黄河，万里羌人尽汉歌。莫堰横山倒流水，从教西去作恩波。"其三："马尾胡琴随汉车，曲声犹自怨单于。弯弓莫射云中雁，归雁如今不寄书。"其四："旗队浑如锦绣堆，银装背嵬打回回。先教净扫安西路，待向河源饮马来。"其五："灵武西凉不用围，蕃家总待纳王师。城中半是关西种，犹有当时轧吃根勿切儿。"

柘枝旧曲

柘枝旧曲①，遍数极多②，如《羯鼓录》所谓"浑脱解"之类，今无复此遍。寇莱公好柘枝舞③，会客必舞柘枝，每舞必尽日，时谓之"柘枝颠"。今凤翔有一老尼，犹是莱公时柘枝妓，云"当时柘枝尚有数十遍，今日所舞柘枝，比当时十不得二三”。老尼尚能歌其曲，好事者往往传之。

【注释】

①柘枝：古代的一种舞、曲名称。其舞原为女伎二人对舞，宋代发展为多人舞队，称"柘枝队"。

②遍数：指乐曲的章节。又称"解数"，"一解"即"一遍"。

③寇莱公：即寇准（961—1023）。字平仲，华州下邽（今陕西渭南）人。官至宰相，封莱国公。

【译文】

旧时的柘枝曲，章节极多，如《羯鼓录》所说的"浑脱解"之类，现在已没有这一章节。寇莱公喜好柘枝舞，凡是宴集会客，必定要召舞伎跳柘枝舞，而且每次都跳一整天，时人称之为"柘枝颠"。现在陕西凤翔还有一位老尼姑，原是寇莱公时官府柘枝队的女伎，说"当时的柘枝舞曲尚有几十个章节，今日柘枝舞曲的章节，比当时已十不得二三"。老尼姑还能唱一些当时的曲子，喜欢的人往往为之传唱。

古之善歌者有语

古之善歌者有语，谓当使"声中无字，字中有声"。凡曲，止是一声清浊高下如萦缕耳；字则有喉、唇、齿、舌等音不同。当使字字举本皆轻圆，悉融入声中，令转换处无磊块，此谓"声中无字"，古人谓之如贯珠，今谓之善过度是也。如宫声字而曲合用商声，则能转宫为商歌之，此"字中有声"

也。善歌者谓之"内里声"。不善歌者声无抑扬，谓之"念曲"；声无含韫，谓之"叫曲"。

【译文】

古时善于歌唱的人有种说法，就是歌唱应当做到"声中无字，字中有声"。凡是曲调，只不过是清浊高下不同的一种曲折连贯的发声，有如缠绕的一缕丝线；而歌词的字，则有喉音、唇音、齿音、舌音等发音部位的不同。歌唱时，应当使字字都发自本部位而能轻松圆润，完全融入曲调的发声中，令声音转换处没有郁结障碍，这叫作"声中无字"，古人称这种唱法如同贯串圆珠，现在说的善于过渡也是指这一技巧。如宫声的字而曲调应该用商声，那就要能转换宫音而用商声把它唱出来，而这也就是"字中有声"，善于歌唱的人称这样的发声是一种"内里声"。不善于歌唱的人，声音没有适当的高低抑扬，那就叫"念曲"；声音过于浅直而缺乏应有的内涵，那就成了"叫曲"。

天宝法曲与胡部合奏

外国之声，前世自别为"四夷乐"。自唐天宝十三载，始诏法曲与胡部合奏①，自此乐奏全失古法，以先王之乐为"雅乐"，前世新声为"清乐"，合胡部者为"宴乐"。

【注释】

①法曲：乐曲种类名称。晋以前原为用于佛教法会的

乐曲，传入中原后，与汉族的清商乐相结合，逐渐发展为以清商乐为主的隋代法曲。盛唐时，这种乐曲又掺杂道教乐曲而发展至极盛，《霓裳羽衣曲》即是著名的法曲。唐玄宗命梨园弟子学习，称为“法部”。胡部：指中原北方及西方少数民族音乐，有时也泛指与中原传统音乐有别的“四夷乐”。隋代音乐有九部，唐太宗时加一部为十部，玄宗时又加入胡部。

【译文】

中原之外的地区和国家的音乐，前世自然与中原有别而称之为“四夷乐”。自从唐天宝十三载，始诏令以法曲与胡部乐合奏，从此朝廷的音乐演奏便完全失去了古代的法度，而将上古先王留传的乐曲称为“雅乐”，后世新创作的乐曲称为“清乐”，与胡部乐合奏的乐曲称为“宴乐”。

《霓裳羽衣曲》

《霓裳羽衣曲》[①]，刘禹锡诗云[②]：“三乡陌上望仙山[③]，归作《霓裳羽衣曲》。”又王建诗云[④]：“听风听水作《霓裳》[⑤]。”白乐天诗注云[⑥]：“开元中，西凉府节度杨敬述造[⑦]。”郑嵎《津阳门诗》注云[⑧]：“叶法善尝引上入月宫[⑨]，闻仙乐。及上归，但记其半，遂于笛中写之。会西凉府都督杨敬述进《婆罗门曲》，与其声调相符，遂以月中所闻为散序[⑩]，用敬述所进为其腔[⑪]，而名《霓裳羽衣曲》。”诸说各不同。今蒲中逍遥楼楣上有唐人横书[⑫]，类梵字，相传是《霓裳》谱，字训不通，莫知是非。或谓今燕部有《献仙音曲》^⑬，乃其遗声。然《霓裳》本谓之道调法曲^⑭，今《献仙音》乃小石调耳^⑮，未知孰是。

【注释】

① 《霓裳羽衣曲》：唐代乐曲名。传自西凉，本名《婆罗门曲》，经玄宗润色而改名。

② 刘禹锡（772—842）：字梦得，洛阳（今属河南）人。为中唐著名诗人。

③ 三乡陌：一作"三乡驿"。相传唐玄宗于三乡驿楼上望女几山（在今河南宜阳），归而作《霓裳羽衣曲》。

④ 王建（约765—830）：字仲初，颍川（今河南许昌）人。唐后期诗人。

⑤ 听风听水：相传西域龟兹国君臣听风水之声而创制乐曲。

⑥ 白乐天：即白居易（772—846）。字乐天，下邽（今陕西渭南）人。为中唐著名诗人。

⑦ 杨敬述：开元间以羽林大将军、西凉都督充河西节度使，曾因御突厥战败被削官爵。

⑧ 郑嵎（yú）：字宾先，唐宣宗时进士。其《津阳门诗》为七言长句，凡一千四百句，成一百韵。

⑨ 叶法善（616—720）：唐初道士。以道术历事高宗至玄宗五朝，以至封为越国公。

⑩ 散序：各种乐器次第发声而尚无节拍的序曲。因无

节拍，故不伴舞。

⑪腔：腔调，曲调。

⑫蒲：蒲州（今山西永济西蒲州）。横书：即横行书写的字，与汉字传统上的纵行书写不同。

⑬燕部：唐宋音乐部类之一，即燕乐。混合传统雅乐及西凉乐，供宴飨用。北宋时有二十八调。

⑭道调：古代音乐以宫音（相当于现在简谱的"1"）为主的乐调之一。法曲：见上条注。

⑮小石调：古代音乐以商音（相当于现在简谱的"2"）为主的乐调之一。

【译文】

《霓裳羽衣曲》，刘禹锡有诗说："三乡陌上望仙山，归作《霓裳羽衣曲》。"王建又有诗说："听风听水作《霓裳》。"白乐天的诗有注说，此曲是："开元年间，西凉都督、河西节度使杨敬述所作。"郑嵎《津阳门诗》的注又说："叶法善曾引导皇上进入月宫，得以聆听天上的仙乐。及皇上归来，只记得这仙乐的一半，于是用笛子吹奏而记录了下来。这时正逢西凉府都督杨敬述献进《婆罗门曲》，与仙乐的声调相符，因而就以月宫中所听到的作为无节拍的序曲，用杨敬述所献进的作为有节拍的曲调，而名之为《霓裳羽衣曲》。"诸说各不相同。如今在蒲州逍遥楼的门楣上还有唐人横行书写的一种文字，类似印度的梵文，相传就是《霓裳羽衣曲》的曲谱，因为看不懂这种文字，不知道这传说是真是假。有人说现在燕乐的《献仙音曲》，就是《霓裳羽衣曲》经过改编而流传下来的曲调。然而《霓裳羽衣曲》

本是道调的法曲，现在的《献仙音曲》却是小石调，也不知哪种说法是对的。

唐昭宗《菩萨蛮》词

《新五代史》书唐昭宗幸华州①，登齐云楼，西北顾望京师，作《菩萨蛮》辞三章，其卒章曰："野烟生碧树，陌上行人去。安得有英雄，迎归大内中②？"今此辞墨本犹在陕州一佛寺中③，纸札甚草草。予顷年过陕曾一见之，后人题跋多盈巨轴矣。

【注释】

①《新五代史》：北宋欧阳修著，"二十四史"之一。唐昭宗幸华州：指唐昭宗因军阀混战而出逃事。乾宁三年（896），昭宗募兵自卫，凤翔节度使李茂贞出兵逼京师，昭宗逃往华州（今陕西华县），依附华州节度使韩建。五年，诸军阀相互妥协，使昭宗回京。

②大内：指皇宫。

③陕州：今河南陕县。

【译文】

《新五代史》记载唐昭宗出奔华州时，曾登齐云楼，向西北回望京城，作《菩萨蛮》词三首，其中最后一首写道："野烟生碧树，陌上行人去。安得有英雄，迎归大内中？"现在这首词的手迹还在陕州一座佛寺中，纸张粗糙，字迹也很潦草。我往年路过陕州时曾看到过一回，后人的题跋甚多，已写满了一大卷轴。

世称善歌者曰"郢人"

世称善歌者皆曰"郢人"，郢州至今有白雪楼①。此乃因宋玉《问》曰"客有歌于郢中者"②，其始曰《下里巴人》，次为《阳阿薤露》，又为《阳春白雪》，"引商刻羽，杂以流徵"③，遂谓郢人善歌，殊不考其义。其曰"客有歌于郢中者"，则歌者非郢人也；其曰"《下里巴人》，国中属而和者数千人；《阳阿薤露》，和者数百人；《阳春白雪》，和者不过数十人；引商刻羽，杂以流徵，则和者不过数人而已"——以楚之故都，人物猥盛，而和者止于数人，则为不知歌甚矣！故玉以此自况。《阳春白雪》，皆郢人所不能也；以其所不能者名其俗，岂非大误也？《襄阳耆旧传》虽云"楚有善歌者，歌《阳菱白露》、《朝日鱼丽》，和之者不过数人"，复无《阳春白雪》之名。又今郢州本谓之"北郢"，亦非古之楚都。或曰楚都在今宜城界中，有故墟尚在，亦不然也。此鄢也，非郢也。据《左传》：楚成王使斗宜申"为商公，沿汉泝江，将入郢；王在渚宫，下见之"。沿汉至于夏口，然后泝江，则郢当在江上，不在汉上也。又在渚宫下见之，则渚宫盖在郢也。楚始都丹阳，在今枝江；文王迁郢，昭王迁都，皆在今江陵境中。杜预注《左传》云："楚国，今南郡江陵县北纪南城也。"谢灵运《邺中集诗》云："南登宛郢城^④。"今江陵北十二里有纪南城，即古之郢都也，又谓之"南郢"。

【注释】

①郢（yǐng）州：宋代为上州，治长寿（今湖北钟祥）。按：郢，为先秦楚国故都，其沿革变化甚为复杂。最早在春秋时，楚文王始建都于郢，故址在今湖北江陵西北，因此址在纪山之南，故后世又称"纪郢"或"纪南城"。公元前506年吴军攻入郢都，两年后楚昭王迁都于鄀（在今湖北宜城东南），不久又迁回故址。公元前488年楚惠王即位之初，又曾迁都于鄢（在今河南鄢陵西北），不久亦迁回故址。公元前278年秦军破郢，地入秦，楚顷襄王迁都于陈（今河南淮阳）。后来楚考烈王又曾先后迁都巨阳（在今安徽阜阳北）、寿春（在今安徽寿县西南）。所有这些迁都的地点，楚人都称为"郢"，故有"南郢"、"北郢"等区分。沈括本条下文所考，亦是有关郢都流变的一种看法。

②宋玉：战国时楚辞作家，为屈原之后最有名的代表人物。《问》：当视为《对问》的简称。《文选·对问》载其原题为《对楚王问》。本条下引宋玉文字皆出此篇。

③引商刻羽，杂以流徵：按传统的解释，此八字大意谓在歌唱时，不是顺着商声下转的次序引入羽声，而是克制羽声，逆转而流入了徵声。

④宛郢城:《古诗纪》注谓"宛"一作"纪"。若作"纪郢",则即纪南城。

【译文】

世人都称善于歌唱的人为"郢人",郢州至今还有白雪楼。这是由宋玉《对楚王问》所说的"客有歌于郢中者"而来的,其文记载这位歌者始唱《下里巴人》,接着又唱《阳阿薤露》,然后又唱《阳春白雪》,以至"引唱商声,抑制羽声,杂入流变的徵声",世人遂因此而称郢人善歌,根本就没有考察宋玉这些话的真实含义。他说"客有歌于郢中者",那么歌者就是"客"而不是郢人;他说"客唱《下里巴人》,郢城中跟着唱和的有几千人;唱《阳阿薤露》,唱和的有几百人;唱《阳春白雪》,唱和的就不过几十人了;而到他引唱商声,抑制羽声,杂入流变的徵声,则唱和的就只剩几人而已"——以楚国的故都,人物众多繁盛,而能唱和的只有几个人,那么郢人不懂歌唱真也过头了!所以这文章不过是宋玉自称"曲高和寡"的一种比况。《阳春白雪》之曲,郢人所不能唱;以他们所不能唱的曲子作为代名词,称道他们有善歌的风俗,岂不是大错特错了吗?《襄阳耆旧传》虽说"楚有善歌者,歌《阳蓤白露》、《朝日鱼丽》,和之者不过数人",而并没有《阳春白雪》的曲名。再说,现在的郢州本来称为"北郢",也不是最早的楚都。有人说楚都在今天的宜城境内,那里还有故址的遗迹存在,这看法也不对。那地方是古代的鄀,也不是郢。据《左传》记载:楚成王使斗宜申"为商公,沿汉泝江,将入郢;王在渚宫,下见之"。他先是沿着汉水来到夏口,然后溯长江而上，那么郢都应当在长江岸边，而不在汉水流域。而且楚王先在渚宫，从渚宫下来见他，那么渚宫大概就在郢都。楚国开始建都丹阳，在今天的枝江；至文王时迁都于郢，昭王时又迁都于郡，都在今天的江陵境内。杜预注《左传》说："楚国故都，就是现今南郡江陵县北的纪南城。"谢灵运《邺中集诗》说道："南登宛郢城。"现在江陵以北十二里有纪南城，就是楚国的旧郢都，又称为"南郢"。

朽木为琴

琴虽用桐，然须多年，木性都尽，声始发越。予曾见唐初路氏琴，木皆枯朽，殆不胜指，而其声愈清。又常见越人陶道真畜一张越琴，传云古冢中败棺杉木也，声极劲挺。吴僧智和有一琴，瑟瑟徽碧①，纹石为轸②，制度、音韵皆臻妙；腹有李阳冰篆数十字③，其略云：南溟岛上得一木，名"伽陀罗"，纹如银屑，其坚如石，命工斫为此琴。篆文甚古劲。琴材欲轻、松、脆、滑，谓之"四善"；木坚如石，可以制琴，亦所未谕也。《投荒录》云④："琼管多乌檽、呿陀⑤，皆奇木。"疑"伽陀罗"即"呿陀"也。

【注释】

①瑟瑟徽碧：指黑绿色。瑟瑟，形容深绿色。徽，疑当作"黴"，即"霉"字，指霉变后发黑的颜色。

②纹石为轸（zhěn）：用有花纹的石料作弦柱。轸，

琴瑟腹下能够转动以调弦的短柱。

③李阳冰（níng）：字少温，赵郡（今河北赵县）人。唐代文字学家、著名书法家。官至匠作监，尤工篆书。冰，"凝"的古字。

④《投荒录》：宋初以前的著作，撰人未详。多记岭南风物。

⑤琼管：行政区划名，即琼州。宋代称"琼管"，设琼管安抚都监，治今海南海口。

【译文】

琴虽然用桐木制作，但必须是生长多年的桐木，到它的木材质性差不多都失去了，用以制作的琴的音声才能激扬清越。我曾见过唐朝初年的路氏琴，木质都枯朽了，看上去几乎都承受不了手指的弹拨，然而其音声更加清亮。又曾见到越人陶道真所收藏的一张越琴，相传是用古墓中出土的破烂棺材的杉木制作的，音声极为有力而挺拔。吴地僧人智和有一张琴，瑟瑟呈霉绿色，用花纹石作弦柱，制作样式和音声韵律都达到美妙的程度；其腹部有李阳冰篆书的数十字，大略是说：从南海的一座岛上得到一种木材，名叫"伽陀罗"，其纹理如同银子的碎屑，而坚硬得像石头，遂命工匠斫削加工为这张琴。篆文的书法甚为古朴而强劲。制琴的材质，通常是希望它质量轻、质地疏松、材性脆而不绵软、纹理光滑，这叫作"四善"；李阳冰所说则木质硬如石头，这样的材料也可以制琴，是让人有点闹不明白的。《投荒录》说："琼州之地多有乌檋木、咶陀木，都是珍奇的树木。"我怀疑"伽陀罗木"即是"咶陀木"。

卷六

声同共振

古法：钟、磬每簴十六[①]，乃十六律也[②]；然一簴又自应一律[③]，有黄钟之簴，有大吕之簴。其他乐皆然。且以琴言之，虽皆清实[④]，其间有声重者，有声轻者。材中自有五音[⑤]，故古之名琴，或谓之"清徵"，或谓之"清角"。不独五音也，又应诸调。予友人家有一琵琶，置之虚室，以管色奏双调[⑥]，琵琶弦辄有声应之，奏他调则不应，宝之以为异物。殊不知此乃常理。二十八调，但有声同者即应；若遍二十八调而不应，则是逸调声也[⑦]。古法：一律有七音十二律，共八十四调，更细分之，尚不止八十四，逸调至多。偶在二十八调中，人见其应，则以为怪，此常理耳。此声学至要妙处也[⑧]。今人不知此理，故不能极天地至和之声[⑨]。世之乐工，弦上音调尚不能知，何暇及此？

【注释】

①钟、磬（qìng）每簴（jù）十六：指钟和磬常常各自悬挂十六件为一架。磬，用石片制作的打击乐器。每，常常。簴，悬挂打击乐器的木架。此用作动词，"簴十六"即上架十六件。

②律：古人将音程上的八度分为不完全相等的十二个半音，分别名为黄钟、大吕、太簇、夹钟、姑洗

（xiǎn）、中吕、蕤（ruí）宾、林钟、夷则、南吕、
亡射（wúyè）、应钟，总称为"十二律"。其中单数
律又称"阳律"，六阳律合称"六律"；偶数律又称
"阴律"，六阴律合称"六吕"。"十二律"又称"正
律"，与之相对的低八度各律和高八度各律则分称
"倍律"和"半律"。

③一簴：此"簴"字用作名词，犹言"一架"，指单个
　　悬挂的钟或磬。

④清实：清亮而不虚。实，指古人所称的清音。

⑤材：指制作乐器所用的材质。五音：即古代五声音
　　阶宫、商、角、徵（zhǐ）、羽（略相当于现代简谱
　　的1、2、3、5、6）。另有变徵、变宫（略相当于现
　　代简谱的4、7)，合称"七音"。

⑥管色：指一种用于定音和记谱的管乐器。一般认为
　　即是从西域传入的觱篥（bìlì），又称"筚管"等，
　　后世习称为"头管"。古代的乐谱工尺谱，后来也
　　称"管色谱"。双调：古代商声调式的名称之一。

⑦逸调：指逸出于常用调式之外的调式。有些调式只
　　在理论上存在，实际不能应用。

⑧要妙：精微奥妙。

⑨天地至和之声：出于天地自然的至为和谐的声音。
　　犹言天籁之音。

【译文】

　　古代的用乐方法：钟和磬常常各自悬挂十六件，也就
是十六律；这样每一架就只对应于一律，而有黄钟律的架、

大吕律的架等。其他乐器也都是这样。权且以琴言之，虽琴声都是清音，而其间也有音声重的和音声轻的。乐器的材质中本来就包含着五音，所以古人为琴命名，或有叫做"清徵"的，又有叫做"清角"的。乐器不但与五音相应，还与各种调式相应。我的一位朋友家里有一把琵琶，把它置于空房子中，用觱篥吹奏双调的曲子，琵琶的弦总是有音声相应和，吹奏其他调式则不应，这位朋友把它看得很贵重，以为是不平常的物品。殊不知这是音乐上的常理。燕乐的二十八个调式中，只要弦乐器的弦和某一调式的音声相同，它就会相应；如果奏遍了二十八调而它都不应，那么这弦的音声就是逸出常用调式之外的音声。古乐之法：一律有七个音，十二律共有八十四个调式，如果更细分的话，调式还不止八十四个，逸出的调式极多。人们偶尔在二十八调中见到有琴弦应和的情况，就以为是怪事，其实这不过是音乐上的常理。然而这又是音乐学问中最为精微奥妙的地方。今日人们不了解这一道理，所以不能极尽至为和谐的所有天籁之音。世俗常见的乐器演奏者，连弦上的音调都还不能知晓，又如何谈得上了解其中的奥妙？

象数

　　"象数"一词，起于卜筮。古人称用龟甲占卜，龟甲以裂纹所显示的事物形象告人吉凶；用蓍草（或竹棍等）占卜，则蓍草以数目的组合变化告人吉凶。二者合称"象数"，实代指卜筮之术。传统《易》学是讲象数的，如以天地水火山泽等表示卦象，称呼卦爻的"初六"、"上九"等则是数。后世宽泛的理解，所有旧时被称为"术数"的东西，上至天文历法、中医理论，下至占候算命看风水，则都与象数有关系。《笔谈》此门主要是谈天文历法的，同时也涉及《易经》的阴阳学、医家的"五运六气之术"、古人以十二律管候气的方法等，都属于专门知识的范畴，有些是作者本人独到的研究成果。另有一些与占卜有关系的条目，大都主于介绍、辩论，对传统术数的迷信成分多所批评。

卷七

《奉元历》改移闰朔

开元《大衍历法》最为精密①，历代用其朔法②。至熙宁中考之，历已后天五十余刻③，而前世历官皆不能知。《奉元历》乃移其闰朔④：熙宁十年，天正元用午时⑤，新历改用子时⑥；闰十二月改为闰正月。四夷朝贡者用旧历，比来款塞⑦。众论谓气至无显验可据⑧，因此以摇新历，事下有司考定。凡立冬晷景与立春之景相若者也⑨，今二景短长不同，则知天正之气偏也；凡移五十余刻，立冬、立春之景方停⑩。以此为验，论者乃屈，元会使人亦至⑪，历法遂定。

【注释】

① 《大衍历法》：唐代开元年间僧一行所制定的历法。

② 朔法：指朔策之法，即推算各月平均长度并用以确定朔日（每月初一）的方法。

③ 刻：古代计时单位，一昼夜分为一百刻。

④ 《奉元历》：由提举司天监沈括主持、聘淮南人卫朴制定的历法。熙宁八年（1075）闰四月颁行，共行用了十八年。

⑤ 天正：指冬至日的临界时分。旧时历法以此为推算起点。元：同"原"。午时：当今一昼夜为24小时制的11：00—13：00，取中值即为12：00。

⑥子时：当今24小时制的23：00—1：00，取中值即
　　为0：00。

⑦比来：接连而至。款塞：本义指扣塞门，旧时中原
　　王朝用作周边部族政权及海外诸国来通好或内附的
　　称呼。和"四夷"等词一样，含有蔑视的意味。

⑧气至：犹言节气。至，四至，指冬至、夏至、春分、秋分。

⑨晷（guǐ）景：同"晷影"。古代用晷（日晷）测日
　　影，以日影的角度和长度定时刻。

⑩停：均匀。

⑪元会：元旦日皇帝朝会群臣及外宾的典礼。

【译文】

　　唐开元间所制定的《大衍历法》最为精密，历代都沿
用其推算朔策的方法。然而到熙宁年间考校，现行历法已
落后实际天象五十余刻，而前世历官都不能推知这一误差。
《奉元历》于是改动闰月和朔日的设置：熙宁十年冬至的临
界时分原用午时，新历改用子时；闰十二月改为闰正月。
四方各族及外域来朝觐并贡进方物的国家仍然沿用旧历，
接连按以往的节庆日派遣使者通好。朝廷舆论以为节气的
确定并无显著的天象验证可以依据，遂因各国遣使事怀疑
和反对新历，事下有关部门考定。不过大凡立冬的晷影与
立春的晷影是差不多的，如今旧历所用的这两种晷影长短
不同，可知旧历冬至节气的确定有偏差；大致移动五十余
刻，立冬、立春的晷影长度才能均匀。以此作为验证，持
异议的人乃无话可说，而元旦朝会时各国使者也按新定的
日期来到，于是新历法得以确定。

极星测量

天文家有浑仪①，测天之器，设于崇台②，以候垂象者③，则古玑衡是也④；浑象⑤，象天之器，以水激之，或以水银转之，置于密室，与天行相符，张衡、陆绩所为及开元中置于武成殿者⑥，皆此器也。皇祐中，礼部试《玑衡正天文之器赋》，举人皆杂用浑象事，试官亦自不晓，第为高等⑦。汉以前皆以北辰居天中⑧，故谓之"极星"。自祖亘以玑衡考验⑨，天极不动处，乃在极星之末⑩，犹一度有余。熙宁中，予受诏典领历官，杂考星历，以玑衡求极星。初夜在窥管中，少时复出。以此知窥管小，不能容极星游转，乃稍稍展窥管候之。凡历三月，极星方游于窥管之中，常见不隐。然后知天极不动处，远极星犹三度有余。每极星入窥管，别画为一图。图为一圆规⑪，乃画极星于规中，具初夜、中夜、后夜所见，各图之。凡为二百余图，极星方常循圆规之内，夜夜不差。予于《熙宁历奏议》中叙之甚详。

【注释】

①浑仪：又称"浑天仪"，古代观测天体位置的仪器。摹写日月星辰于"天盘"上，下设可转动的四游仪以观测，类似现在从地球上观测天空景象的天象仪。

②崇台：高台。

③候：观测。垂象：指天象。星象附丽于天而下投，古人习称"天垂象"。

④玑衡：即璇玑玉衡，浑天仪的前身。后人有时仍用
　以指浑天仪。

⑤浑象：类似现在的天球仪，即将假设的天球模型化，
　从"天外"俯视天球及其附丽的天象。

⑥张衡（78—139）：字平子，南阳西鄂（今河南召县
　南）人。东汉著名科学家、文学家。曾任太史令，
　制造浑象、地动仪等。陆绩（187—219）：字公纪，
　吴县（今江苏苏州）人。仕于吴，精通天文历算，
　曾作《浑天图》及浑象。

⑦第：次第。此用为动词，指录取排序。

⑧北辰：即北极星，古人习称"极星"。古人言"极"
　是指天极，言"极星"则指天极区的代表星，然往
　往会使人误认为二者重合。

⑨祖亘：即祖暅，南朝著名天文历算家祖冲之之子。
　传承家学，亦曾参与修订历法，并自造浑象。

⑩极星之末：指在北极星所在天区的更远端（末端、
　顶端、尽头）。

⑪圆规：指用圆规画出的正圆形。

【译文】

　　天文学家有浑天仪，是观测天文现象的仪器，设置
于高台上以观察天象，即古代所称的玑衡；又有浑象，是
模拟天球的仪器，用水冲激，或用水银泄漏作动力，使它
转动，设置于密室之中，以与天球的运行相符合，张衡、
陆绩所造及唐开元中置于武成殿的天文仪器都是这种器
物。本朝皇祐年间，礼部举行贡举的省试，用了《玑衡正

天文之器赋》的考题，举人们都杂用浑仪、浑象的典故，主持考试的官员自己也不明白二者的区别，遂将这类答卷列入高等名次的评定范围。汉代以前，人们都以为北辰星处在北天的正中位置，所以称之为"极星"。自从祖暅用玑衡加以观测验证，才发现北天极点不动的位置，实在北极星所在天区的尽头，其视觉定位距北极星还有一度多。熙宁年间，我受命提举司天监，掌领历法官的职事，曾杂考星象历法，用浑天仪观测考求北极星的位置。夜初时分，北极星在窥管中，不多时候就游出于窥管之外了。以此知道窥管太小，不能容纳北极星游动转行的范围，于是渐渐扩展窥管来观测它。如此历时凡三个月，才使得北极星完全在窥管中游动，始终看得见而不会再隐去。然后知道北天极点不动的位置，距离北极星最远还有三度多。当时每当北极星进入窥管，就另外画一张图。图为一正圆形，于是画北极星的运动位置于圆形中，凡是初夜、中夜、后夜所见的位置都具备，分别画在图上。这样共制出二百多张图，北极星才一直在设定的圆形内循环运动，运行轨迹夜夜不差。我在《熙宁历奏议》中，对此有详细的叙述。

二十八宿

予编校昭文书时，预详定浑天仪①。官长问予："二十八宿，多者三十三度，少者止一度。如此不均，何也？"予对曰：天事本无度，推历者无以寓其数，乃以日所行分天为三百六十五度有奇②。日平行三百六十五日有余而一期天③，故以一日为一度也。既分之，必有物记之，然后可窥而数，于是以当度之星记之。循黄道日之所行一期④，当者止二十八宿星而已，度如伞橑⑤，"当度"谓正当伞橑上者。故车盖二十八弓，以象二十八宿。则予《浑仪奏议》所谓"度不可见，可见者星也"。日、月、五星之所由有星焉⑥，当度之画者凡二十有八⑦，谓之"舍"⑧，"舍"所以挈度、度所以生数也。今所谓"距度星"者是也⑨。非不欲均也，黄道所由，当度之星止有此而已。

【注释】

①预：参与。

②奇（jī）：零头，余数。

③一期：一个周期。

④黄道：古代天文学上指太阳视运动在天球上的轨迹。

⑤橑（lǎo）：通"辕"，撑起伞或车盖的弓形木架。俗称"伞弓"、"车盖弓"等。

⑥由：经由，经过之处。

⑦画：划分，界限。

⑧舍："二十八宿"又称"二十八舍"。"宿"、"舍"同义，盖取义于日月五星舍止之处。

⑨距度星："二十八宿"的每一宿实际上都表示一个星空区域，其中被选为测量标志的一颗星即被称"距度星"，也称"距星"。距星的距度（与相邻距星的度数之差）代表各宿星区的广度。

　　我在编校昭文馆书籍时，曾参与详细审定浑天仪的工作。长官问我："二十八宿之间的距离，多的有三十三度，少的只有一度。如此不均匀，为什么呢？"我回答说：天体运行本无所谓"度"，是推算历法者无从运用他们的推算数据，才按太阳每年所行经的轨道，划分周天为三百六十五度多一点。太阳运行平均三百六十五天多一点为一个周期，所以周天也以太阳每天所行的距离为一度。既要划分周天，必然要有参照物作标记，然后才可以测量和运算，于是便以正好在黄道附近可以作为分度界点的星体为标志。太阳沿着黄道运行一周，可以当作分度界点的星体也不过二十八宿的代表星官而已，分度的界线就像撑伞的弓形架条，"当度"指正好处在伞弓上。所以车盖有二十八条弓架，用以象征二十八宿。这也就是我在《浑仪奏议》中所说的"度是不可见的，可见的是星"。日、月、五星所经之处都有许多可见的星，而正好可以作为分度界点的大概为二十八宿的星官，且称之为"舍"，"舍"就是用来提领分度和产生度数的。现在所称的"距度星"就是这种代表星。并非是天文学家不想均匀划分，而是在太阳所行经的黄道上，可以作为分度标志的星体只有这些罢了。

日月之形

　　又问予以"日月之形如丸邪，如扇邪？若如丸，则其相遇，岂不相碍？"①予对曰：日月之形如丸。何以知之？以月盈亏可验也。月本无光，犹银丸，日耀之乃光耳。光之初生，日在其傍，故光侧而所见才如钩；日渐远，则斜照而光稍满。如一弹丸，以粉涂其半，侧视之则粉处如钩，对视之则正圆。此有以知其如丸也。日月，气也，有形而无质，故相值而无碍②。

【注释】

①"又问"句：此条文字接上条，故以"又问"开头，内容则别为一题。下条同此。

②值：相遇。

【译文】

长官又问我以这一问题："太阳和月亮的形状是像个圆球呢，还是像把扇子？如果像个圆球，那么它们相遇，又怎会不互相妨碍？"我回答说：太阳和月亮的形状像个圆球。何以知道它们是这样子？以月亮的盈亏就可以验证。月亮本来不发光，譬如一个银球，太阳照耀它，它才发光。月光初生的时候，是太阳在它旁边照射，所以光在它的侧面，人们能够看到的月光面就仅仅像个弯钩；太阳渐渐远离月亮，则斜照过来，月光就逐渐变得圆满。有如一颗弹丸，用白粉把它的表面涂抹一半，从旁边看去则涂了粉的地方如同弯钩，对着涂粉的一半正面看去则还是正圆。由此可见太阳和月亮都像个圆球。太阳和月亮都是由气凝结而成的，有形状而无质体，所以相遇也没有妨碍。

日食和月食

又问："日月之行，日一合一对①，而有蚀不蚀，何也？"予对曰：黄道与月道②，如二环相叠而小差。凡日月同在一度相遇③，则日为之蚀；在一度相对，则月为之亏。虽同一度，而月道与黄道不相近，自不相侵；同度而又近黄道、月道之交④，日月相值，乃相凌掩。正当其交处则蚀而既⑤；不全当交道⑥，则随其相犯浅深而蚀。凡日蚀，当月道自外而交入于内⑦，则蚀起于西南，复于东北；自内而交出于外，则蚀起于西北，而复于东南。日在交东，则蚀其内；日在交西，则蚀其外。蚀既，则起于正西，复于正东。凡月蚀，月道自外入内，则蚀起于东南，复于西北；自内出外，则蚀起于东北，而复于西南。月在交东，则蚀其外；月在交西，则蚀其内。蚀既，则起于正东，复于西。交道每月退一度余，凡二百四十九交而一期。故西天法，罗睺、计都皆逆步之⑧，乃今之交道也：交初谓之"罗睺"，交中谓之"计都"⑨。

【注释】

①一合一对：一次会合，一次正对。天文学上称月亮与太阳的黄经相等为"合"，又称"日月交会"等；二者的黄经相差180°则为"望"，"望"即是"对"。依据我国传统的夏历，"合"必定发生在每月的朔日（初一），故过去又称"合朔"，这时从地面上看，太阳和月亮同时出没；"对"则发生在每月的望日（十五前后），这时当太阳落山时，月亮正从东方升起。

②月道：天文学上一般称为"白道"，即月亮的视运动
　　在天球上的轨迹。

③同在一度：按黄道坐标（以黄道为基本圆、以黄极
　　为极点的天文坐标），实指在同一黄经圈（通过极
　　点的经线圈）上。在同一黄经圈上，则黄经度数相
　　等或相差180°。按古人理解，则黄经度数相等或
　　相差180°，都可称为"同度"。

④黄道、月道之交：此实指黄道平面与白道平面的交
　　线。这一交线在垂直平面上的投影则为一点。今按
　　通俗理解，仍译为"交点"。

⑤蚀而既：指日全食或月全食。既，尽。

⑥交道：此实指交点。下文"交道"同此。

⑦月道自外而交入于内：指月亮自黄道以南向北运行，
　　通过黄道与白道的交点而入于黄道以北。古代天文
　　学称黄道以南为"外"，黄道以北为"内"。

⑧罗睺（hóu）、计都：古代星占家所称的二星名。以为
　　二星的运行方向与日、月、五星相反，故与日、月、
　　五星相掩袭，并称"罗睺"为"蚀神"。步：推算。

⑨交初、交中：古代天文学上所称黄道与白道的两个
　　交点的名称。宋人或称"朔交为交初，望交为交
　　中"。沈括以为所谓"罗睺"就是交初点，所谓"计
　　都"就是交中点。

【译文】

　　长官又问道："太阳和月亮的运行，每月都有一次会
合、一次正对，而有时发生日月食，有时却不发生，这是

为什么呢？"我回答说：黄道和月道，如同两个圆环相重
叠而稍有偏差。凡是太阳和月亮在同一经度相遇，就会发
生日食；在同一经度相对，就会发生月食。虽在同一经度，
而如果白道与黄道不相近，太阳和月亮自然不相侵犯；如
果在同一经度而又接近黄道和白道的交点，太阳和月亮相
遇，就会互相侵犯和遮掩。如果它们正好在黄道和白道的
交点上相遇，就会发生全食；如果相遇而不完全在这个交
点上，则随着它们相互侵犯的深浅程度而发生偏食。凡是
日食，当月亮自黄道以南通过交点而进入黄道以北时，日
食就起于交点的西南，而太阳复原于交点的东北；当月亮
自黄道以北通过交点而出于黄道以南时，日食就起于交点
的西北，而太阳复原于交点的东南。如果太阳在交点以东，
日食就从交点的北面发生；太阳在交点以西，日食就从交
点的南面发生。如果是日全食，则起于交点的正西，而太
阳复原于交点的正东。凡是月蚀，当月亮自黄道以南进入
黄道以北时，月食就起于交点的东南，而月亮复原于交点
的西北；当月亮自黄道以北出于黄道以南时，月食就起于
交点的东北，而月亮复原于交点的西南。如果月亮在交点
以东，月食就从交点的南面发生；月亮在交点以西，月食
就从交点的北面发生。如果是月全食，则起于交点的正东，
而月亮复原于交点以西。黄道与白道的交点每月向西退一
度多，凡二百四十九次交会为一个周期。所以在西天印度
的历法中，罗睺、计都二星都是按其逆运行的设定推算的，
其实二者就是现在所求的黄道和白道的两个交点：只不过
把交初点叫做"罗睺"，把交中点叫做"计都"。

卷八

月行九道非实有

历法，天有黄、赤二道，月有九道。此皆强名而已，非实也。亦由天之有三百六十五度^①，天何尝有度？以日行三百六十五日而一期，强谓之"度"，以步日月五星行次而已。日之所由，谓之"黄道"；南北极之中度最均处^②，谓之"赤道"。月行黄道之南，谓之"朱道"；行黄道之北，谓之"黑道"；黄道之东，谓之"青道"；黄道之西，谓之"白道"。黄道内外各四，并黄道为九。日月之行，有迟有速，难可以一术御也。故因其合散，分为数段，每段以一色名之，欲以别算位而已，如算法用赤筹、黑筹，以别正、负之数。历家不知其意，遂以为实有九道，甚可嗤也。

【注释】

①由：通"犹"。

②中度最均处：指天球赤道平面。地球赤道圈沿平面在天球上的投影即是天球赤道圈。因天球赤道在北天极与南天极之中，故称"中度最均处"。

【译文】

历法上，天球有黄、赤二道，月亮则有九道。这些都是人为的命名，并非是天体实有的轨道。亦犹如天有三百六十五度，天又何尝有度数？因为太阳每运行三百六十五天而成一个周期，所以强称之为"度"，不过是为了测算日、月、五星的运行方位而已。太阳所行经的轨道，叫作"黄道"；天球南北极之间最正中的纬线圈，叫做"赤道"。月亮行经黄道之南，叫做"朱道"；行经黄道之北，叫做"黑道"；行经黄道之东，叫做"青道"；行经黄道之西，叫做"白道"。黄道内外各有四条轨道，并黄道而为九道。太阳和月亮的运行有快有慢，难以用一种方法来应对测量。所以根据它们的会合与离散，分为几个区间，每个区间用一种颜色命名，欲以区别测算的方位而已，有如算法上用赤筹、黑筹来区别正数和负数。历法家不明白这种命名的用意，遂以为月亮的运行实有九条轨道，这是甚为可笑的。

五星行度

予尝考古今历法，五星行度[①]，唯留逆之际最多差[②]。自内而进者，其退必向外[③]；自外而进者，其退必由内。其迹如循柳叶，两末锐，中间往还之道相去甚远。故两末星行成度稍迟[④]，以其斜行故也；中间行度稍速，以其径绝故也[⑤]。历家但知行道有迟速，不知道径又有斜直之异。熙宁中，予领太史令，卫朴造历[⑥]，气朔已正[⑦]，但五星未有候簿可验[⑧]。前世修历，多只增损旧历而已，未曾实考天度。其法须测验每夜昏、晓、夜半月及五星所在度秒，置簿录之，满五年，其间剔去云阴及昼见日数外，可得三年实行，然后以算术缀之[⑨]，古所谓"缀术"者此也。是时司天历官皆承世族[⑩]，隶名食禄，本无知历者，恶朴之术过己，群沮之^⑪，屡起大狱；虽终不能摇朴，而候簿至今不成。《奉元历》五星步术，但增损旧历，正其甚谬处十得五六而已。朴之历术，今古未有，为群历人所沮，不能尽其艺，惜哉！

【注释】

①五星：即古人所称金、木、水、火、土五星。行度：运行的度数。

②留逆：古人认为太阳的运行速度是恒定的，五星的运行则迟速不一，在与太阳同度之后即渐趋缓慢，然后停留、逆行，逆行之后又顺行。这些都是由相对于太阳的视运动错觉造成的。

③内、外：分指黄道以北、黄道以南。

④成度：犹言速度。

⑤径绝：犹言直行。径，直往。绝，越过。

⑥卫朴：参见卷十八"卫朴精于历术"条。

⑦气朔：亦称"朔气"，指节气。实包括年月长度、朔望时刻及闰法等。

⑧候簿：候天的记录簿，即天文观测记录。

⑨缀：连缀，连结。此实指运算而言。

⑩世族：此指世袭某种职业的家族。

⑪沮（jǔ）：使……丧气，犹言阻挠、破坏。

【译文】

我曾经查考古今各种历法，发现有关五星运行的数

据，以五星稽留和逆行之际误差最多。五星自黄道以北向
北前行的，它们的退行必然要趋向黄道以南；自黄道以南
向南前行的，它们的退行必然要进入黄道以北。五星的轨
迹如同沿着柳叶运行的椭圆形，两头尖锐，中间往返的路
径之间相距很远。所以在轨迹的两头，五星的运行速度稍
慢，这是由于它们斜行的缘故；在轨迹的中间部分，则五
星的运行速度稍快，这是由于它们直行的缘故。以往历家
只知道它们的运行有慢有快，而不知道它们行经的轨道还
有斜直的差异。熙宁年间，我担任太史令，聘卫朴制定历
法，节气等已经修正，但五星部分没有观测记录可供检验。
前世修订历法，大都只是增损旧历的文字而成，并没有实
际观测天象。观测的方法，必须是每天的黄昏、拂晓和夜
半时分，都测验月亮及五星所在的度数和时刻，专置记录
簿记录下来，满五年，其间除去阴天及五星白天出现的天
数，可得累计三年天数的五星实际运行数据，然后综合这
些数据加以运算，此即古人所称的"缀术"。当时司天监的
历官都是继承家族职业来的，徒隶名籍而坐吃俸禄，本无
真懂历法的人，这些人妒忌卫朴的本领超过自己，遂群起
攻击破坏，屡欲制造大案陷害卫朴；虽终不能动摇卫朴的
制历使命，而天文观测记录至今无成。《奉元历》的五星推
步方法，还是只增损旧历，纠正其特别谬误之处十之五六，
仅此而已。卫朴的制历技术，古今无人能超过，而为一群
历人所阻挠，不能尽其才能，可惜啊！

人事

　　此所谓"人事"即人物轶事。宋代笔记体的著作中，人物轶事占有相当大的比重，有许许多多的细节材料，可以弥补正规史书的传记中人物事迹仅粗略记载的不足，或纠正史书中的错误。沈括作《笔谈》，因为不欲涉及人事利害，所以本门所记都是正面的，即所谓"不言人恶"；但正面材料也只着眼于轶事本身，是真能给人以启发者则记之，在事而不在人，故既无阿谀赞颂之词，也无志异猎奇之心。

卷九

寇准镇物

景德中，河北用兵，车驾欲幸澶渊，中外之论不一，独寇忠愍赞成上意①。乘舆方渡河②，寇骑充斥至于城下，人情恟恟③。上使人微觇准所为④，而准方酣寝于中书，鼻息如雷。人以其一时镇物，比之谢安⑤。

【注释】

①寇忠愍（mǐn）：即寇准。景德元年（1004），辽军大举南下，深入宋境，寇准力促真宗亲征至澶渊（今河南濮阳），最终双方议和。

按：此所谓"赞成上意"为避讳用语，实际当时真宗极不欲行。

②乘舆：古代特指皇帝车驾。

③恟恟：今通用"汹汹"，形容人心浮动，混乱不安。

④微觇（chān）：暗中窥视。

⑤谢安（320—385）：东晋孝武帝时宰相。公元383年，淝水之战，前秦大兵压境，他调兵遣将后，自出山中对客弈棋，不久捷报传来，时称其镇静。

【译文】

景德年间，河北发生战事，皇上将御驾亲征澶渊，朝廷内外意见不一，唯独寇忠愍赞成皇上的意向。皇上的车驾刚渡过黄河，敌人的骑兵已到处都是，有的已到澶渊城下，一时人心惶惶。皇上使人暗中观察寇准在做什么，而寇准却正在随征的中书省酣睡，鼾声如雷。人们认为他是危机时刻能够镇得住物议人心的人物，比之于东晋的谢安。

王文正局量宽厚

王文正太尉局量宽厚①，未尝见其怒。饮食有不精洁者，但不食而已。家人欲试其量，以少埃墨投羹中②，公唯啖饭而已。家人问其何以不食羹，曰："我偶不喜肉。"一日，又墨其饭，公视之曰："吾今日不喜饭，可具粥。"其子弟愬于公曰③："庖肉为饔人所私④，食肉不饱，乞治之。"公曰："汝辈人料肉几何⑤？"曰："一斤。今但得半斤食，其半为饔人所廋⑥。"公曰："尽一斤可得饱乎？"曰："尽一斤固当饱。"曰："此后人料一斤半可也。"其不发人过皆类此。尝宅门坏，主者彻屋新之⑦，暂于廊庑下启一门以出入。公至侧门，门低，据鞍俯伏而过，都不问。毕，复行正门，亦不问。有控马卒，岁满辞公，公问："汝控马几时？"曰："五年矣。"公曰："吾不省有汝。"既去，复呼回，曰："汝乃某人乎？"于是厚赠之。乃是逐日控马，但见背，未尝视其面，因去见其背，方省也。

【注释】

①王文正太尉：见卷二"宗子授南班官"条。

②埃墨：能使……变黑的灰土。此应指锅灰，或饭做

糊了以后黑锅巴的粉末。

③愬（sù）：同"诉"。

④庖（páo）：厨房。饔（yōng）人：泛指厨师。

⑤料肉：指定量供应的肉料。

⑥廋（sōu）：藏。

⑦彻：除。

【译文】

王文正太尉为人宽厚有度量，从未见他发脾气。饮食有不太干净的，他也只是不吃而已。家人想试试他的度量，以少许锅灰投到肉汤中，他就只吃米饭算完。家人问他何以不喝汤，他说："我今天偶尔不喜欢肉。"有一天，家人又在他的米饭里弄了点灰，他看到后说："我今天不想吃饭，可端上点粥来。"他的子弟们曾向他诉说："厨房的肉叫厨子给私占了，肉吃不饱，请惩治厨子。"王公说："你们每人一天该给的肉是多少？"子弟们说："一斤。现在只能吃到半斤，另外半斤让厨子给藏起来了。"王公说："给足你们一斤可以吃饱吗？"子弟们说："给足一斤当然可以吃饱。"王公曰："今后每人一天可以给你们一斤半。"他不愿揭发别人的过失都像这例子。他宅子的大门曾坏了，管家拆除门房新修，暂时从门廊下开了一个侧门出入。王公至侧门，门太低，就在马鞍上伏下身子过去，什么都不问。大门修好了，再从正门走，他也还是什么都不问。有个牵马的兵卒，服役期满向王公辞行，王公问："你牵马多长时间了？"兵卒说："五年了。"王公说："我怎么不记得有你？"兵卒转身离去时，王公又把他唤了回来，说："你是某某吧？"于是赠送他不少财物。原来是兵卒每日牵马，王公只看见他的背，不曾看过他的脸，当兵卒离去时又看到他的背，这才省悟过来。

李士衡不重财物

李士衡为馆职①，使高丽，一武人为副。高丽礼币赠遗之物②，士衡皆不关意，一切委于副使。时船底疏漏，副使者以士衡所得缣帛藉船底③，然后实己物以避漏湿。至海中，遇大风，船欲倾覆。舟人大恐，请尽弃所载，不尔船重，必难免。副使苍惶，取船中之物投之海中，便不暇拣择。约投及半，风息船定。既而点检所投，皆副使之物，士衡所得在船底，一无所失。

【注释】

①李士衡（959—1032）：字天均，秦州成纪（今甘肃天水）人。官至尚书左丞。

②币：丝织品礼物。遗（wèi）：赠送。

③藉：垫。

【译文】

李士衡为馆职时，出使高丽，一武人为副使。高丽赠送给他们的礼品和其他物品，李士衡都不在意，一切都让副使去管。当时船底不严密，有些渗水，做副使的人就把高丽送给李士衡的丝织品垫在船底，然后把自己所得的礼品放在上面，以防备被渗水打湿。到了海上，遇到大风，船将要倾覆。驾船的人大为恐慌，请把船上所载的物品全部弃掉，不然船太重，必难免沉船一死。副使仓皇不知所措，即取船中的财物投进海里，也来不及挑选。约投了一半，风停了，船又稳定下来。随即点检所投，发现都是副使的物品，李士衡所得礼物在船底，一无所失。

贡举人群见不成班

旧制：天下贡举人到阙①，悉皆入对，数不下三千人，谓之"群见"。远方士皆未知朝廷仪范，班列纷错，有司不能绳勒②，见之日，先设禁围于著位之前③，举人皆拜于禁围之外。盖欲限其前列也，至有更相抱持，以望黼座者④。有司患之，近岁遂止令解头入见⑤，然尚不减数百人。嘉祐中，予忝在解头，别为一班，最在前列，目见班中唯从前一两行稍应拜起之节，自余亦终不成班缀而罢。每为阁门之累⑥，常言殿庭中班列不可整齐者唯有三色⑦，谓举人、蕃人、骆驼。

【注释】

①阙（què）：宫门、城门两侧的高台，中间有道路，台上起高楼。这里代指皇宫。

②绳勒：依例控制。

③著位：指事先安排好的举人拜见皇帝时的站位。

④黼（fǔ）座：皇帝的座位。代指皇帝。

⑤解头：亦称"解元"、"解首"，乡试的第一名。

⑥阁门：阁门司，掌礼仪的机构。

⑦常：通"尝"。色：种类。

【译文】

本朝旧例：天下参加贡举的举人到京城应试，全都一起受到皇上的接见，总数不下三千人，被称为"群见"。边远地区的士人都不懂朝廷的礼仪规范，列班排队纷然杂乱，有关部门不能控制，于是在皇上接见的当天，先设围栏于举人的站位之前，举人都在围栏之外行拜礼。这本来是想限制前面的行列向前挤，结果导致后面的人更互相抱持，以求能看到皇上。有关部门头疼这种局面，所以近年就只让解头入见，然而仍不下数百人。嘉祐年间，我有幸在解头之列，另被分到一队，站在最前列，亲眼看到班中只有前一两行稍能随着礼仪人员的赞呼行拜礼，其余还是终不能连缀成班而罢。这事常为阁门司的牵累，曾说殿庭中的班列无法整齐的只有三种，这就是举人、外邦人和骆驼。

孙之翰不受砚

孙之翰①，人尝与一砚，直三十千。孙曰："砚有何异，而如此之价也？"客曰："砚以石润为贵，此石呵之则水流。"孙曰："一日呵得一担水，才直三钱，买此何用？"竟不受。

【注释】

①孙之翰：即孙甫（998—1057）。字之翰，阳翟（今河南禹县）人。官至三司度支副使。

【译文】

有人曾送孙之翰一方砚台，据说值三十千钱。孙之翰说："这砚台有何特别之处，而值这么多钱？"那人说："砚台以石料的润泽为贵，这石料呵口气，就会有水在上面流。"孙之翰说："一日呵得一担水，才值三钱，买这玩意儿何用？"竟不接受。

王荆公不受紫团参

王荆公病喘①，药用紫团山人参，不可得。时薛师政自河东还②，适有之，赠公数两，不受。人有劝公曰："公之疾，非此药不可治。疾可忧，药不足辞。"公曰："平生无紫团参，亦活到今日。"竟不受。公面鼕黑，门人忧之，以问医。医曰："此垢污，非疾也。"进澡豆令公颒面③，公曰："天生黑于予，澡豆其如予何？"④

【注释】

①王荆公：即王安石。见卷一"王俊民为状元"条。

②薛师政：即薛向（1016—1081）。字师正，万泉（今山西万荣）人。官至同知枢密院事。

③澡豆：古人用的护肤性质的物品。用豆粉加药物制成，以洗手、面，可使皮肤光泽。颒（huì）：洗脸。

④末句套用《论语·述而》所记孔子曰："天生德于予，桓魋其如予何？"

【译文】

王荆公有哮喘病，用药需要紫团山人参，买不到。其时薛师政自河东还朝，正好有这药，就送给王荆公几两，王荆公不接受。有人劝王荆公说："您的病，非这药不能治。病是可忧虑的，这点药物不值得推辞。"王荆公曰："平生没有紫团参，也活到今天。"竟不接受。王荆公脸面有些黑黄，门人忧虑，去问医生。医生说："这是污垢，不是疾病。"门生送澡豆叫王荆公洗脸，王荆公说："上天让我这么黑，澡豆能把我怎么样呢？"

造宅与卖宅

郭进有材略①，累有战功，尝刺邢州②。今邢州城乃进所筑，其厚六丈，至今坚完。铠仗精巧，以至封贮亦有法度。进于城北治第，既成，聚族人宾客落之③，下至土木之工皆与。乃设诸工之席于东庑，群子之席于西庑。人或曰："诸子安可与工徒齿④？"进指诸工曰："此造宅者。"指诸子曰："此卖宅者，固宜坐造宅者下也。"进死未几，果为他人所有，今资政殿学士陈彦升宅⑤，乃进旧第东南一隅也。

【注释】

①郭进（922—979）：博野（今河北蠡县）人。宋初将领。官至都部署。

②刺邢州：为邢州（今河北邢台）刺史。

③落：行落成典礼。

④齿：并列。

⑤陈彦升：即陈荐。字彦升，邢州人。官至资政殿学士。

【译文】

　　郭进有干材谋略，屡立战功，曾为邢州刺史。现在的邢州城即郭进所筑，城墙厚六丈，至今坚固完好。城中铠甲兵器精致，以至存贮储备也有制度。郭进在城北建宅第，施工结束后，聚集族人和宾客举行落成之礼，下至土工、木工都参加。于是设工人的宴席于东庑，儿子们的宴席于西庑。有人说："诸公子怎么能与工匠并列？"郭进指着工人们说："这些是造宅子的人。"又指着儿子们说："这些是卖宅子的人，当然应该坐在造宅子的人之下。"郭进死后没多久，他的宅子果然为他人所有，现在资政殿学士陈彦升的宅子，就是郭进旧府第的东南角。

向文简拜右仆射

　　真宗皇帝时，向文简拜右仆射①。麻下日②，李昌武为翰林学士③，当对④。上谓之曰："朕自即位以来，未尝除仆射。今日以命敏中，此殊命也，敏中应甚喜。"对曰："臣今自早候对，亦未知宣麻，不知敏中何如。"上曰："敏中门下，今日贺客必多。卿往观之，明日却对来，勿言朕意也。"昌武候丞相归，乃往见。丞相方谢客，门阑悄然无一人⑤。昌武与向亲近，径入见之。徐贺曰："今日闻降麻，士大夫莫不欢慰，朝野相庆。"公但唯唯。又曰："自上即位，未尝除端揆⑥，此非常之命。自非勋德隆重，眷倚殊越，何以至此？"公复唯唯，终未测其意。又力陈前世为仆射者勋劳德业之盛、礼命之重，公亦唯唯，卒无一言。既退，复使人至庖厨中，问今日有无亲戚宾客饮食宴会，亦寂无一人。明日再对，上问："昨日见敏中否？"对曰："见之。""敏中之意何如？"乃具以所见对。上笑曰："向敏中大耐官职。"向文简拜仆射年月，未曾著于国史。熙宁中，因见《中书题名记》："天禧元年八月，敏中加右仆射。"然《枢密院题名记》："天禧元年二月，王钦若加右仆射。"

【注释】

①向文简：即向敏中（949—1020）。字常之，开封（今属河南）人。官至宰相，进右仆射。

②麻下：指宣布任命书。唐宋皇帝诏书用麻纸书写，颁诏又称"降麻"。任命宰相用白麻纸。

③李昌武：即李宗谔（965—1013）。字昌武，饶阳（今属河北）人。官至翰林学士。

④对：入对，晋见皇帝。

⑤门阑：大门前的栅栏。

⑥端揆：指尚书省长官，即仆射。

【译文】

真宗皇帝时，向文简拜右仆射。任命书下达之日，李昌武为翰林学士，正当入对皇上。皇上对他说："朕自即位以来，未尝除授仆射之官。今天任命敏中为此官，这是不寻常的任命，敏中应该很高兴。"李昌武回答说："臣今天从一大早就等候入对，也不知道宣布任命诏书的事，不知敏中现在是什么情况。"皇上说："敏中门下，今天祝贺的客人一定不少。您去看看，明天再来告诉我，不要说是朕的意思。"李昌武等丞相回府，就去见他。向公正谢绝客人，门栏内悄无一人。李昌武与向公亲近，径直入府中见他。说了会儿话，才慢慢祝贺说："今天听说降麻，士大夫莫不欢喜欣慰，朝野相庆。"向公不表态，只是诺诺唯唯地漫应着。李昌武又说："自皇上即位以来，未尝除授仆射，这是不同寻常的任命。除非功勋德望隆重，皇上眷顾依靠不同一般，又怎能有这样的任命？"向公还是不置可否地漫应着，李昌武到底揣摩不透他的心情。李昌武又力陈前世为仆射者的勋劳德业之盛、礼遇受命之重，向公仍然唯唯不做声，最终也没有一句反映他心情的话。李昌武出来以后，又让人到向公的厨房中，问今天有没有亲戚朋友的饮食宴会，也寂静无一人。第二天李昌武再入对，皇上问："昨天见到敏中了吗？"李昌武回答说："见到了。"皇上又问："敏中的心情怎样？"李昌武就详细地回答了他所见到的情况。皇上笑笑说："向敏中大耐官职。"向文简拜仆射的年月，未曾著录于国史。熙宁年间，有机会见到《中书题名记》载："天禧元年八月，敏中加右仆射。"然而《枢密院题名记》又载："天禧元年二月，王钦若加右仆射。"

晏元献诚实不隐

晏元献公为童子时①，张文节荐之于朝廷②，召至阙下。适值御试进士，便令公就试。公一见试题，曰："臣十日前已作此赋，有赋草尚在，乞别命题。"上极爱其不隐。及为馆职，时天下无事，许臣寮择胜燕饮。当时侍从文馆士大夫各为燕集，以至市楼酒肆，往往皆供帐为游息之地。公是时贫甚，不能出，独家居与昆弟讲习。一日，选东宫官，忽自中批，除晏殊。执政莫谕所因，次日进覆，上谕之曰："近闻馆阁臣寮无不嬉游燕赏，弥日继夕，唯殊杜门与兄弟读书。如此谨厚，正可为东宫官。"公既受命，得对，上面谕除授之意。公语言质野，则曰："臣非不乐燕游者，直以贫，无可为之具。臣若有钱，亦须往，但无钱不能出耳。"上益嘉其诚实，知事君体，眷注日深，仁宗朝卒至大用。

【注释】

① 晏元献：即晏殊（991 或 993—1055）。字同叔，临川（今江西抚州）人。官至宰相兼枢密使，卒谥元献。

② 张文节：即张知白（？—1028）。字用晦，沧州（今属河北）人。官至宰相，卒于位，谥文节。

【译文】

晏元献公还是童子时，张文节就把他推荐给朝廷，召至京城。正值殿试进士，皇上便令晏公就试。晏公一见试题，就说："臣十天前已作过此赋，赋的草稿还在，请另外命题。"皇上极喜欢他的不隐瞒。等到晏公为馆职，当时天下太平，允许各部门臣僚同事选择胜地聚会宴饮。当时文馆的侍从士大夫各为宴集，以至街市楼堂酒肆，往往都供设帷帐成为游乐憩息之所。晏公是时贫困异常，不能出游，独自在家中与兄弟们讲学读书。有一天，朝廷选东宫官，忽然宫中传出皇上的批示，任命晏公为此官。执政大臣不明白其中的缘由，第二天入见皇上核实，皇上解释说："近来听说馆阁臣僚无不嬉戏游乐、宴会赏景，流连尽日又继以夜晚，只有晏殊杜门不出而与兄弟们读书。如此谨厚，正可为东宫官。"晏公既受命为此职，得以入见皇上，皇上当面向他说明除授他为东宫官的用意。晏公语言质朴，就说："臣并非不喜欢宴集游乐，仅仅是因为贫困，没有游乐的条件。臣要是有钱，也会参加，只是无钱不能出门。"皇上更欣赏他的诚实，认为他懂得事君的大体，眷顾关注日益深厚，到仁宗朝他终于获得重用。

石曼卿戒酒而卒

石曼卿喜豪饮[①]，与布衣刘潜为友[②]。尝通判海州，刘潜来访之，曼卿迎之于石闼堰，与潜剧饮。中夜酒欲竭，顾船中有醋斗余，乃倾入酒中，并饮之。至明日，酒醋具尽。每与客痛饮，露发跣足，著械而坐，谓之"囚饮"；饮于木杪[③]，谓之"巢饮"；以藁束之，引首出饮，复就束，谓之"鳖饮"。其狂纵大率如此。廨后为一庵，常卧其间，名之曰"扪虱庵"，未尝一日不醉。仁宗爱其才，尝对辅臣言，欲其戒酒。延年闻之，因不饮，遂成疾而卒。

【注释】

①石曼卿：即石延年，字曼卿，北宋人。工诗善书。官至太子中允、秘阁校理。

②刘潜：字仲方，定陶（今属山东）人。举进士，知蓬莱县。及母死，亦恸哭而卒。

③杪（miǎo）：树梢。

【译文】

石曼卿嗜酒而喜欢豪饮，与平民刘潜为友。在石曼卿为海州通判时，刘潜曾去拜访他，他到石闼堰迎接，遂与刘潜痛饮。半夜酒要喝光了，他见船中有一斗多的醋，就倒入酒中，一并饮了起来。到第二天，酒和醋都喝了个光。他每与客人痛饮，或披散着头发赤着脚，自戴枷锁而就座，称之为"囚饮"；或爬到树梢上喝酒，称之为"巢饮"；或用禾秸把身子捆起来，伸出头喝酒，喝完一杯再把头缩回去，称之为"鳖饮"。其狂荡放纵大都像这样子。他的官署后面有个小庙，他常常躺在那里，名之为"扪虱庵"，未尝一日不醉。仁宗爱惜其才能，曾对辅政大臣说，希望石延年戒酒。石曼卿闻知，就不再饮酒，竟因此成疾而卒。

刘廷式不悔婚约

朝士刘廷式本田家①，邻舍翁甚贫，有一女，约与廷式为婚。后契阔数年，廷式读书登科，归乡闾访邻翁而翁已死，女因病双瞽②，家极困饿。廷式使人申前好，而女子之家辞以疾，仍以佣耕，不敢姻士大夫。廷式坚不可：与翁有约，岂可以翁死子疾而背之？卒与成婚。闺门极雍睦，其妻相携而后能行，凡生数子。廷式尝坐小谴③，监司欲逐之，嘉其美行，遂为之阔略④。其后廷式管干江州太平宫而妻死⑤，哭之极哀。苏子瞻爱其义，为文以美之。

【注释】

①刘廷式：字得之，历城（今山东济南城区）人。历密州通判，后以朝议郎监太平观终老于庐山。

按：其名当作"庭式"，见苏轼《东坡全集》卷九十三《书刘庭式事》。

②瞽（gǔ）：眼睛失明。

③小谴：指因过错当小有贬谪。

④阔略：指宽恕小的过错。

⑤管干：管理。本作"管勾"，南宋人避宋高宗讳改称"管干"。官观官是宋代官员去实职而仍领俸禄并算资任的一种待遇。

【译文】

朝廷命官刘廷式本为农家子，邻居家老翁很贫穷，有一女儿，与刘廷式约为婚姻。后离别多年，刘廷式读书考中进士科，回乡里寻访邻家老人而老人已去世，其女儿也因病而双目失明，家中极为困苦饥荒。刘廷式托人到邻家重申以前的婚约，而女子的家人以女子的疾病推辞，且以为靠佣耕为生的人家，也不敢与士大夫通婚姻。刘廷式坚持不退婚，以为：先前与老人有约定，怎么能因为老人去世、女儿有疾病就违背婚约呢？最终还是与邻家女儿成了婚。婚后夫妻关系极为和睦，他妻子要搀扶着才能行走，生了几个孩子。刘廷式曾因过错而当小有贬谪，监司本欲罢其官，因为赞赏他的美德行事，于是宽免了他。后来刘廷式管勾江州太平宫而妻子去世，他哭得很哀伤。苏轼苏子瞻欣赏他的行义，曾专门撰文给以表彰。

卷十

强干县令

蒋堂侍郎为淮南转运使日^①，属县例致贺冬至书，皆投书即还。有一县令使人独不肯去，须责回书，左右谕之皆不听，以至呵逐亦不去，曰："宁得罪，不得书不敢回邑。"时苏子美在坐^②，颇骇怪，曰："皂隶如此野狠^③，其令可知。"蒋曰："不然。此必健者，能使人不敢慢其命令如此。"乃为一简答之，方去。子美归吴中月余，得蒋书曰："县令果健者。"遂为之延誉，后卒为名臣。或云，乃天章阁待制杜杞也^④。

【注释】

①蒋堂（980—1054）：字希鲁，宜兴（今属江苏）人。官至礼部侍郎。

②苏子美：即苏舜钦（1008—1049）。字子美，绵州（今四川绵阳）人。历官集贤校理。

③皂隶：古代对奴仆的称呼，后亦被用为吏人的蔑称。

④杜杞（1005—1050）：字伟长，无锡（今属江苏）人。官至经略安抚使。

【译文】

蒋堂侍郎为淮南转运使时，每年冬至节日，所属各县照例送贺信表示祝贺，都是送信的人放下贺信即返回。独有一位县令所派的人不肯随即离去，要求必须有转运使的回信，转运使身边的人劝他走，他都不听，以致呵斥驱逐也不走。还说："宁可得罪，拿不到回信不敢回县里去。"当时苏子美在座，甚为吃惊，觉得奇怪，就说："这做仆从的都如此蛮横无理，那县令可想而知。"蒋堂说："恐怕不是这样。这县令必是一位强干的人，能如此使人不敢怠慢他的命令。"于是就写了一片纸作为答书，那吏人才离去。苏子美回到吴中一个多月，收到蒋堂的信说："那县令果然是一位强干的人。"于是为他传播名誉，后来终于成为名臣。或说这位县令就是后来的天章阁待制杜杞。

盛文肃阅人物

　　盛文肃为尚书右丞①，知扬州，简重少所许可。时夏有章自建州司户参军授郑州推官，过扬州，文肃骤称其才雅，明日置酒召之。人有谓有章曰："盛公未尝燕过客，甚器重者方召一饭。"有章荷其意，别日为一诗谢之，至客次，先使人持诗以入。公得诗，不发封即还之，使人谢有章曰："度已衰老无用，此诗不复得见。"有章殊不意，往见通判刁绎②，具言所以。绎亦不谕其由，曰："府公性多忤，诗中得无激触否？"有章曰："元未曾发封。"又曰："无乃笔札不严？"曰："有章自书，极严谨。"曰："如此，必是将命者有所忤耳。"乃往见文肃而问之："夏有章今日献诗何如？"公曰："不曾读，已还之。"绎曰："公始待有章甚厚，今乃不读其诗，何也？"公曰："始见其气韵清修，谓必远器。今封诗乃自称

'新圃田从事'③，得一幕官，遂尔轻脱！君但观之，必止于此官，志已满矣。切记之，他日可验。"贾文元时为参政④，与有章有旧，乃荐为馆职。有诏，候到任一年召试。明年除馆阁校勘，御史发其旧事⑤，遂寝夺，改差国子监主簿，仍带郑州推官。未几，卒于京师。文肃阅人物多如此，不复挟他术。

【注释】

①盛文肃：字公量，余杭（今属浙江）人。仁宗时官至参知政事、知枢密院事，卒谥文肃。

②刁绎：丹徒（今江苏镇江）人。刁约兄。仁宗时进士，历官扬州通判。

③新圃田从事：意即"圃田新从事官"。"圃田"是其籍贯，当今河南中牟一带。"新从事官"指其新任推官。

④贾文元：即贾昌朝（998—1065）。字子明，开封（今属河南）人。官至宰相，卒谥文元。

　按：荐举夏有章者，一说为宰相吕夷简或陈执中。

⑤发其旧事：时欧阳修为谏官，有奏状，谓夏有章曾坐贪赃。

【译文】

　　盛文肃以尚书右丞的身份为扬州知州，简静持重，对人少有称许。其时夏有章自建州司户参军擢授郑州推官，路过扬州，盛文肃忽然称赏他有才能风度，第二天设宴招待他。有人对夏有章说："盛公还不曾宴请过路过的客人，他对极为器重的人才招待一顿饭。"夏有章承蒙盛公的情意，他日献上一诗去感谢他，到了旅店住下，先让人拿着他封好的诗笺送到盛公府上。盛公得诗，没有开封就还给来人，并让人答谢夏有章说："我盛度已衰老无用了，这诗已不敢承受再看到。"夏有章完全没有料到会这样，就去见通判刁绎，仔细说了事情的原委。刁绎也不明白其中的缘由，就说："盛公性格多与人相抵触，你的诗中有无刺激触犯他的地方？"夏有章曰："他原未曾开封。"刁绎又说："是不是你的字迹不工整？"夏有章说："是我亲自书写的，极为严谨。"刁绎说："这样看来，那就一定是奉命给你办事的人惹着了盛公。"于是刁绎往见盛文肃而问他："有章今天献的诗怎么样？"盛公说："不曾看，已还给他。"刁绎说："您先前对有章甚是厚待，现在又连他献的诗都不看，为什么呢？"盛公说："开始见他气韵可嘉，似有清操，以为必是有远大抱负的人才。今天的诗封上竟然自称'新圃田从事'，得一介幕职官，就如此轻脱！您就等着看吧，这人一定就做到这点芝麻官，现在他已志得意满了。您切记着，他日会有明验。"贾文元当时为参知政事，与夏有章有故旧关系，因而荐举他为馆职。皇上有旨，等他到任一年后再召试。第二年除授馆阁校勘，御史揭发他旧时的过犯，于是取消对他的任命，改命为国子监主簿，仍兼带郑州推官的职名。没有多久，夏有章死于京师。盛文肃观察人物多像这样，并没有什么诀窍。

林逋隐居

林逋隐居杭州孤山①，常畜两鹤，纵之则飞入云霄，盘旋久之，复入笼中。逋常泛小艇游西湖诸寺，有客至逋所居，则一童子出，应门延客坐②，为开笼纵鹤。良久，逋必棹小船而归③，盖常以鹤飞为验也。逋高逸倨傲，多所学，唯不能棋，常谓人曰："逋世间事皆能之，唯不能担粪与着棋。"

【注释】

【注释】

①林逋（968—1028）：字君复，钱塘（今浙江杭州）人。早年游历江淮间，后归隐杭州西湖孤山，种梅养鹤，终身不娶，以诗著名。卒谥和靖先生。

②应门：候门，守门，犹言当门，在大门口。

③棹（zhào）：划水行船。

【译文】

林逋隐居杭州孤山，常养着两只鹤，放出笼子就飞入云霄，在天空长时间盘旋，再回到笼中。林逋常常泛小舟游览西湖各寺院，有客人到林逋的住处，就有一童子出来，在大门口接待客人坐下，为客人开笼放鹤。过好大一阵子，林逋一定会划着小船回来，看来他是经常以两鹤放飞为信号的。林逋清高闲逸，倨傲不群，多才多艺，唯独不能下棋，曾对人说："我世间事都能做，只是不能担粪与着棋。"

不教人主杀人手滑

庆历中，有近侍犯法，罪不至死，执政以其情重，请杀之。范希文独无言①，退而谓同列曰："诸公劝人主法外杀近臣，一时虽快意，不宜教手滑。"

诸公默然。

【注释】

①范希文（989—1052）：即范仲淹。字希文，苏州吴县（今属江苏）人。北宋名臣，卒谥文正，世称"范文正公"。有《范文正公集》传世。

【译文】

庆历年间，有皇帝身边的侍从犯法，罪不至判死刑，执政大臣以其情节严重，请求杀了他。唯独范希文不说话，退朝后对同僚说："诸公劝皇上在法律之外杀近臣，虽然一时痛快，但不宜教皇上杀人手滑。"诸公都默然无语。

官政

　　《笔谈》"官政"门两卷，原载共有34条，涉及茶法、盐法、钱法、赋税制度、物价平衡、京师供米之数、漕运、陆运、治水、赈灾、边境守备、行政区划变动、法令、司法案例、吏禄、驿站制度、馆职的职责等内容。其中大部分条目是与国家财政有关系的，而言茶法、盐法尤详，并有具体的统计数字，可以看出这些多是沈括在担任三司使时所掌握的资料，具有重要的经济史料价值。

卷十一

"三说法"

世传算茶有"三说法"最便①。"三说"者，皆谓见钱为一说，犀牙、香药为一说，茶为一说，深不然也。此乃"三分法"耳，谓缘边入纳粮草，其价折为三分，一分支见钱，一分折犀象、杂货，一分折茶。尔后又有并折盐为"四分法"，更改不一，皆非"三说"也。予在三司，求得"三说"旧案，"三说"者，乃是三事：博籴为一说，便籴为一说，直便为一说。其谓之"博籴"者，极边粮草，岁入必欲足常额，每岁自三司抛数下库务，先封桩见钱、紧便钱、紧茶钞②，"紧便钱"谓水路商旅所便处，"紧茶钞"谓上三山场榷务③。然后召人入中④。"便籴"者，次边粮草⑤，商人先入中粮草，乃诣京师算请慢便钱、慢茶钞及杂货。"慢便钱"谓道路货易非便处，"慢茶钞"谓下三山场榷务。"直便"者，商人取便于缘边入纳见钱，于京师请领。"三说"，先博籴数足，然后听便籴及直便。以此，商人竞趋争先，赴极边博籴，故边粟常先足，不为诸郡分裂。粮草之价，不能翔踊，诸路税课亦皆盈衍，此良法也。予在三司，方欲讲求，会左迁，不果建议。

【注释】

①算茶：宋代向茶户征税，用茶折算，习称所征之茶

为"算茶"。三说：读为"三悦"。说，同"悦"。

②封榷（què）：犹言封存入库。宋初曾设封榷库，专
　储金帛及财政盈余等。

③上三山场榷务：官府设在茶场榷卖茶叶的机构。宋
　代有十三处榷卖茶场，分在蕲（今湖北蕲春）、黄
　（今湖北黄冈）、舒（今安徽安庆）、庐（今安徽合
　肥）、寿（今安徽寿县）、光（今河南潢川）六州，
　或统称"淮南十三山场"。疑后三州的榷场俗称
　"上三山场"，前三州的榷场则称"下三山场"。榷，
　官府专卖之称。

④入中：募商人入纳粮草（或其他军需物资）于规定
　的沿边地点，给以钞引，使至京师或他处领取现金
　或金银、茶、盐、香药等，称为"入中"。

⑤次边：极边以内的边境地区。

【译文】

　　世传国家税茶的发卖有"三悦法"是最为便利的。所
谓"三悦"，都认为见钱是一悦，犀牛角、象牙和香药是一
悦，茶是一悦，这是大不然的。这不过是一种"三分法"，
指的是商民向沿边入纳粮草，官府的酬价用三种方式结算，
一部分支现钱，一部分折算成犀牛角、象牙和其他杂货等，
一部分折算成茶引支付。此后又有折算成盐引的方式，合
起来就成为"四分法"，更改不一，而都不是所谓"三悦"。
我在三司任职时，曾查到过所谓"三悦"的旧档案，"三
悦"实际指的是下列三事：博籴是一悦，便籴是一悦，直
便又是一悦。所谓"博籴"，是说最靠近敌国的第一线边境

地区的粮草，每年的输入必定希望能够满足通常应需的数额，所以每年自中央三司下达计划数额给有关仓储机构，都先封存点检现钱、紧便钱和紧茶钞，"紧便钱"指谓水路交通、商业贸易较便利之处的国库钱，"紧茶钞"指上三山茶场榷货务的茶钞。然后召商人入中。所谓"便籴"，是说第二线边境地区的粮草，商人先纳粮草入中，再到京师结算请领慢便钱、慢茶钞及杂货。"慢便钱"指交通、贸易不甚便利之处的国库钱，"慢茶钞"指下三山茶场榷货务的茶钞。所谓"直便"，是说商人就便在沿边入纳现钱，然后到京师请领钞引及货物等。此种"三悦"的措施，是在先保证博籴的数量充足之后，才允许便籴及直便。因此，商人竞相趋骛，争先恐后，都赶赴极边博籴，故边境粮草常能首先充实起来，不为内地州郡所分占。粮草的价格也因此不能飞涨腾越，各路的税收也都有盈余，这确实是个好办法。我在三司，正打算讨论推行此法，适逢因事被降职，没有来得及向朝廷提出建议。

"赫连城"

延州故丰林县城①，赫连勃勃所筑②，至今谓之"赫连城"。紧密如石，斸之皆火出③。其城不甚厚，但马面极长且密④。予亲使人步之，马面皆长四丈，相去六七丈。以其马面密，则城不须太厚，人力亦难攻也。予曾亲见攻城，若马面长，则可反射城下攻者；兼密则矢石相及，敌人至城下，则四面矢石临之。须使敌人不能到城下，乃为良法。今边城虽厚，而马面极短且疏；若敌人可到城下，则城虽厚，终为危道。其间更多刓其角⑤，谓之"团敌"⑥，此尤无益。全藉倚楼角以发矢石，以覆护城脚，但使敌人备处多，则自不可存立。赫连之城，深可为法也。

【注释】

①丰林县城：在今陕西延安宝塔区东。

②赫连勃勃（？—425）：匈奴族。十六国时夏政权的建立者。

③斸（zhú）：用镢头刨。

④马面：依附城墙上面的矮墙（女墙）建的作战棚。探出城墙外，往往长数丈，上有小楼，两边可窥城下。本卷下文原载还有一条谈到："边城守具中有'战棚'，以长木抗于女墙之上，大体类敌楼。可以离合，设之顷刻可就，以备仓卒城楼摧坏，或无楼处受攻，则急张战棚以临之。"

⑤刓（wán）：削成圆形。此指城墙角上的马面建成圆角形。

⑥团敌：谓从马面上将攻到城墙下的敌人赶作一团而消灭之。《武经总要》称圆角马面为"敌团"，与"敌楼"、"敌棚"并举。

【译文】

延州旧丰林县城，是赫连勃勃时建筑的，至今还叫"赫连城"。其城墙结实得像石头，用镢头刨它会迸出火花。

城墙不甚厚，但马面很长而且密集。我曾亲自派人量过，马面都长达四丈，相互间隔有六七丈。因为马面密集，所以城墙不必建得太厚，人力也难攻破。我曾亲眼见过攻城，如果马面长，就可以用弓箭反射城下的攻城者；同时马面又密集，则箭矢、炮石的射程都能互相连接起来，敌人若攻至城下，就四面都有矢石交下而降到他们头上。必须使敌人到不了城下，才是守城的良法。如今边城的城墙虽厚，而马面都很短而且稀疏；如果敌人可以攻到城下，那么城墙虽厚，终究难免陷于危亡之地。现在的马面还有不少是建成圆角的，号称是为了"团敌"，这尤其无益。马面全凭借楼角发射矢石，以遮蔽保护城脚，只要使敌人需要防备的地方多，他们即使到了城下无法存在立足。赫连勃勃所建的城，非常值得效法。

校书官不恤职事

旧校书官多不恤职事，但取旧书以墨漫一字，复注旧字于其侧，以为日课。自置编校局，只得以朱围之，仍于卷末书校官姓名。

【译文】

过去校书官多不尽心于自己的职事，每天只是取来旧本书籍，找出一两个需要改正的字，用墨笔涂抹掉，并把自认为原文应该是哪个字的原字添注在旁边，就算完成了一天的任务。自从嘉祐中置编校书籍局，只许用红笔圈出所要改正的字，并且每天都要在实际校读的页数的后面写上校书官的姓名。

驿传急脚递

驿传旧有三等，曰步递、马递、急脚递。急脚递最遽，日行四百里，唯军兴则用之。熙宁中，又有金字牌急脚递，如古之羽檄也。以木牌朱漆黄金字，光明眩目，过如飞电，望之者无不避路，日行五百余里。有军前机速处分，则自御前发下，三省、枢密院莫得与也。

【译文】

驿传的公文传递旧时有三个级别，分别叫做"步递"、"马递"、"急脚递"。急脚递是最快的，每天要行四百里，只在军队行动有战事时才使用。熙宁年间，又有金字牌急脚递，如同古代插羽毛的紧急军事文书。这种急脚递用红漆黄金字的木牌，光亮耀人眼目，随驿马飞驰有如闪电，望见的行人无不躲避，每天能行五百多里。如果有军事前线需要紧急处置的机密事项，则金字牌自皇帝御前直接发出，三省、枢密院也不能参与。

范文正浙西救灾

皇祐二年，吴中大饥，殍殣枕路①。是时范文正领浙西②，发粟及募民存饷③，为术甚备。吴人喜竞渡，好为佛事。希文乃纵民竞渡，太守日出宴于湖上，自春至夏，居民空巷出游。又召诸佛寺主首谕之曰："饥岁工价至贱，可以大兴土木之役。"于是诸寺工作鼎兴。又新敖仓吏舍，日役千夫。监司奏劾杭州不恤荒政④，嬉游不节，及公私兴造，伤耗民力。文正乃自条叙所以宴游及兴造，皆欲以发有余之财以惠贫者。贸易、饮食、工技、服力之人，仰食于公私者，日无虑数万人，荒政之施，莫此为大。是岁，两浙唯杭州晏然，民不流徙，皆公之惠也。岁饥，发司农之粟，募民兴利，近岁遂著为令。既已恤饥，因之以成就民利，此先王之美泽也。

【注释】

①殍殣（piǎojǐn）：饿死的人。

②领浙西：指范仲淹晚年以前执政为杭州知州。

③募民存饷：指募灾民服役，以使服役者有饭吃。饷，给……以饭食。

④监司：宋代各路转运使司、提点刑狱司、提举长平仓等，总称为"监司"。

【译文】

皇祐二年，江浙一带发生大饥荒，饿死的人枕藉道路。是时范文正公以前执政为杭州知州，发放官府存粮及募灾民服役以救灾，采取的措施甚为周备。吴人喜竞赛划船，又好做佛事。文正公于是放开禁忌让民众举行划船比赛，地方官员每天都到湖上宴集，自春至夏，居民也都空巷出游。又召集各佛寺的住持劝导说："灾荒之年，工役的价钱最低，可以趁此大兴土木。"于是各寺院土木工程大兴。他又重新翻盖粮仓和官舍，每天役使上千人。监司奏劾杭州不救济灾荒，嬉戏游乐无节制，及公私大兴土木、伤害消耗民力等事。文正公因此自上条奏，陈述所以要宴会游乐及兴造工程等，都是为了征集社会上的余财以赈济贫民。从事货物贸易、饮食服务、手工技艺及其他靠出卖劳力为生的人，仰食于公家及富贵人家的，每天不下数万人，救济灾荒的措施，没有比这更重要的。这一年，两浙地区只有杭州秩序安定，民众没有逃荒外流的，这都是文正公救灾的恩惠。灾荒之年，发放国家粮仓的粮食，招募灾民兴修公益工程，近年已著录于令典成为制度。既能救济饥荒，又因此而成就利民事业，这也是先王泽及后世的一个优良的传统。

水工高超

庆历中，河决北都商胡①，久之未塞，三司度支副使郭申锡亲往董作②。凡塞河决，垂合中间一埽谓之"合龙门"③，功全在此，是时屡塞不合。时合龙门埽长六十步，有水工高超者献议，以谓埽身太长，人力不能压埽，不至水底，故河流不断，而绳缆多绝。今当以六十步为三节，每节埽长二十步，中间以索连属之。先下第一节，待其至底，方压第二、第三。旧工争之，以为不可，云："二十步埽不能断漏，徒用三节，所费当倍，而决不塞。"超谓之曰："第一埽，水信未断，然势必杀半；压第二埽，止用半力，水纵未断，不过小漏耳；第三节，乃平地施工，足以尽人力。处置三节既定，即上两节自为浊泥所淤，不烦人功。"申锡主前议，不听超说。是时贾魏公帅北门④，独以超之言为然，阴遣数千人于下流收漉流埽⑤。既定而埽果流⑥，而河决愈甚，申锡坐谪。卒用超计，商胡方定。⑦

【注释】

①北都：指今河北大名。宋时以为北京。商胡：在今河南濮阳东北。

②郭申锡（998—1074）：字延之，大名（今属河北）人。历官三司副使，以给事中致仕。董：督察。

③埽（sào）：旧时用以防护堤岸或塞决口的治河材料。用草、禾秸、树枝或竹枝等夹杂泥沙碎石捆扎而成，而合龙的埽可以做得非常庞大。习惯上也称塞埽的地段或所成的堤坝为"埽"，或又转为地名。

④贾魏公帅北门：指贾昌朝其时为河北安抚使，驻北京大名府北门。

⑤收漉：指截收打捞。漉，滤。

⑥定：指按旧水工的方案实施完毕。

⑦本条所记高超治黄河决口的合龙技术，按文意应是这样：（一）先把长六十步的埽分为三截，每截长二十步，施工时用二十步的埽，以便于下沉，而三截短埽都用绳索（一般是粗竹索）连属起来；（二）合龙时分层施工：第一层（底层）先压下三截短埽，水流未断；然后叠压第二层，水流大致已断；最后

压第三层，则已是平地施工，至功毕而下两层已淤。文中所说的"以六十步为三节"，指的是埽的分段；其下所说"第一节"、"第二节"、"第三节"，则是指施工的分层，或说是把合龙所成的埽坝的高度分为三节。二者当分开理解，否则将引起文意上的混乱。今译文权且对文中的"节"字稍加改换。

【译文】

庆历年间，黄河在北京大名府的商胡决口，久未能堵住，三司度支副使郭申锡亲自前往督察治理。凡是堵塞黄河决口，将近合上中间的一埽叫做"合龙门"，治决口的事功全在此举，而此时屡塞而不能合。此时合龙门的埽长六十步，有水工高超提出建议，以为埽身太长，用人力不能把埽压下去，沉不到水底，所以河水不能断流，而缆绳多被冲断。当下应该把六十步的埽分成三截，每截埽长二十步，中间用绳索连接起来。施工时先下第一层，等埽沉到水底，再压第二层、第三层。旧水工和他争辩，以为这样做不行，说："二十步的埽不能截断水流使它不漏，白白用三层，花费将增加一倍，而决口还是堵不住。"高超对他们说："第一层埽压下去，水流诚然未断，然而水势必然会减半；压第二层埽，只需用一半的力气，压好后水流纵然没全断，也不过是小漏了；等到压第三层，就是平地施工，足以尽人力了。在第三层处置完毕后，下面的两层即已自为水中的泥沙所淤，更不烦再用人力费功。"郭申锡支持旧水工的方案，不采取高超的建议。这时贾魏公为河北帅，驻大名府北门，独以高超的建议为对，于是他暗地里派出数千人，准备在下流截捞合龙失败后被冲走的埽。郭申锡按旧水工的方案实施既毕，合龙的埽果然被冲走，而黄河的决口更加严重，郭申锡也坐此过失而被谪官。最后还是用高超的计策，商胡的决口才被堵住了。

宋代食盐

盐之品至多，前史所载，夷狄间自有十余种，中国所出亦不减数十种。今公私通行者四种：一者末盐，海盐也，河北、京东、淮南、两浙、江南东西、荆湖南北、福建、广南东西十一路食之；其次颗盐，解州盐泽及晋、绛、潞、泽所出，京畿、南京、京西、陕西、河东、褒、剑等处食之；又次井盐，凿井取之，益、梓、利、夔四路食之；又次崖盐，生于土崖之间，阶、成、凤等州食之。唯陕西路颗盐有定课①，岁为钱二百三十万缗②；自余盈虚不常，大约岁入二千余万缗。唯末盐岁自抄三百万③，供河北边籴，其他皆给本处经费而已。缘边籴买仰给于度支者，河北则海末盐，河东、陕西则颗盐及蜀茶为多。运盐之法，凡行百里，陆运斤四钱，船运斤一钱，以此为率。

【注释】

①定课：固定额度的税收。

②缗（mín）：本指穿铜铁钱的绳子，后用作钱币单位，一千钱为一缗。

③抄：通作"钞"，指盐钞，即盐商向官府纳款后领取的运销食盐的凭证。宋代自庆历末年开始实行盐钞法，令商人在边郡折博务缴纳现钱买盐钞，凭钞领取一定量的解池盐贩卖。后东南末盐也行钞法，至北宋末年则普遍推行到各地。参见下条。

【译文】

食盐的种类极多，以往史书所记载的，在周边少数民族地区已自有十多种，中原地区所出产的也不下几十种。现在官私通行的有四种：一种是末盐，就是海盐，供河北路、京东路、淮南路、两浙路、江南东西路、荆湖南北路、福建路、广南东西路共十一路的人食用；其次是颗盐，为解州盐泽及晋州、绛州、潞州、泽州所出产，供京畿路、南京路、京西路、陕西路、河东路及襄州、剑州等地的人食用；再次是井盐，是靠凿井获取原料制造的，益州、梓州、利州、夔州四路的人食用这种盐；又次是崖盐，出产于土崖之间，阶州、成州、凤州等州的人食用这种盐。各地食盐的生产，只有陕西路的颗盐有定额的税收，每年盐税钱为二百三十万缗；其余的税收额度多少不定，总计大约每年收入二千多万缗。这些缗钱，只有东南沿海的末盐每年单独发行的盐钞三百万，其收入用于河北边防官兵的食盐供应，其他地方的盐税都不过用作本地官府的经费而已。沿边籴买食盐的费用依靠三司度支部所掌管的中央财政，河北则用海末盐的税收，河东、陕西则使用颗盐及蜀茶的税收为多。食盐的运费，规定凡行一百里，陆运每斤收四钱，船运每斤收一钱，以此为准。

盐钞法

陕西颗盐，旧法官自搬运，置务拘卖^①。兵部员外郎范祥始为钞法^②，令商人就边郡入钱四贯八百售一钞，至解池请盐二百斤，任其私卖，得钱以实塞下，省数十郡搬运之劳。异日辇车牛驴以盐役死者岁以万计，冒禁抵罪者不可胜数，至此悉免。行之既久，盐价时有低昂，又于京师置都盐院^③，陕西转运司自遣官主之。京师食盐，斤不足三十五钱，则敛而不发，以长盐价；过四十，则大发库盐，以压商利，使盐价有常。而钞法有定数，行之数十年，至今以为利也。

【注释】

①务：机构名称。宋代管理贸易及税收的机构均称"务"，州县皆置。

②范祥（？—1060）：字晋公，邠州三水（今陕西旬邑）人。庆历八年（1048），以提点陕西路刑狱兼制置解盐首次推行盐钞法。嘉祐中曾总领盐事。

③都盐院：专掌以解州池盐供应京师及京东诸州并出卖。

【译文】

陕西的颗盐，过去的办法是官府自行组织搬运，设置专门的务购进和出卖。兵部员外郎范祥始创为钞法，使商人到边境州郡纳钱四贯八百，即售予一帖盐钞，到解州盐池换取食盐二百斤，任由他们私自贩卖，以收入的钞钱充实边塞的费用，同时省去了数十个郡县搬运食盐的劳苦。

往日辇运拉车的牛和驴，每年因为盐运役使而死者达上万头，因为国家食盐专卖而犯禁抵罪的人不可胜数，这些情况至行钞法而都得以避免。钞法实行既久，盐价时有高低，又于京师设置都盐院，由陕西转运司自行派遣官员主持供应出卖事务。京师的食盐，如果每斤卖不到三十五钱，就敛藏入库而不发卖，以使盐价上涨；如果超过了四十钱，就大批发放库存的食盐，以抑制商人的暴利，使盐价保持稳定。而盐钞的发放是有定额的，推行数十年，国家至今赖以为利。

河北盐法

河北盐法，太祖皇帝尝降墨敕[1]，听民间贾贩，唯收税钱，不许官榷[2]。其后有司屡请闭固[3]，仁宗皇帝又有批诏云："朕终不使河北百姓常食贵盐。"献议者悉罢遣之，河北父老皆掌中掬灰，藉火焚香，望阙欢呼称谢。熙宁中，复有献谋者。予时在三司，求访两朝墨敕不获，然人人能诵其言，议亦竟寝。

【注释】

①墨敕：犹言手书的敕令。宋人称皇帝的手迹为"墨宝"。

②榷：古代盐、铁、酒等物品的国家专卖之称。

③闭固：通"闭锢"，犹禁止。

【译文】

河北地区的盐法，太祖皇帝曾颁降手书的敕令，允许民间贩卖，只收税钱，不许官府专卖。后来有关部门屡次奏请禁止私卖，仁宗皇帝又有手批的诏书说："朕终不使河北百姓常食贵盐。"凡是建议禁绝私盐的官员都被罢职外放，河北父老都手捧灰土，借以点火焚香，望阙膜拜，欢呼称谢。熙宁年间，又有人向皇上建议禁止私盐。我当时在三司，访求太祖、仁宗的手书敕令没有见到，然而人人能传诵那些话，禁止私盐的建议也最终被搁置。

卷十二

吏无常禄

天下吏人素无常禄^①，唯以受赇为生^②，往往致富者。熙宁三年，始制天下吏禄，而设重法以绝请托之弊。是岁，京师诸司岁支吏禄钱三千八百三十四贯二百五十四；岁岁增广，至熙宁八年，岁支三十七万一千五百三十三贯一百七十八；自后增损不常，皆不过此数。京师旧有禄者，及天下吏禄，皆不预此数。

【注释】

①吏人：泛指吏人和公人，即宋人合称的"公吏"。宋代各级官府的下属办事人员，一般担任文职的称"吏人"，具体执行各种事务的称"公人"，都有许多等级。宋初因财用不足，公吏除少量特殊情况者外，都无规定的俸禄。

②赇（qiú）：贿赂的财物。

【译文】

天下公吏一向没有固定的俸禄，只靠受贿为生，而往往有因此而致富的。熙宁三年，朝廷始制定天下吏人的俸禄，而设立违者重罚的法律以杜绝请托受贿的弊端。这一年，京师各部门全年支出了吏禄钱三千八百三十四贯二百五十四文；此后年年增加，到熙宁八年，全年支出了三十七万一千五百三十三贯一百七十八文；后来有时增加，有时减少，没有定额，而年支出都不超过这个数。京师原先有些吏人有俸禄，以及京师以外各地吏人的俸禄，都不包括在这个数字之内。

宋代茶法

本朝茶法，乾德二年始诏在京、建州、汉、蕲口各置榷货务①；五年，始禁私卖茶，从不应为情理重②。太平兴国二年，删定禁法条贯，始立等科罪。淳化二年，令商贾就园户买茶，公于官场贴射③，始行贴射法。淳化四年，初行交引④，罢贴射法。西北入粟给交引，自通利军始⑤。是岁罢诸处榷货务，寻复依旧。至咸平元年，茶利钱以一百三十九万二千一百一十九贯三百一十九为额。至嘉祐三年，凡六十一年用此额，官本杂费皆在内，中间时有增亏，岁入不常。咸平五年，三司使王嗣宗始立三分法⑥，以十分茶价，四分给香药，三分犀象，三分茶引；六年，又改支六分香药、犀象，四分茶引。景德二年，许人入中钱、帛、金银，谓之"三说"⑦。至祥符九年，茶引益轻，用知秦州曹玮议⑧，就永兴、凤翔以官钱收买客引⑨，以捄引价⑩。前此累增加饶钱⑪，至天禧二年，镇戎军纳大麦一斗⑫，本价通加饶，共支钱一贯二百五十四。乾兴元年，改三分法，支茶引三分、东南见钱二分半、香药四分半。天圣元年，复行贴射法。行之三年，茶利尽归大商，官场但得黄晚恶茶⑬，乃诏孙奭重议⑭，罢贴射法。明年，推治元议省吏，勾覆官勾献等皆决配沙门岛⑮；元详定枢密副使张邓公、参知政事吕许公、鲁肃简各罚俸一月⑯；御史中丞刘筠、入内内侍省副都知周文质、西上阁门使薛昭廓、三部副使各罚铜二十斤⑰；前三司使李谘落枢密直学士⑱，依旧知洪州。皇祐三年，算茶依旧只用见钱。至嘉祐四年二月五日，降敕罢茶禁。

【注释】

① 建州：今福建建瓯。汉：汉口，今属湖北武汉。蕲（qí）口：今湖北蕲春蕲州镇。

② 从不应为情理重：法律用语。指不遵守禁私贩茶法令者，按犯罪情节严重的条款从重处罚。

③ 贴射：宋代官买官卖茶叶的一种转换方式。指商人若能贴补缴纳官府买卖茶叶应得的净利息钱，则允许其直接向茶场园户采购茶叶贩卖。

④ 交引：即茶引、盐引等商人"入中"的凭证。

⑤ 通利军：行政区划名。治今河南浚县东。

⑥ 王嗣宗（944—1021）：字希阮，汾州（今山西汾阳）人。历官三司使、御史中丞。三分法：参见上卷"三说法"条。

⑦ 三说：并见上卷"三说法"条。

⑧ 曹玮（973—1030）：字宝臣，灵寿（今属河北）人。宋将领，官至签书枢密院事。

⑨永兴：永兴军，今陕西西安。

⑩捄：同"救"。

⑪加饶钱：即加耗钱，以各种损耗为名多收的费用。

⑫镇戎军：今陕西固原。

⑬黄晚恶茶：发黄及晚于季节采摘的质量低的茶叶。行贴射法，则商人但买好茶，政府因坏茶无法出售而亏损茶利。

⑭孙奭（shì，962—1033）：字宗古，须城（今山东东平）人。官至兵部侍郎。

⑮匄献：三司吏人。沙门岛：在今山东蓬莱西北海中。宋代为流放罪犯之处。

⑯张邓公：即张士逊（964—1049）。字顺之，光化军（今湖北光化）人。官至宰相，封邓国公。吕许公：即吕夷简（979—1044）。字坦夫，开封（今属河南）人。官至宰相，封许国公。鲁肃简：即鲁宗道（966—1029）。字贯之，亳州谯（今安徽亳县）人。官至参知政事，卒谥肃简。

⑰刘筠（971—1031）：字子仪，大名（今属河北）人。官至翰林学士。

⑱李谘（？—1036）：字仲询，新喻（今江西新余）人。官至户部侍郎、三司使。

【译文】

本朝的茶法，乾德二年始诏令在京师、建州、汉口、蕲口各设置榷货务；五年，始禁止私贩茶叶，不服从禁令的，按犯罪情节严重的条款处罚。太平兴国二年，修订禁止私贩茶叶的法令条例，始定出科罪的等级以处罚犯禁者。淳化二年，允许商人到种茶的园户买茶，官府在设置榷货务的茶场收取榷茶的利息，始推行贴射法。淳化四年，首次实行交引措施，停止贴射法。商人向西北边境输纳粮食即给以交引，这一措施自通利军开始实行。这一年曾罢去各地的榷货务，不久又恢复如旧。至咸平元年，茶税钱以一百三十九万二千一百一十九贯三百一十九文为定额。下至嘉祐三年，凡六十一年行用这一定额，官府的本钱及各种杂费都计算在内，中间有的年份增收，有的年份亏损，年收入不固定。咸平五年，三司使王嗣宗开始创立三分法，以茶价为十分计算，四分支付香药，三分支付犀牛角和象牙，三分支付茶引；六年，又改为六分支付香药、犀牛角和象牙，四分支付茶引。景德二年，允许商人以钱、帛、金银入中，当时称为"三悦"。到大中祥符九年，茶引越来越不值钱，朝廷采纳秦州知州曹玮的建议，在永兴军、凤翔府用国库钱收购商人手中的茶引，以挽救茶引的价格。在此之前还屡次增支加耗钱，到天禧二年，镇戎军缴纳大麦一斗，本价及加耗，通共支出现钱一贯二百五十四文。乾兴元年，又改变三分法，支付茶引三分、东南现钱二分半、香药四分半。天圣元年，重新实行贴射法。实行三年之后，茶叶贸易的利润尽归于大商人，官卖茶场只得到发黄晚采的劣质茶叶，于是诏令孙奭重新审议，废罢贴射法。第二年，追究查处先前建议复行贴射法的三司官吏，勾覆官勾献等皆判决流放沙门岛；原详定官枢密副使张邓公、参知政事吕许公、鲁肃简各罚扣一个月的俸禄；御史中丞刘筠、入内内侍省副都知周文质、西上阁门使薛昭廓及户部、盐铁、度支三副使各罚铜二十斤；前三司使李谘撤销枢密直学士的贴职，仍依旧任为洪州知州。皇祐三年，茶税依旧只用现钱缴纳。至嘉祐四年二月五日，又发布敕令解除茶禁。

权智

　　"权智"的概念，从字面上说，是指这样一种智慧，就是面对突发或复杂的情况，能够即时或及时地权衡利弊得失，采取灵活而合理的应对或处置措施，以使事情取得往往出人意料的满意效果。从政治上讲，"权智"就是"权术"；在军事指挥的层面上，则"权智"大抵等同于"诈术"；在日常生活中，则人们习惯称之为"机智"或"机警"。这类词汇其实在各个方面都可以通用。《笔谈》本门所记，凡21例，完全避开了政治，无一例涉及；有关军事指挥、离间敌国或备内、备外的故事，占去了13例，是作者记录的重点，大都是有史料价值的。其余事例，有基层官吏欺诈山民的，有办案子采取奇特手段的，有乘对方不备击毙寇盗的，还有小孩子的机智，似皆着眼于趣味，并无取材上的考虑。这里选取的几例显示某种创造性，可备一格。

卷十三

雨盘

　　陵州盐井①，深五百多尺，皆石也。上下甚宽广，独中间稍狭，谓之"杖鼓腰"。旧自井底用柏木为干，上出井口，自木干垂绠而下，方能至水，井侧设大车绞之。岁久，井干摧败，屡欲新之，而井中阴气袭人，入者辄死，无缘措手。惟候有雨入井，则阴气随雨而下，稍可施工，雨晴复止。后有人以一木盘满中贮水，盘底为小窍，醒水一如雨点②，设于井上，谓之"雨盘"，令水下终日不绝。如此数月，井干为之一新，而陵井之利复旧。

【注释】

①陵州：治今四川仁寿。宋初为小州，后降为县，因当地有盐井，又先后改为"陵井监"、"仙井监"。南宋时为隆州。

②醒（shī）水：洒水。

【译文】

　　陵州有一口盐井，深五百多尺，井壁都是石头。其上部和下部都很宽敞，唯独中间稍微狭窄，俗称"杖鼓腰"。以前从井底立柏木为井干，上出于井口，自木干垂汲绠而下，才能送汲器至井底取盐水，井旁设一大绞车把汲器绞上来。年深月久，井干折坏，屡次想换新的，而井中阴气袭人，下井的人往往会丧命，没有办法着手。只能等到有雨的时候下井，这时阴气随雨水下落，稍可以施工，雨过天晴就又停止。后来有人用一个大木盘满满地盛上水，盘底穿许多小孔，用它洒水一如雨点落下，置于井口上，叫作"雨盘"，使盘中的水终日洒个不停。这样几个月，井干又全部更新，而陵井盐又像从前一样获利。

狄青为将以奇胜

宝元中，党项犯塞，时新募"万胜军"未习战陈，遇寇多北。狄青为将①，一日尽取"万胜"旗付"虎翼军"，使之出战。敌望其旗易之，全军径趋，为"虎翼"所破，殆无遗类。②又青在泾原，尝以寡当众，度必以奇胜，预戒军中尽舍弓弩，皆执短兵器；令军中闻钲一声则止③，再声则严阵而阳却，钲声止则大呼而突之，士卒皆如其教。才遇敌，未接战，遽声钲，士卒皆止；再声，皆却。虏人大笑，相谓曰："孰谓狄天使勇？"时敌人谓青为"天使"。钲声止，忽前突之，虏兵大乱，相蹂践死者，不可胜计也。

【注释】

①狄青（1008—1057）：字汉臣，汾州（今山西汾阳）人。北宋名将，官至枢密使。

②按：本条以上所记，史载为张亢事，沈括当是误记。又，"万胜军"始建于庆历元年（1041），亦不在宝元（1038—1039）中。此军初建，多京师市井无赖

子弟，战斗力很差。

③钲（zhēng）：此指锣。古人作战以鸣锣为退兵信号。

【译文】

宝元年间，西夏进犯边塞，当时新招募的"万胜军"还不习于战阵，遇敌接战多败北。狄青为将，一日尽取"万胜军"的旗帜付与"虎翼军"，令"虎翼军"出战。敌人望见"虎翼军"的旗帜而轻视之，全部人马都直趋冲过去，结果为"虎翼军"所破，几乎全军覆没。又狄青在泾原路守边时，曾以少量人马遭遇大批敌兵，自思必须用奇计才能制胜，因此预先命令军中全部舍弃弓箭弩机，都只带短兵器；又令军中听到一声锣响就停止前进，听到锣声第二次响起则严阵以待而佯装退却，锣声停止即返身大呼而突击敌人，士卒都听从他的部署。其军刚与敌人相遇，还没有接战，他就立即下令击锣，士卒都停了下来；锣声第二次响起，士卒都退却。敌人大笑，相互说道："谁说狄天使是勇武的将领？"当时敌人称狄青为"天使"。等到锣声停止，士卒忽然转身勇往直前，突入敌阵，敌兵顿时大乱，相互践踏而死者不可胜计。

雷简夫窖大石

陕西因洪水下大石塞山涧中，水遂横流为害。石之大有如屋者，人力不能去，州县患之。雷简夫为县令①，乃使人各于石下穿一穴，度如石大，挽石入穴窖之，水患遂息也。

【注释】

①雷简夫：字太简，郃阳（今陕西合阳）人。早年隐
　居，仁宗时仕至殿中丞、职方员外郎。史不载其曾
　为县令。

【译文】

　陕西因洪水冲下巨石，堵塞到山涧中，水遂横流而造
成祸患。巨石有像房子那么大的，靠人力不能移走，州县
都为此忧虑。雷简夫为县令，于是让人各在巨石下挖一坑
穴，估计坑穴已像巨石那样大，就拉动巨石填入坑穴而埋
起来，水患于是平息。

侯叔献治汴堤

　熙宁中，雎阳界中发汴堤淤田①，汴水暴至，
堤防颇坏陷将毁，人力不可制。都水丞侯叔献时莅
其役②，相视其上数十里有一古城，急发汴堤，注
水入古城中，下流遂涸，急使人治堤陷。次日，古
城中水盈，汴流复行，而堤陷已完矣。徐塞古城所
决，内外之水平而不流，瞬息可塞，众皆伏其机敏。

【注释】

①雎（suī）阳：今安徽雎溪。
②侯叔献（1023—1076）：字景仁，宜黄（今属江西）
　人。官至判都水监，卒于任。

【译文】

　熙宁年间，雎阳一带开汴水堤防淤田，汴水突然暴涨，

堤防多有破坏塌陷而将毁掉，人力不能控制。都水丞侯叔献当时亲临调度，相度巡视其上游数十里有一古城，于是急命挖开汴堤，引汴水注入古城中，下流遂干涸，又赶紧使人整治堤防的塌陷之处。第二天，古城中的水涨满之后，汴水又沿着它本来的河道流向下游，而下游塌陷的堤防已经完好。然后慢慢地堵塞古城处挖开的口子，由于古城内的水和汴水处于同一水位而不流动，很快就可以堵上，人们都佩服侯叔献的机敏。

艺文

　　"艺文"一词，作为一种学问、知识或文献著作的类别称呼，在正史的《艺文志》是指图书目录，在方志的艺文类则指搜辑起来的诗文。在古人的通行语中，"艺文"所指往往接近于所谓"文学"，凡是与读书作文、辞章修养有关系的内容都可包括在内，比现在所称文学的涵盖面要宽。唐宋以降，随着科举的发达，诗赋成为士人进身的重要工具，所以讲究诗学也蔚成风气。《笔谈》的"艺文"门虽分三卷，实际篇幅并不大，其中大部分条目可以归入诗学。明人著作中曾提到沈括有《诗话》之作，今人怀疑是由《笔谈》中辑录出来的，非是他原有此专作。《笔谈》此门的其他内容，以音韵学、文字学为多，另有一些文献考证和文人轶事。音韵学方面，北宋时盛行的是以官修《广韵》为中心的今音学，而古音学、等韵学的研究都还没有展开。沈括是较早注意到古音学、等韵学的学者，而且都有通脱的看法。其观念与他在自然科学上的见解互为表里。

卷十四

"郭索"与"钩辀"

欧阳文忠尝爱林逋诗"草泥行郭索，云木叫钩辀"之句，文忠以谓语新而属对亲切。钩辀，鹧鸪声也，李群玉诗云①："方穿诘曲崎岖路，又听钩辀格磔声。"郭索，蟹行貌也，扬雄《太玄》曰②："蟹之郭索，用心躁也。"

【注释】

①李群玉：晚唐诗人。曾任校书郎。

②《太玄》：即《太玄经》，西汉末扬雄的哲学著作。

【译文】

欧阳文忠公曾特别喜欢林逋的"草泥行郭索，云木叫钩辀"两句诗，他以为这两句用语新颖而对仗亲和贴切。钩辀，是形容鹧鸪的鸣叫声，李群玉有诗说："方穿诘曲崎岖路，又听钩辀格磔声。"郭索，是形容螃蟹爬行的样子，扬雄的《太玄经》说："蟹之郭索，用心躁也。"

相错成文

韩退之集中《罗池神碑铭》，有"春与猿吟兮秋与鹤飞"，今验石刻，乃"春与猿吟兮秋鹤与飞"。古人多用此格，如《楚词》"吉日兮辰良"，又"蕙肴蒸兮兰籍，奠桂酒兮椒浆"。盖欲相错成文，则语势矫健耳。杜子美诗"红豆啄余鹦鹉粒，碧梧栖老凤凰枝"，此亦语反而意全。韩退之《雪诗》"舞镜鸾窥沼，行天马度桥"，亦效此体，然稍牵强，不若前人之语浑成也。

【译文】

韩退之文集中的《罗池神碑铭》，有"春与猿吟兮秋与鹤飞"之句，现在用铭文的石刻本对照，却是"春与猿吟兮秋鹤与飞"。此种修辞格式，古人多加采用，如《楚辞》有"吉日兮辰良"，又有"蕙肴蒸兮兰籍，奠桂酒兮椒浆"。这是有意使上下两语互相交错成文，以便语势显得更为矫健。杜子美的诗句"红豆啄余鹦鹉粒，碧梧栖老凤凰枝"，这也是用词颠倒而语意更加丰富。韩退之的《雪诗》称"舞镜鸾窥沼，行天马度桥"，也是仿效此种格式，然而稍觉牵强，不如前人的用语自然浑成。

旬锻月炼

唐人以诗主人物①，故虽小诗，莫不埏蹂极工而后已②，所谓"旬锻月炼"者，信非虚言。小说崔护《题城南诗》，其始曰："去年今日此门中，人面桃花相映红。人面不知何处去，桃花依旧笑春风。"后以其意未全，语未工，改第三句曰"人面只今何处在"。至今所传此两本，唯《本事诗》作"只今何处在"。唐人工诗，大率多如此。虽有两"今"字，不恤也，取语意为主耳。后人以其有两"今"字，只多行前篇。

【注释】

①以诗主人物:《事实类苑》卷四十所引,"诗"字下有"学"字。

②埏揉(shān róu):原指制陶器时反复和土揉泥,后引申为一般意义上的"锤炼"之意。

【译文】

唐人以诗歌评价作者,所以作诗者虽是小诗,莫不反复锤炼以至极为工致才肯罢休,所谓"旬锻月炼",诚然不是虚说。有关崔护《题城南诗》的小说记载,其诗最初是:"去年今日此门中,人面桃花相映红。人面不知何处去,桃花依旧笑春风。"后以诗意未全,用语未工,改第三句为"人面只今何处在"。至今所传这两种文本,只有《本事诗》作"只今何处在"。唐人作诗追求精工,大率多如此例。所改虽有两个"今"字,作者也不顾忌,但取语意的完善为主。后人以其有两个"今"字,多只采用前篇。

王圣美右文说

王圣美治字学①,演其义以为"右文"。古之字书,皆从左文,凡字其类在左,其义在右。如木类,其左皆从木。所谓"右文"者,如"戋",小也,水之小者曰"浅",金之小者曰"钱",歹之小者曰"残"②,贝之小者曰"贱"③。如此之类,皆以"戋"为义也。

【注释】

①王圣美:即王子韶。字圣美,太原(今属山西)人。

官至秘书监。

②歹：残骨。

③贝：古人用作货币。

【译文】

王圣美研究文字学，推演文字的义类而提出了"右文"说。古代的字书，都是从文字的左偏旁归类的，大凡一个字的构成，表示类别的部分在左边，表示意义的部分在右边。如表示树木这一类别的字，其左边都从"木"。所谓"右文"，如"戋"字，意义为小，所以水之小者写作"浅"，金之小者写作"钱"，歹之小者写作"残"，贝之小者写作"贱"。诸如此类，都以右边的"戋"为字的意义。

宋初古文

往岁士人多尚对偶为文，穆修、张景辈始为平文①，当时谓之"古文"。穆、张尝同造朝，待旦于东华门外。方论文次，适见有奔马践死一犬，二人各记其事，以较工拙。穆修曰："马逸，有黄犬遇蹄而毙。"张景曰："有犬死奔马之下。"时文体新变，二人之语皆拙涩，当时已谓之工，传之至今。

【注释】

①穆修（979—1032）：字伯长，汶阳（今山东汶上）人。曾任文学参军。提倡散文，对后来古文运动的代表人物欧阳修等都有影响。张景：字晦之，公安（今属湖北）人。为宋初古文运动先驱者柳开门人，

历文学参军。平文：即散文。

【译文】

往年士人大都崇尚对偶的骈体文，穆修、张景等人始提倡散文，当时称之为"古文"。穆、张曾一同参加朝会，在东华门外等待天亮。正讨论古文章法，恰好看到有一匹奔马踏死了一条犬，二人于是相约各描述其事，以比较各自的工拙。穆修说："马逸，有黄犬遇蹄而毙。"张景说："有犬死奔马之下。"其时文体刚开始发生变化，二人之语都朴拙硬涩，而当时已认为精工，故流传至今。

集句诗

古人诗有"风定花犹落"之句①，以谓无人能对，王荆公以对"鸟鸣山更幽"。"鸟鸣山更幽"本宋王籍诗②，元对"蝉噪林逾静，鸟鸣山更幽"，上下句只是一意。"风定花犹落，鸟鸣山更幽"，则上句乃静中有动，下句动中有静。荆公始为集句诗，多者至百韵，皆集合前人之句，语意对偶，往往亲切过于本诗。后人稍稍有效而为者。

【注释】

①风定花犹落：南朝谢贞诗句。谢贞，字文正，阳夏（今河南太康）人。《陈书》有传。

②王籍：字文海，临沂（今属山东）人。《梁书》有传。

【译文】

古人诗有"风定花犹落"之句，以为无人能对出下联，王荆公以"鸟鸣山更幽"为对。"鸟鸣山更幽"本为刘宋王籍的诗句，原诗是以"蝉噪林逾静，鸟鸣山更幽"为对的，上下句只是一个意思。王荆公以"风定花犹落，鸟鸣山更幽"为对，则上句是静中有动，下句是动中有静。王荆公先前为集句诗，多的时候达上百首，都集合前人的诗句而成，语意和对偶，往往比原诗更为融洽与贴切。后人渐渐有仿效而作这种集句诗的。

女诗人佳句

毗陵郡士人家有一女①，姓李氏，方年十六岁，颇能诗，甚有佳句，吴人多得之。有《拾得破钱诗》云："半轮残月掩尘埃，依稀犹有开元字。想得清光未破时，买尽人间不平事。"又有《弹琴诗》云："昔年刚笑卓文君，岂信丝桐解误身？今日未弹心已乱，此心元自不由人。"虽有情致，乃非女子所宜。

【注释】

①毗陵郡：指今江苏常州。

【译文】

毗陵郡某士人家有个女儿，姓李，年龄刚十六岁，颇能写诗，很有些佳句，吴人往往能得到。她有《拾得破钱诗》说："半轮残月掩尘埃，依稀犹有开元字。想得清光未破时，买尽人间不平事。"又有《弹琴诗》说："昔年刚笑卓文君，岂信丝桐解误身？今日未弹心已乱，此心元自不由人。"这类诗虽有情致，而不是女子适宜作的。

卷十五

切韵之学

切韵之学①，本出于西域。汉人训字，止曰"读如某字"，未用反切。然古语已有二声合为一字者，如"不可"为"叵"、"何不"为"盍"、"如是"为"尔"、"而已"为"耳"、"之乎"为"诸"之类，以西域二合之音，盖切字之原也。如"輭"字②，文从"而"、"犬"，亦切音也。殆与声俱生，莫知从来。

【注释】

①切韵之学：指用"反切法"为汉字注音的学问。"反切法"起于佛教传入中国后，西域僧人以梵文与汉文互相标音的做法，后来逐渐创出用汉字表示的声母和韵母，成为古人主流的拼音方式。

②輭：即"软"字。古籍中以这两种写法通用。

【译文】

切韵这门学术，发源于西域语言学。汉代学者为汉字注音，只称"读如某字"，还未曾用过反切的方法。然而古汉语中已有用两个字的发音拼合成一个字的，如"不可"拼合成"叵"字、"何不"拼合成"盍"字、"如是"拼合成"尔"字、"而已"拼合成"耳"字、"之乎"拼合成"诸"字之类，用的都是西域以两个音拼合成一个字的方法，这大概就是反切注音的源头。又如"輭"字，右旁由"而"、"犬"合成而表字音，也是一种拼音。大约拼音是和语言一起产生的，人们无从知道它们起于哪个时代。

《龙龛手镜》

幽州僧行均集佛书中字，为切韵训诂，凡十六万字，分四卷，号《龙龛手镜》①。燕僧智光为之序，甚有词辨。契丹重熙二年集。契丹书禁甚严，传入中国者法皆死。熙宁中，有人自虏中得之，入傅钦之家②。蒲传正帅浙西③，取以镂板。其序末旧云"重熙二年五月序"，蒲公削去之。观其字，音韵次序皆有理法，后世殆不以其为燕人也。

【注释】

①《龙龛手镜》：今本作《龙龛手鉴》，宋人重刻时避"镜"字改"鉴"。

②傅钦之：即傅尧俞（1024—1091）。字钦之，须城（今山东东平）人。官至中书侍郎。

③蒲传正：即蒲宗孟（1028—1093）。字传正，新井（今四川南部县西）人。官至尚书左丞。

【译文】

幽州僧人行均集录佛教典籍中的字，为之反切注音并解释字义，全书凡十六万字，分为四卷，名为《龙龛手镜》。辽燕京僧人智光为之作序，序文甚有文采义理。契丹重熙二年辑刻。契丹禁书令非常严厉，将契丹图书传入中原的，依法都要处死。熙宁年间，有人在辽国得到此书带回，后入于傅钦之家。蒲传正为浙西帅时，取此书镂板印行。其序文之末原明言"重熙二年五月序"，蒲公刊刻时削去了。看书中所集录的字，音韵部类和次序编排都有义理法度，后世可能不会以为作者是契丹人。

同甲会

文潞公归洛日①，年七十八，同时有中散大夫程珦、朝议大夫司马旦、司封郎中致仕席汝言②，皆年七十八。尝为"同甲会"，各赋诗一首。潞公诗曰："四人三百十二岁，况是同生丙午年。招得梁园为赋客③，合成商岭采芝仙④。清谭亹亹风盈席⑤，素发飘飘雪满肩。此会从来诚未有，洛中应作画图传。"

【注释】

①文潞公：即文彦博（1006—1097）。字宽夫，介休（今属山西）人。历事仁宗至哲宗四朝，为将相五十余年。封潞国公。

②程珦（xiàng，1006—1090）：字伯温，洛阳（今属河南）人。理学家程颢、程颐之父。历知州，因反对王安石变法，称病致仕。司马旦（1006—1087）：字伯康，夏县（今属山西）人。司马光之兄。以大中大夫致仕。席汝言：字从君，洛阳（今属河南）人。元丰中以郎中致仕。

③梁园：即梁苑。西汉梁孝王所建，在今河南开封东南，以为招延一时名士游赏之所。

④商岭：即商山（在今陕西商县东）。相传汉初"四

皓"（以须发皆白而称）隐居于此。

⑤清谭：即"清谈"。亹亹（wěi）：形容议论引人入胜。

【译文】

文潞公致仕回洛阳时，高年七十八，同时有中散大夫程珦、朝议大夫司马旦、司封郎中席汝言，都是七十八岁。四人曾举行"同甲会"，各赋诗一首。潞公诗说："四人三百十二岁，况是同生丙午年。招得梁园为赋客，合成商岭采芝仙。清谭亹亹风盈席，素发飘飘雪满肩。此会从来诚未有，洛中应作画图传。"

鹳雀楼诗

河中府鹳雀楼三层①，前瞻中条，下瞰大河，唐人留诗者甚多，唯李益、王之涣、畅诸三篇能状其景②。李益诗曰："鹳雀楼西百尺墙，汀洲云树共茫茫。汉家箫鼓随流水，魏国山河半夕阳。事去千年犹恨速，愁来一日即知长。风烟并在思归处，远目非春亦自伤。"王之涣诗曰："白日依山尽，黄河入海流。欲穷千里目，更上一层楼。"畅诸诗曰："迥临飞鸟上，高出世尘间。天势围平野，河流入断山。"

【注释】

①河中府：治今山西永济蒲州镇。

②李益（748—829）：字君虞，姑臧（今甘肃武威）人。唐宪宗时官至礼部尚书。王之涣（688—742）：

字季陵，晋阳（今山西太原）人。历文安县尉。畅诸：汝州（今河南临汝）人。历许昌尉。

【译文】

河中府的三层鹳雀楼，前望中条山，下瞰黄河，唐人在此留诗的很多，而只有李益、王之涣、畅诸的三首诗最能描绘出登楼的景象情怀。李益诗说："鹳雀楼西百尺墙，汀洲云树共茫茫。汉家箫鼓随流水，魏国山河半夕阳。事去千年犹恨速，愁来一日即知长。风烟并在思归处，远目非春亦自伤。"王之涣诗说："白日依山尽，黄河入海流。欲穷千里目，更上一层楼。"畅诸诗说："迥临飞鸟上，高出世尘间。天势围平野，河流入断山。"

海陵王墓铭

庆历中，予在金陵，有饔人以一方石镇肉，视之若有镌刻，试取石洗濯，乃宋海陵王墓铭①，谢朓撰并书。其字如钟繇②，极可爱，予携之十余年，文思副使夏元昭借去，遂托以坠水，今不知落何处。此铭朓集中不载，今录于此："中枢诞圣，膺历受命，于穆二祖，天临海镜。显允世宗，温文著性，三善有声，四国无竞。嗣德方衰，时唯介弟，景祚云及，多难攸启。载骤轮猎，高辟代邸，庶辟欣欣，威仪济济。亦既负扆，言观帝则，正位恭己，临朝渊嘿。虔思宝缔，负荷非克，敬顺天人，高逊明德。西光已谢，东旭又良，龙鬒夕俨，葆挽晨锵。风摇草色，日照松光，春秋非我，晚夜何长！"

【注释】

①海陵王：即刘休茂（444—461）。南朝宋宗室，宋文帝刘义隆第十四子，孝武帝刘骏弟。封海陵王。以受左右唆使，举兵造反，被杀，时年十七。

②钟繇（yáo）：三国时曹魏大臣，大书法家。书法史上以其与王羲之并称"钟王"。

【译文】

庆历年间，我在金陵时，见有厨师用一方石头压肉，看去好像镌刻有文字，就取石头试着洗涤，竟是刘宋海陵王的墓志铭，由谢朓撰文并书写石上。其字体书法像钟繇，极令人喜爱，我带在身边十多年，后来被文思副使夏元昭借去，遂托称掉到水里丢失了，现在不知流落何处。这篇墓志铭，谢朓的文集中没有收，今移录于此："中枢诞圣，膺历受命，于穆二祖，天临海镜。显允世宗，温文著性，三善有声，四国无竞。嗣德方衰，时唯介弟，景祚云及，多难攸启。载骥轳猎，高辟代邸，庶辟欣欣，威仪济济。亦既负扆，言观帝则，正位恭己，临朝渊嘿。虔思宝缔，负荷非克，敬顺天人，高逊明德。西光已谢，东旭又良，龙蠡夕俨，葆挽晨镖。风摇草色，日照松光，春秋非我，晚夜何长！"

欧阳文忠推挽后学

欧阳文忠好推挽后学。王向少时为三班奉职①，干当滁州一镇②，时文忠守滁州。有书生为学子不行束脩③，自往诣之，学子闭门不接。书生讼于向，向判其牒曰:"礼闻来学,不闻往教④。先生既已自屈,弟子宁不少高?盍二物以收威⑤,岂两辞而造狱⑥!"书生不直向判,径持牒以见欧公。公一阅,大称其才,遂为之延誉奖进,成就美名,卒为闻人。

【注释】

①王向:字子直,侯官(今福建闽侯)人。嘉祐二年(1057)与兄王回同举进士,历官峡石主簿。三班奉职:低级武阶官名。

②干当:即勾当公事。"勾当"为管理之意,南宋人避高宗讳改为"干当"。一镇:指滁州下属的一个镇(一般为小工商业聚集地点)。

③束脩:指交学费入学。

④礼闻来学,不闻往教:此八字为《礼记·曲礼》之文,谓依据礼法,弟子应登师门求教,为师者则不应往弟子家授学。

⑤盍二物以收威:此用《礼记·学记》"夏楚二物,收其威也"之文。二物,指榎条(楸树条)、荆条,古时学塾用以处罚学生。句意谓何不处罚学徒以保持为师的威仪。盍,"何不"合音字。

⑥岂两辞而造狱:为何要双方各执一词来打官司。

【译文】

欧阳文忠公喜欢提携好学的年轻人。王向年轻时以三班奉职的衔名,管理滁州一个镇的公事,当时文忠公为滁州知州。有个教书的儒生因为学生不交学费入学,就亲自到学生家授教，结果学生闭门不接纳。儒生就找王向递状子告这个学生，王向在他的状子上批写判词说："自古礼数，只听说弟子来学，没听说先生往教。先生既已自己屈尊前往，弟子又怎能不会慢待师道？何不行罚以收回你的师尊，哪用双方争竞来对簿公堂！"儒生以为王向的判决不公正，就直接拿着状子去找文忠公。文忠公一看王向的判词，对他的才华大为称赏，因而为他传布名誉，鼓励他进取，终于使他成就了功名，成为知名的人士。

卷十六

"乌鬼"考

士人刘克，博观异书。杜甫诗有"家家养乌鬼，顿顿食黄鱼"，世之说者皆谓夔、峡间至今有"鬼户"①，乃夷人也，其主谓之"鬼主"②，然不闻有"乌鬼"之说；又"鬼户"者，夷人所称，又非人家所养。克乃按《夔州图经》称："峡中人谓鸬鹚为'乌鬼'。蜀人临水居者，皆养鸬鹚，绳系其颈，使之捕鱼，得鱼则倒提出之，至今如此。"予在蜀中，见人家养鸬鹚使捕鱼，信然，但不知谓之"乌鬼"耳。

【注释】

①夔、峡：夔州、峡州，分治今重庆奉节、湖北宜昌。

②鬼主：唐宋时代所称与白蛮相对的乌蛮族（主要分布于今云、贵、川接壤地区），其首领称为"鬼主"。有都鬼主、大鬼主、小鬼主之别，但鬼主之间并无固定的隶属关系。

【译文】

士人刘克，广览各种稀见书。杜甫诗有"家家养乌鬼，顿顿食黄鱼"的诗句，解说者都称夔、峡一带至今有"鬼户"，属于西南夷，"鬼户"的领主就叫"鬼主"，然而不曾听说"鬼户"又叫"乌鬼"；而且"鬼户"即使是夷人的称呼，也不可能是家家都豢养的。刘克于是查考《夔州图经》，始见书中记载："峡州一带叫鸬鹚为'乌鬼'。蜀人临水居住的，都养鸬鹚，用绳系住它的脖颈，让它捕鱼，在它捕到鱼后，就把它倒提起来，使它把鱼吐出，至今还是这样。"我在蜀中，曾见人家养鸬鹚而使之捕鱼，这是确实的，只是不知道鸬鹚又叫"乌鬼"。

《香奁集》

和鲁公凝有艳词一编[1]，名《香奁集》。凝后贵，乃嫁其名为韩偓，今世传韩偓《香奁集》乃凝所为也。凝生平著述，分为《演纶》、《游艺》、《孝悌》、《疑狱》、《香奁》、《籝金》六集，自为《游艺集序》云："予有《香奁》、《籝金》二集，不行于世。"凝在政府，避议论，讳其名，又欲后人知，故于《游艺集序》述之，此凝之意也。予在秀州，其曾孙和惇家藏诸本，皆鲁公旧物，末有印记甚完。

【注释】

①和鲁公凝：即和凝（898—955）。字成绩，须昌（今山东东平）人。五代时后晋宰相，入后汉封鲁国公。

【译文】

和鲁公和凝有描写男女之情的艳词一编，名之为《香奁集》。和凝后来贵显，于是嫁名于韩偓，如今世上流传的韩偓《香奁集》实为和凝所作。和凝的生平著述，分为《演纶》、《游艺》、《孝悌》、《疑狱》、《香奁》、《籝金》六集，他自作的《游艺集序》谈到："我有《香奁》、《籝金》二集，未曾流通于世。"和凝在政府,回避他人的议论,故意不在艳词之作上自署己名,而又想让后人知道,所以在《游艺集序》中述及之,这是和凝的本意。我在秀州,他的曾孙和惇家里藏有这些集本,都是鲁公生前的旧物,后面均有非常完好的印记。

书画

　　此门主要是谈书画鉴赏的，但涉及书法、绘画理论及技巧，保存了重要的书画史资料，多为后世书画学著作所引用。

卷十七

"耳鉴"与"揣骨听声"

藏书画者，多取空名，偶传为钟、王、顾、陆之笔①，见者争售②，此所谓"耳鉴"。又有观画而以手摸之，相传以谓色不隐指者为佳画③，此又在"耳鉴"之下，谓之"揣骨听声"④。

【注释】

①钟、王、顾、陆：指魏、晋南朝著名书法家钟繇、王羲之和画家顾恺之、陆探微。

②争售：指争相购买。

③隐指：也称"隐手"，为宋人俗语。指物体表面看似平整，或看不清的物体本以为该是平整的，用手去摸却有高低不平的感觉。犹今言"硌手"。此以画作言之而谓"色不隐指"，意指画面上的着色看上去似乎颜料堆积，而抚摸它却没有凸起的感觉。

④揣骨听声：本意指盲人占卜者靠手摸揣测人的骨相，又听人的声音，以判断人的贵贱吉凶。

【译文】

收藏书画作品的人，往往只注重书画家的名声，偶然传闻某幅作品为钟、王、顾、陆的手笔，见到者就争相购买，这就叫做"耳鉴"。又有观画而用手去摩挲的，相传以为画布不硌手指的为佳画，这又在"耳鉴"之下，被称为"揣骨听声"。

善求古人心意

欧阳公尝得一古画牡丹丛，其下有一猫，未知其精粗。丞相正肃吴公与欧公姻家①，一见曰："此正午牡丹也。何以明之？其花披哆而色燥②，此日中时花也；猫眼黑睛如线，此正午猫眼也。有带露花，则房敛而色泽；猫眼早暮则睛圆，日渐中狭长，正午则如一线耳。"此亦善求古人心意也。

【注释】

①正肃吴公：即吴育（1004—1058）。字春卿，建安（今福建建瓯）人。官至参知政事，卒谥正肃。

②披哆（chǐ）：披散，张开。

【译文】

欧阳公曾得一幅古画，画的是牡丹丛下有一只猫，他还不知道这幅画的精粗程度如何。丞相吴正肃公与欧阳公为姻家，一见这画就说："这是正午时的牡丹。何以晓得？这牡丹的花瓣都披散着，而且花色干燥，这正是中午时的花；猫眼的黑瞳仁像一条线，这也是正午时的猫眼。如果是早上带露水的花，那么花房就是收敛的，而且花色鲜亮；猫眼是早晨和晚上瞳仁都圆，中午以前逐渐变得狭长，到正午就变成一条线了。"这也真可说是善于揣摩古人绘画的心意。

高益匠心

相国寺旧画壁乃高益之笔①，有画众工奏乐一堵最有意。人多病拥琵琶者误拨下弦：众管皆发

"四"字②，琵琶"四"字在上弦，此拨乃掩下弦，误也。予以谓非误也。盖管以发指为声，琵琶以拨过为声，此拨掩下弦，则声在上弦也。益之布置尚能如此，其心匠可知。

【注释】

①高益：宋初画家。本为契丹涿郡（今北京）人，后入宋都汴京（今河南开封），以卖药、卖画自给。太宗在即位前已识之，即位后命为翰林图画院待诏，又命画相国寺、崇夏寺等壁画。以善画佛道鬼神、蕃汉人马著称。

②四：古代乐谱用字，为表示音阶的符号。

【译文】

相国寺旧有的壁画出于高益的手笔，其中有一堵墙上画的众乐工奏乐的一幅最有意味。人多以为这幅画有个毛病，就是弹琵琶的乐工误拨了下弦：各种管乐器发的都是"四"字音，琵琶的"四"字音在上弦，这位乐工拨弦的手指却掩住了下弦，显然是画错了。我以为这并没有画错。因为管乐器是以手指离开器孔而发声的，琵琶则是手指拨过相应的弦之后才发声，现在画上拨弦的手指掩住了下弦，正表示声音是在上弦。高益的画面布置尚能如此精细，则他作画的深到匠心可想而知。

书画之妙

书画之妙，当以神会，难可以形器求也。世之观画者，多能指摘其间形象、位置、彩色瑕疵而已，至于奥理冥造者，罕见其人。如彦远《画评》言①："王维画物②，多不问四时，如画花，往往以桃、杏、芙蓉、莲花同画一景。"予家所藏摩诘画《袁安卧雪图》，有雪中芭蕉，此乃得心应手，意到便成，故造理入神，迥得天意。此难可与俗人论也。谢赫云③："卫协之画④，虽不该备形妙，而有气韵，凌跨群雄，旷代绝笔。"又欧文忠《盘车图诗》云："古画画意不画形，梅诗咏物无隐情。忘形得意知者寡，不若见诗如见画。"⑤此真为识画也。

【注释】

①彦远：即张彦远。字爱宾，猗氏（今山西临猗南）人。唐后期书画评论家。开元间宰相张嘉贞后人。历官员外郎，著有《历代名画记》、《法书要录》等。

②王维（701—761）：字摩诘，蒲州（今山西永济）人。为盛唐著名诗人及画家。官至尚书右丞。

③谢赫：南朝齐梁时人，著有《古画品录》。

④卫协：晋初画家，时有"画圣"之名。

⑤此处所引欧阳修诗，原是和梅尧臣而作的，大意是说：古人绘画注重意境，不注重形似，梅尧臣的诗则强调写实，追求平淡的风格，咏物直露而不含蓄；对于绘画上的"忘形得意"，了解的人少，作诗如果过分求实，则不如学学"忘形得意"的办法，以意境为主，使人读一首诗如同看一幅画。梅尧臣

（1002—1060），字圣俞，宣城（今属安徽）人。官至员外郎。

【译文】

书画作品的奥妙之处，当从心领神会的意境上体悟，难以仅从形迹的相似性上寻求。世上观赏绘画作品的人，大都不过能指摘画中的事物形象、配备位置及色彩运用等方面的瑕疵而已，至于确实能够在冥冥中领会优秀画作的深刻意境和哲理的，罕见其人。如张彦远的《画评》言说："王维画景物，多不问四时节令，如画花，往往将不同季节开花的桃、杏、芙蓉、莲花等画于同一幅景物图上。"我家收藏的摩诘所画《袁安卧雪图》，有雪中芭蕉，这是得心应手的创作，意趣到处便可成画，所以能够达理入神，深得天机本性。这是难以与普通人理论的。谢赫说："卫协的画，虽然不能完全精妙逼真地绘出事物的外在形象，而有生动的神气和韵味，所画超越竞起的名家，可称是空前绝后的作品。"欧阳文忠公的《盘车图诗》又说："古画画意不画形，梅诗咏物无隐情。忘形得意知者寡，不若见诗如见画。"这些都是真正懂得绘画奥妙之所在的言论。

王维《黄梅出山图》

王仲至阅吾家画[1]，最爱王维画《黄梅出山图》。盖其所图黄梅、曹溪二人[2]，气韵神检，皆如其为人。读二人事迹，还观所画，可以想见其人。

①王仲至：即王钦臣（约1035—1101）。字仲至，宋城（今河南商丘）人。历官开封府尹、集贤殿修撰。以藏书著称。

②黄梅：指唐高僧弘忍（602—675）。俗姓周，黄梅（今属湖北）人。为禅宗第五祖。曹溪：指唐高僧慧能（638—713）。俗姓卢，弘忍弟子，后在韶州（今广东韶关）曹溪传道。为禅宗第六祖。

【译文】

王仲至观赏我家的藏画，最喜欢王维画的《黄梅出山图》。这是由于所画黄梅、曹溪二人，气韵神情和约束检点的态度，都像他们的为人。阅读传记所载二人的事迹，再看王维所画，可以想见二人的真实形象。

以大为小与以大观小

画牛、虎皆画毛，惟马不画毛。予尝以问画工，工言马毛细，不可画。予难之曰："鼠毛更细，何故却画？"工不能对。大凡画马，其大不过盈尺，此乃以大为小，所以毛细而不可画。鼠乃如其大，自当画毛。然牛、虎亦是以大为小，理亦不应见毛；但牛、虎深毛，马浅毛，理须有别。故名辈为小牛、小虎，虽画毛，但略拂拭而已。若务详密，翻成冗长；约略拂拭，自有神观，迥然生动，难可与俗人论也。若画马如牛、虎之大者，理当画毛，盖见小马无毛，遂亦不摹。此庸人袭迹，非可与论理也。

又李成画山上亭馆及楼塔之类①，皆仰画飞檐，其说以谓"自下望上，如人平地望塔檐间，见其榱桷"②。此论非也。大都山水之法，盖以大观小，如人观假山耳；若同真山之法，以下望上，只合见一重山，岂可重重悉见？兼不应见其谿谷间事。又如屋舍，亦不应见中庭及后巷中事。若人在东立，则山西便合是远境；人在西立，则山东却合是远境。似此，如何成画？李君盖不知以大观小之法，其间折高折远自有妙理，岂在"掀屋角"也？

【注释】

①李成（919—967）：字咸熙，益都（今山东青州）人。五代宋初画家。善画山水，为当时北方山水画流派的主要代表人物之一。

②榱桷（cuījué）：房屋的椽子。相对称呼时，圆形的为"椽"，方形的为"桷"，"榱"则兼指二者；通言之，则三者无别。

【译文】

画牛、画虎都画毛，只有画马不画毛。我曾以此问画工，画工说马毛细，不可画。我反驳说："鼠毛更细，为什么却要画呢？"画工不能回答。大概画马，画得大些的也不过在一尺多长，这是以大为小，所以毛细而不可画。画鼠则像真鼠那样大，自然应当画毛。然而画牛、画虎也是以大为小，按理也不应当出现毛；但牛毛和虎毛都是长毛，马毛则是短毛，理应有所区别。所以名家画小牛、小虎，虽然画毛，只是略加涂抹而已。如果一定要把毛画得细密，反而显得多余；约略涂抹几下，自会有神韵，其形象之生动远超于细密的画笔之上，这是难以与庸俗的画家讨论的。如果画马的尺寸比例和画牛、画虎的尺寸比例一样大，按理也应当画毛，大约是由于作画的人见小马不画毛，遂将大尺寸的马也不画毛了。这只是庸俗画家的形迹模仿，也不是从画理上能跟他们讲清楚的。

另外，李成画山上的亭馆及楼塔之类，都采取仰观的画法画出飞檐，他的解释以为"自下而望上，如同人在平地上仰望塔楼的檐间结构，甚至能够看得见塔楼的椽子"。这看法是不对的。大抵山水画的画法，都是以大观小，就如同人看假山；假如画真山，那么自下望上，就只应有一重山可以看见，岂能重重山峦都可以看得见？同时也不应就连溪谷间的事物也都能看得见。此又比如屋舍，从前面看也不应看到中庭及后面小巷中的事物。如果人在山的东面站立，那么山的西面便应是远境；反之，如果人在山的西面站立，那么山的东面却应是远境。像这种情形，用仰观的画法又如何成画？李成君大概还不懂得以大观小的方法，其间高低远近的比例折算自有微妙的物理，又怎么会仅在"掀屋角"式的仰观呢？

画工画佛光之谬

画工画佛身光，有匾圆如扇者，身侧则光亦侧，此大谬也。渠但见雕木佛耳，不知此常圆也。又有画行佛光，尾向后，谓之"顺风光"，此亦谬也。佛光乃定果之光①，虽劫风不可动②，岂常风能摇哉？

【注释】

①定果：正定修行，修成正果。

②劫风：佛教语言，指世界毁灭时成灾的风。

【译文】

画工画佛身上的灵光，有画成像扇子那样的扁圆形的，佛身偏向一侧则光也随着偏向一侧，这是大错特错的。他们大概只见过木雕的佛像，而不知道佛光总是圆的。又有画行走的佛的灵光，光尾向后，称之为"顺风光"，这也是错的。佛光乃是修成正果的光，虽世界坏劫时的风也吹不动，又怎么会是平常的风所能摇动的呢？

宋迪论山水画"活笔"

度支员外郎宋迪工画①，尤善为平远山水。其得意者，有《平沙雁落》、《远浦帆归》、《山市晴岚》、《江天暮雪》、《洞庭秋月》、《潇湘夜雨》、《烟寺晚钟》、《渔村落照》，谓之"八景"，好事者多传之。往岁小窑村陈用之善画②，迪见其画山水，谓用之曰："汝画信工，但少天趣。"用之深伏其言，曰："常患其不及古人者，正在于此。"迪曰："此不难耳。汝先当求一败墙，张绢素讫，倚之败墙之上，朝夕观之。观之既久，隔素见败墙之上，高平曲折，皆成山水之象。心存目想：高者为山，下者为水；

坎者为谷，缺者为洞；显者为近，晦者为远。神领意造，恍然见其有人禽草木飞动往来之象③，了然在目，则随意命笔，默以神会，自然境皆天就，不类人为，是谓'活笔'。"用之自此画格得进。

【注释】

①宋迪：字复古，洛阳（今属河南）人。历官度支员外郎。善画寒林、松石，尤善平山远水。作画崇尚意境，苏轼曾称其画"妙绝一时"。

②陈用之：鄠城（今属河南）人。仁宗天圣中为图画院祗候，未久罢归。居小窑镇，世人多称之为"小窑陈"。善画佛道、人马、山川林木，而偏于精详。"之"亦作"智"。

③恍（huǎng）然：同"恍然"，忽然领悟的样子。

【译文】

度支员外郎宋迪精工绘画，尤其擅长平山远水。其得意作品，有《平沙雁落》、《远浦帆归》、《山市晴岚》、《江天暮雪》、《洞庭秋月》、《潇湘夜雨》、《烟寺晚钟》、《渔村落照》，称为"八景"，喜欢的人多为传播。往年小窑村陈用之善于绘画，宋迪见其山水画，对他说："你的画确实精工，但缺少自然情趣。"陈用之深深叹服他这话，说："我常担心自己的画不及古人，正在于这一点。"宋迪说："这点不难做到。你可以先找一堵破败的墙壁，对着墙壁张起一幅白色丝绢的大画布，然后倚在败墙上，早晨晚上日出日落时，都看败墙在画布上的投影。观看得久了，隔着画

布就能见到败墙的上部，高低平凹，曲曲折折，都能变幻成山水的景象。心目一体而存想：败墙高处是山，低处是水；凹陷处是山谷，缺口处是山涧；显豁处是近景，模糊处是远景。神会而意到，忽然发现败墙上都是人物、禽兽、草木飞动往来的景象，全然历历在胸目中，于是随意命笔，默然写出心领神会的意象，自然画中的意境就都天然而成，不似人为的造作，这就叫做'活笔'。"陈用之自此以后，绘画的格调得以不断进步。

徐铉善小篆

江南徐铉善小篆①，映日视之，画之中心有一缕浓墨，正当其中。至于屈折处亦当中，无有偏侧处。乃笔锋直下，不倒侧，故锋常在画中。此用笔之法也。铉尝自谓"吾晚年始得蠵匾之法"②。凡小篆，喜瘦而长；蠵匾之法，非老笔不能也。

①徐铉（917—992）：字鼎臣，广陵（今江苏扬州）人。初仕南唐为大臣，入宋后历官给事中。

②蠵（wāi）匾：读作"歪扁"。小篆书法，如传统所称的"铁筋篆"，一般喜正直瘦长，然过正而无偏侧，皆长而无扁圆，则显得呆板。蠵匾之法，盖折衷隶法于篆书，虽有歪、扁之笔而不失正，是为难能。

【译文】

南唐徐铉善于小篆书法，对着日光看他的小篆作品，笔画的中心都有一缕浓墨，恰在笔画的正中。至于笔画的曲折之处，这缕浓墨也在正中，没有偏侧到笔画两边的。这是由于笔锋直行，既不倒退，也不偏斜，所以以笔锋常在笔画的正中。这是小篆书法正宗的运笔法度。徐铉曾自称"我到晚年才摸索出蝐匾之法"。凡是小篆，一般喜欢瘦而长；折衷使用歪、扁的运笔法度，非具有老到经验的书法家不能做到。

吴道子画圆光

《名画录》①："吴道子尝画佛②，留其圆光，当大会中，对万众举手一挥，圆中运规，观者莫不惊呼。"画家为之，自有法，但以肩倚壁，尽臂挥之，自然中规。其笔画之粗细，则以一指拒壁以为准，自然均匀。此无足奇，道子妙处不在于此，徒惊俗眼耳。

【注释】

① 《名画录》：即朱景玄《唐朝名画录》，旧时载籍又称《唐画断》。朱景玄，吴郡（今江苏苏州）人。官至翰林学士。

按：此下引文非《名画录》原文，今为区别，仍加引号。

② 吴道子：阳翟（今河南禹州）人。唐代著名画家。年轻时浪迹洛阳，玄宗闻其名，召入禁中，改名"道玄"，字道子，授内教博士，又令非有诏不得画。特擅长佛道人物，兼工山水画。

【译文】

《名画录》记载："吴道子有一次画佛像，留着圆形的佛光不画，当无数人聚会来观看时，他对着万众举手一挥，画出来的圆像用圆规画出来的一样，观看的人无不惊呼。"画家这样画圆，自有其办法，只要用肩膀倚住墙壁，完全伸直了胳膊从头顶上挥开去，画出的痕迹自然就合乎圆规的矩度。至于笔画的粗细，则用一个手指抵在墙壁上作为标准，自然画出来就均匀。这无足奇怪，吴道子绘画的精妙之处不在这里，他这做法只不过惊动一下俗人的眼目而已。

晋宋人墨迹

晋、宋人墨迹，多是吊丧问疾书简。唐贞观中，购求前世墨迹甚严，非吊丧问疾书迹，皆入内府。士大夫家所存，皆当日朝廷所不取者，所以流传至今。

【译文】

现存的两晋及刘宋时人物的书法真迹，大都是吊丧问疾的书信之类。唐代贞观年间，搜访购求前世书法真迹的措施非常严格，只要不是吊丧问疾的书信之类，全都入于皇宫的内府。如今士大夫家所收藏的，都是当时朝廷所不收的，所以能够流传到现在。

徐熙与黄筌

国初，江南布衣徐熙①，伪蜀翰林待诏黄筌②，皆以善画著名，尤长于画花竹。蜀平，黄筌并子居宝、居宷、居实，弟惟亮，皆隶翰林图画院，擅名一时。其后江南平，徐熙至京师，送图画院。品其画格，诸黄画花，妙在赋色，用笔极新细，殆不见墨迹，但以轻色染成，谓之"写生"；徐熙以墨笔画之，殊草草，略施丹粉而已，神气迥出，别有生动之意。筌恶其轧己，言其画粗恶不入格，罢之。熙之子乃效诸黄之格，更不用墨笔，直以彩色图之，谓之"没骨图"，工与诸黄不相下，筌等不复能瑕疵，遂得齿院品。然其气韵，皆不及熙远甚也。

【注释】

①徐熙：金陵（今江苏南京）人。南唐时不仕，后入宋。与黄筌并为五代宋初花鸟画不同流派的代表人物。

②黄筌（约903—965）：字要叔，成都（今属四川）人。仕前、后蜀，入宋，官至太子左赞善大夫。与诸子及弟惟亮并善花鸟画，自成一派。

【译文】

本朝立国之初，江南处士徐熙，后蜀翰林待诏黄筌，都以善画著名，尤其擅长画花竹。后蜀平定后，黄筌及诸子居宝、居宷、居实，以及弟惟亮，都入宋而隶籍于翰林图画院，擅画名于一时。此后江南平定，徐熙被征至京师，也送到图画院供职。品评他们的绘画风格，黄氏父子兄弟画花，妙在着色，用笔极为鲜艳细致，几乎看不到墨迹，只以淡淡的色彩染成，他们自称为"写生"；徐熙画花，则是用墨笔画的，特别潦草，然后在水墨上略施彩色，神气便迥然而出，别有一番生动的韵味。黄筌妒忌徐熙超过自己，就说徐熙的画粗糙拙劣不入流，徐熙遂被罢去图画院待诏的职事。徐熙之子于是仿效诸黄的风格，更不用墨笔，而直接用彩色来画，称所画为"没骨图"，且精工与诸黄不相上下，黄筌等也不再能指摘其瑕疵，因而得以列入图画院入品的作品中。然而所谓"没骨图"的气韵，已远不及徐熙的作品。

学书法度

予从子辽喜学书[1]，尝论曰："书之神韵虽得之于心，然法度必资讲学。常患世之作字，分制无法。凡字有两字、三四字合为一字者，须字字可拆；若笔画多寡相近者，须令大小均停。所谓笔画相近，如'殺'字，乃四字合为一，当使'乂'、'木'、'几'、'又'四者大小皆均；如'朩'字，乃二字合，当使'上'与'小'二者大小长短皆均。若笔画多寡相远，即不可强牵使停，寡在左则取上齐，寡在右则取下齐。如从'口'从'金'，此多寡不同也，'唫'即取上齐，'釦'则取下齐；如从'朩'从'又'，及从'口'从'胃'，三字合者，多寡不同，则'叔'当取下齐，'喟'当取上齐。如此之类，不可不知。"又曰："运笔之时，常使意在笔前，此古人良法也。"

【注释】

①从子：侄子。辽：沈辽（1032—1085）。字睿达，
曾任酒税、市舶司、军资库等监官，因事下狱，被
流放。擅长诗文、书法。

【译文】

我的侄子沈辽喜欢学书法，曾经议论说："书法的神韵
虽然要有悟性才能体会到，然而规矩法度是一定要靠讲论学
习的。常见世人写字的毛病，在于合体字各部分的拆合安排
没有章法。凡是一字有用两个字或三四个字合成的，应该使
字字拆开；如果笔画的多寡相近的，要使它们大小匀称。所
谓笔画的多寡相近，如'殺'字，是四个字合为一字的，应
当使'乂'、'木'、'几'、'又'四者的大小都均匀；又如
'朩'字，是两个字合为一字的，应当使'上'与'小'二
者的大小长短都均匀。如果笔画的多寡相差较多，则不可牵
强地使之均匀，笔画少的在左就在上面取齐，笔画少的在
右就在下面取齐。如从'口'从'金'，这是笔画多寡不同
的，二者合成'唫'字即在上面取齐，合成'釦'字则在下
面取齐；又如从'朩'从'又'，及从'口'从'胃'，都是
三个字合成一字的，两边笔画的多寡不同，则'叔'字应当
在下面取齐，'喟'字应当在上面取齐。诸如此类，都不可
不知道。"又说："运笔的时候，要常使每一笔的书写法度在
落笔之前已在心中形成，这是古人练习书法的良好方法。"

王羲之《乐毅论》石刻

王羲之书，旧传唯《乐毅论》乃羲之亲书于石，

其他皆纸素所传。唐太宗衷聚二王墨迹，唯《乐毅论》石本在，其后随太宗入昭陵①。朱梁时，耀州节度使温韬发昭陵得之②，复传人间。或曰，公主以伪本易之，元不曾入圹③。本朝入高绅学士家④。皇祐中，绅之子高安世为钱塘主簿，《乐毅论》在其家，予尝见之。时石已破缺，末后独有一"海"字者是也。其家后十余年，安世在苏州，石已破为数片，以铁束之。后安世死，石不知所在。或云苏州一富家得之。亦不复见。今传《乐毅论》皆摹本也，笔画无复昔之清劲。羲之小楷字，于此殆绝。《遗教经》之类，皆非其比也。

【注释】

①昭陵：唐太宗陵墓。

②温韬（tāo）：华原（今陕西耀县）人。唐末为华原镇将，降于后梁，曾盗发唐诸帝陵墓。后唐明帝时被赐死。

③圹（kuàng）：墓穴。

④高绅：鄞县（今属浙江）人。为真宗朝宰相王钦若亲戚，曾屡任馆职，又历转运使、经略使等。

【译文】

王羲之的书法作品，旧时相传只有《乐毅论》是王羲之亲笔书写于石的，其他都是以纸本或绢本流传。唐太宗搜集王羲之父子的墨迹，只有《乐毅论》的石刻尚在，后来太宗去世时被随葬于昭陵。朱氏后梁时，耀州节度使温韬盗发昭陵，得到《乐毅论》石刻，才使之复传于世间。也有人说，此石刻在随葬时，被太宗公主用伪造的石刻调换了，真石刻原不曾入墓穴。此石刻到本朝入于高绅学士家。皇祐年间，高绅之子高安世为钱塘主簿，《乐毅论》石刻在其家，我曾见到过。此时石刻已破损残缺，其文最末只剩一个"海"字的那一块就是。此后十余年，高安世家在苏州，石刻已破裂为好几片，用铁箍箍在一起。后来高安世死去，石刻也不知所在。或说石刻流落到了苏州的一个富豪家里，然而也没有人再见到过。现在流传的《乐毅论》都是石刻本的摹本，笔画已没有先前石刻本的清劲之风。王羲之的小楷字作品，大概到此就绝迹了。至于《遗教经》之类，则都不能和这幅作品相比。

董源、巨然山水画

　　江南中主时[①]，有北苑使董源善画[②]，尤工秋岚远景，多写江南真山，不为奇峭之笔。其后建业僧巨然祖述源法[③]，皆臻妙理[④]。大体源及巨然画笔皆宜远观，其用笔甚草草，近视之几不类物象，远观则景物粲然，幽情远思，如睹异境。如源画《落照图》，近视无功，远观村落杳然深远，悉是晚景，远峰之顶宛有反照之色，此妙处也。

【注释】

①江南中主：即南唐皇帝李璟（916—961）。公元942年即位，后为后周所攻，去帝号，改称"江南国

主”。

②董源：字叔达，钟陵（今江西进贤）人。南唐画家。擅长水墨山水画，为当时南方山水画流派的主要代表人物之一。

③巨然：五代宋初画家。初为江宁开元寺僧，后随南唐后主降宋入汴京，居开宝寺。继承董源水墨山水画风而有发展，世称“董巨”。

④臻（zhēn）：达到。

【译文】

江南中主在位时，有北苑使董源擅长绘画，尤其精工于秋天雾霭远景的画作，多描写江南的真山真水，而不用奇特峻峭的笔法。后来建业僧人巨然继承董源的画法，都达到出神入化的境界。大体董源及巨然的水墨画作都应该远观，他们的用笔甚为潦草，靠近观看几乎不似物类形象，远看则景物粲然呈现，寄托幽远的情思，如使人目睹胜境奇观。如董源所画的《落照图》，近看不见有什么功夫，远观则村村落落邈然深邃悠远，全是一派日落远山时的晚景，远方的峰顶宛然有落日返照的霞光，这正是他的画作的奇妙之处。

技艺

　　本门所记各项技能、技术，有重要材料。如：（1）介绍喻皓《木经》的建筑技术；（2）介绍毕昇发明活字印刷的技术；（3）介绍沈括本人的数学成就，包括隙积术（有间隙垛体体积的计算方法）、会圆术（由已知圆的直径和圆弧的高求圆弧弧长的方法）、棋局都数（围棋变局总数）的计算方法及算术简捷方法等；（4）介绍天文历算家卫朴的事迹；（5）介绍制弓的原理和技术。另有谈及古代弹棋、"格五"棋、四人围棋及西戎羊卜的材料，也具有文化史的意义。原载尚有5条医学材料和两条书法材料，可分别与"药议"、"书画"门的记载合并阅读。

卷十八

喻皓《木经》

营舍之法，谓之《木经》，或云喻皓所撰①。凡屋有"三分去声"：自梁以上为"上分"，地以上为"中分"，阶为"下分"。凡梁长几何，则配极几何②，以为榱等③。如梁长八尺，配极三尺五寸，则厅堂法也。此谓之"上分"。楹若干尺④，则配堂基若干尺，以为榱等。若楹一丈一尺，则阶基四尺五寸之类，以至承栱、榱桷皆有定法⑤，谓之"中分"。阶级有"峻"、"平"、"慢"三等；宫中则以御辇为法⑥：凡自下而登，前竿垂尽臂，后竿展尽臂，为"峻道"⑦；荷辇十二人：前二人曰"前竿"，次二人曰"前绠"；又次曰"前胁"，后二人曰"后胁"；又后曰"后绠"，末后曰"后竿"。辇前队长一人曰"传唱"，后一人曰"报赛"。前竿平肘，后竿平肩，为"慢道"；前竿垂手，后竿平肩，为"平道"。此之谓"下分"。其书三卷。近岁土木之工益为严善，旧《木经》多不用，未有人重为之，亦良工之一业也。

【注释】

①喻皓：浙东人。北宋前期建筑师。曾被欧阳修称为"国朝以来木工"第一人。

②极：屋顶。实指屋顶与横梁之间的垂直高度。

③榱（cuī）等：同"衰等"，等级，比例。

④楹：支撑横梁的木柱。

⑤承栱：即斗拱，梁和柱之间的承重结构。榱桷（jué）：椽子。

⑥御辇：此指皇帝专坐的轿。

⑦"凡自下而登"四句：抬御辇升阶，当抬辇者都在台阶上时，最前面的二人（前竿）手臂自然下垂到手能握竿的最低度（"垂尽臂"），最后面的二人（后竿）则手臂上举到手能握竿的最高度（"展尽臂"），以此保持前后的平衡。这样的台阶比较陡，所以叫作"峻道"。下述"慢道"、"平道"，坡度依次降低，文意参此。

【译文】

关于屋舍的营造技术，有一部专门讨论的书籍叫做《木经》，有的说是喻皓所撰。此书将屋舍建筑概括为"三分去声"：自梁以上为"上分"，梁以下、地面以上为"中分"，台阶为"下分"。凡是梁长多少，则梁到屋顶的垂直高度就相应地配多少，以此定出比例。如梁长八尺，梁到屋顶的高度就配三尺五寸，这是厅堂的规格。这叫做"上分"。柱子高若干尺，则堂基就相应地配若干尺，也以此定出比例。如柱子高一丈一尺，则堂前大门台阶的宽度就配四尺五寸之类，以至于斗拱、椽子等都有固定的尺寸，这叫做"中分"。台阶则有"峻"、"平"、"慢"三种；皇宫内是以御辇的出入为标准的：凡是抬御辇自下而上登台阶，前竿下垂尽手臂之长，后竿上举也尽手臂之长，这样才能保持平衡的台阶叫做"峻道"；抬辇的共有十二人：前二人称

"前竿"，其次二人称"前绁"；又其次二人称"前胁"，其后二人称"后胁"；再后二人称"后绁"，最后二人称"后竿"。御辇的前面有队长一人称"传唱"，御辇的后面有一人称"报赛"。前竿与肘部相平，后竿与肩部相平，这样才能保持平衡的台阶叫做"慢道"；前竿下垂尽手臂之长，后竿与肩部相平，这样就能保持平衡的台阶叫做"平道"。这些叫做"下分"。其书共有三卷。近年土木建筑的技术更为严谨完善了，已多不用旧时的《木经》，然而还没有人重新编写一部这样的书，这也应该是优秀的木工值得留意的一项业内之事。

毕昇发明活字印刷

　　板印书籍，唐人尚未盛为之，自冯瀛王始印五经已后[①]，典籍皆为板本。庆历中，有布衣毕昇又为活板。其法，用胶泥刻字，薄如钱唇，每字为一印，火烧令坚。先设一铁板，其上以松脂、腊和纸灰之类冒之[②]，欲印则以一铁范置铁板上，乃密布字印。满铁范为一板，持就火炀之，药稍熔[③]，则以一平板按其面，则字平如砥。若止印三二本，未为简易；若印数十百千本，则极为神速。常作二铁板，一板印刷，一板已自布字，此印者才毕，则第二板已具，更互用之，瞬息可就。每一字皆有数印，如"之"、"也"等字，每字有二十余印，以备一板内有重复者。不用则以纸贴之，每韵为一贴，木格贮之。有奇字素无备者，旋刻之，以草火烧，瞬息可成。不以木为之者，木理有疏密，沾水则高下不平，兼与药相粘不可取。不若燔土④，用讫，再火令药镕，以手拂之，其印自落，殊不沾污。昇死，其印为予群从所得，至今保藏。

【注释】

①冯瀛王：即冯道。后唐时曾与同为宰相的李愚一起奏请，令国子监雕印"九经"。其事到后周时始完成，前后历时二十余年。已后：同"以后"。

②腊：通"蜡"。和：掺和。

③药：指上面所说的松脂、腊等。习俗上某些用料也可称"药"，如"火药"。镕（róng）：后作"熔"，熔化。

④燔（fán）：烧。

【译文】

用雕刻木版的方法印制书籍，在唐代还没有盛行，自从冯瀛王奏请开始雕印五经以后，传统经典就都已是木刻的版本了。庆历年间，有平民毕昇又发明了活字板。他的做法是用胶泥刻字，像铜钱的边沿那样厚薄，每个字做成一个印，用火烧过使它变得结实。预先备置一块铁板，在上面覆盖一层用松脂、蜡掺和纸灰之类做成的材料，要印书的时候，再在铁板上放置一个铁制的模子，就在模子里密实地排列字印。满一模子为一版，就拿铁板到火上烤，等到铁板上覆盖的材料稍稍熔化的时候，即用一块平板按压字印的版面，这样字印的版面就平如砥石了。如果只是印三两本书，这办法未见得简易；如果要印数十本、上百本甚至上千本书，那么这办法就显得非常快。活字印刷通常要做两块铁板，这一版在印刷时，另一版已开始排字，这一版刚刚印完，第二板已准备好了，交替着使用，转眼工夫就可以办理停当。每一字都有几个印，像"之"、"也"等字，每字有二十多个印，以预备一版文字中有重复的。不用的时候，就把字印贴到纸上，像字典那样按韵部排列，每一韵的字为一贴纸，存放在木架上。有些不常见的冷僻字平时没有备下，用时立即现刻，用草火烧制，也转眼可成。活字所以不用木制，是因为木材的纹理有疏密，沾水之后就高低不平，同时又容易与铁板上垫铺的材料粘在一起取不下来。不如用烧泥的办法制活字，用完了，再放到火上烤一烤，让下面的材料熔化，然后用手一抹，字印就都掉下来了，而且一点都不会弄脏。毕昇死后，他的字印被我的侄子收存，至今还保藏着。

卫朴精于历术

淮南人卫朴精于历术，一行之流也。《春秋》日蚀三十六，诸历通验，密者不过得二十六七，唯一行得二十九；朴乃得三十五，唯庄公十八年一蚀，今古算皆不入蚀法，疑前史误耳。自夏仲康五年癸巳岁至熙宁六年癸丑，凡三千二百一年，书传所载日蚀凡四百七十五，众历考验虽各有得失，而朴所得为多。朴能不用算推古今日月蚀①，但口诵乘除，不差一算②。凡大历悉是算数③，令人就耳一读，即能暗诵；"旁通历"则纵横诵之④。尝令人写历书，写讫，令附耳读之，有差一算者，读至其处，则曰"此误某字"，其精如此。大乘除皆不下，照位运筹如飞⑤，人眼不能逐。人有故移其一算者，朴自上至下手循一遍，至移算处则拨正而去。熙宁中撰《奉元历》，以无候簿⑥，未能尽其术，自言得六七而已，然已密于他历。

【注释】

① 不用算：不用计算工具。古人以算筹为计算工具，有专用的盘，故后来称珠算工具为"算盘"。据现在所知，宋代珠算的算盘可能已比较流行，但仍常用算筹。又，从沈括本条的记录来看，卫朴晚年可能视力已很差，或者已目盲。

② 一算：犹今言一个数。每个数都可看成是一次运算，故称"一算"。

③ 大历：指正式制定的历法书。

④ 旁通历：当是指历史年表一类的工具书。这类年表通常以历法年代（或称"长历"）与各朝代的纪年相对照，纵横交错列成表格，古人称为"旁行斜上"或"旁通"。历法的制定需要参考历史纪年。

⑤ "大乘除"二句：指卫朴用算筹运算时，不用像现在列算式一样，一步一步摆下去，只按照数位放置或移动少量算筹，即可得出结果。犹如现在精于珠算者，不用从个位数打起，只从高位拨珠，后面的珠子稍作调整，便已得出结果。古人用算筹乘除，被

乘数和被除数放在上边叫"上位"，乘数和除数放在下边叫"下位"，中间为运算的位置叫"中位"。

⑥候簿：候天的记录簿，即观测记录。

【译文】

淮南人卫朴精通历法，在这方面是不亚于唐僧一行的人物。《春秋》一书中记载了三十六次日食，历代历法学者通加验证，一般认为所记与实际天象密合的不过有二十六七次，只有一行证明有二十九次；而卫朴则证明有三十五次，只有庄公十八年的一次日食，与古今学者对日食发生日期的推算都不合，怀疑是《春秋》记错了。从夏代仲康五年癸巳岁到宋代熙宁六年癸丑岁，凡三千二百零一年，各种书籍所记载的日食共有四百七十五次，以往各种历法的推考检验虽各有得失，而卫朴所得出的合乎实际的结论要较前人为多。卫朴不用计算工具就能够推算古今的日月食，加减乘除都只用口算，却一个数都不会错。凡是正式制定的历法书，全都是一大堆计算程序和数字，卫朴叫人在耳边读一遍，就能够背下来；对于历表和各种年表，他也都能纵横背诵。他曾让人抄写历书，抄写完毕后，叫抄写的人贴着他的耳朵读一遍，有哪个地方错了一个数，读到那地方时，他就说"某字抄错了"，他的学问竟能精湛到这样的程度。他用算筹运算时，很大数字的乘除都不用一步一步摆下去，只照着数位运筹如飞，人的眼睛都跟不上。有人曾故意移动了他的一只算筹，他从上到下用手摸了一遍，到被移动的地方，又随手拨正而离开。熙宁年间制定《奉元历》，因为没有实际的观测记录，卫朴未能全部发挥他的才能和知识，他自己也说这部历法的可靠性大约只有六七成，然而已比其他历法要精密一些。

梵天寺木塔

钱氏据两浙时[①]，于杭州梵天寺建一木塔。方两三级，钱帅登之[②]，患其塔动。匠师云："未布瓦，上轻，故如此。"乃以瓦布之，而动如初。无可奈何，密使其妻见喻皓之妻，赂以金钗，问塔动之因。皓笑曰："此易耳。但逐层布板讫，便实钉之，则定不动矣。"匠师如其言，塔遂定。盖钉板上下弥束，六幕相联如胠箧[③]，人履其板，六幕相持，自不能动。人皆服其精练。

【注释】

①钱氏：指五代至宋初吴越政权。907年钱镠为吴越
　　王，建都杭州，至978年钱俶降于宋。

②钱帅：指钱俶。钱俶曾被后周封为天下兵马大元帅。

③胠箧（qūqiè）：打开的箱子。

【译文】

吴越钱氏占据两浙时，曾在杭州梵天寺建造一座木塔。刚建了两三层，国主钱俶登上去，就担心塔的晃动。工匠师说："还没有上瓦，上面轻，所以感觉这样。"于是将瓦铺上去，而晃动还和先前一样。工匠师无可奈何，暗地里让他的妻子去见喻皓的妻子，并送金钗作为礼物，询问塔动的原因。喻皓笑笑说："这是很容易的事。只要逐层安装

木板完毕，便用钉子将木板都钉死，塔就固定而不会晃动了。"工匠师按他的话去做，塔遂固定。这是由于钉死的木板上下约束得更紧，六面木板相互关联如同一个打开的大箱子，人走在上面，六面互相支撑，自然就晃动不了了。人们都佩服喻皓的精明练达。

器用

　　卷十九以"器用"为类名，用现在的术语来表达，即可称为古器物学。卷中所涉及的古器物，包括铜黄彝、铜钲、蒲璧、谷璧、罍、吴钩、矢服、弩机、神臂弓（偏架弩）、沈卢剑、鱼肠剑、凸面镜、肺石、钱币、透光镜、有矩弩机、铜匜、铁甲、玉钗、古印章、玉辂等，大都是作者亲见的实物。古器物学的研究，宋初编制的《三礼图》是不足为据的，所以沈括在本卷第一条即对《三礼图》提出批评，而这种批评以实物为依据，固无可辩驳。接下第二条谈罍的文饰，用的也是同样的方法："礼书言罍画云雷之象，然莫知雷作何状。今祭器中画雷，有作鬼神伐鼓之象，此甚不经。予尝得一古铜罍，环其腹皆有画，正如人间屋梁所画曲水，细观之，乃是云、雷相间为饰。"作者并考证古"云"字"象云气之形"，古"雷"字象打雷的"回旋之声"，都凿凿有据。北宋古器物学的发展，大致到嘉祐间刘敞作《先秦古器图记》、欧阳修作《集古录》，才开出新局面；元祐间李公麟作《古器图》、吕大临作《考古图》，使这门学问进一步成熟；下至宋徽宗在位时，则宣和殿收藏古铜器达数万件，古器物学也因之一时大盛，并编出了集成式的《宣和博古图》。沈括所记的古器物有限，但他往往以科学的眼光作观察，别有一番意味，这是不同于普通的描述性考证的。本卷原载共有 19 条，这里录入了 15 条，基本上可以反映沈括在这方面的思维路向。

卷十九

《三礼图》之误

礼书所载黄彝[①]，乃画人目为饰，谓之"黄目"。予游关中，得古铜黄彝，殊不然。其刻画甚繁，大体似缪篆[②]，又如阑盾间所画回波曲水之文[③]。中间有二目，如大弹丸，突起煌煌然，所谓"黄目"也。视其文，髯髭有牙角口吻之象，或说"黄目"乃自是一物。又予昔年在姑熟王敦城下土中得一铜钲[④]，刻其底曰"诸葛士全茖鸣钲"。"茖"即古"落"字也，此"部落"之"落"，"士全"部将名耳。钲中间铸一物，有角，羊头，其身亦如篆文，如今时术士所画符。傍有两字，乃大篆"飞廉"字，篆文亦古怪，则钲间所图，盖飞廉也。飞廉，神兽之名。淮南转运使韩持正亦有一钲[⑤]，所图飞廉及篆字与此亦同。以此验之，则"黄目"疑亦是一物。飞廉之类，其形状如字非字，如画非画，恐古人别有深理。大抵先王之器皆不苟为，昔夏后铸鼎以知神奸[⑥]，殆亦此类。恨未能深究其理，必有所谓。或曰：《礼图》樽彝皆以木为之，未闻用铜者。此亦未可质，如今人得古铜樽者极多，安得言无？如《礼图》瓮以瓦为之，《左传》却有"瑶瓮"；律以竹为之，晋时舜祠下乃发得玉律。此亦无常法。如蒲谷璧[⑦]，《礼图》悉作草稼之象，今世人发古冢得蒲璧，乃刻文蓬蓬如蒲花敷时[⑧]，谷璧如粟粒耳，则《礼图》亦未可为据。

【注释】

①礼书：此指宋初聂崇义奉敕编撰的《三礼图集注》，简称《三礼图》。本条下文所称的《礼图》皆指此书。此书大量采集旧时所传的古器物图绘加以整理增补，然无实物参照，臆测很多，尤其所作新图，十之八九不可依据。

②缪篆：古人所用的一种笔画屈曲缠绕的特殊字体，秦、汉以后主要用于印章。沈括此处用以喻指铜器纹饰的繁缛。

③阑盾：同"栏楯"，栏杆。回波曲水之文：即一般所称"回旋纹"或"水波纹"。此指刻在宫殿前石陛（阶）上的纹饰。文，同"纹"。

④姑熟：亦作"姑孰"，今安徽当涂。王敦（266—324）：东晋大臣。钲（zhēng）：古代行军时所用的一种乐器。

⑤韩持正：即韩存中。字持正，颍川（今河南许昌）人。北宋末官至侍郎。

⑥"昔夏后"句：相传夏后氏首领大禹曾铸铜鼎，在上面铸刻鬼神百物，以使民众知道神灵和鬼怪，求福避灾。

⑦璧：扁平而圆形的中间有孔的玉器。

⑧刻文蓬蓬如蒲花敷时：指所刻纹饰茂密像蒲席编织的花纹铺开时的样子。蓬蓬，繁盛貌。后世出土的蒲璧皆如沈括所说。

【译文】

《三礼图》所载录的黄彝这种器物，是画人的眼睛为装饰的，称之为"黄目"。我游历关中时，曾得到一件黄彝古铜器，根本不是这个样子。这件古铜器所刻画的纹饰甚为繁缛，大体上类似屈曲缠绕的缪篆文字，而又如同宫殿前栏杆之间的石陛上所刻画的回旋水波纹。其纹饰中间有两只眼睛，像两个大弹丸，突起于铜器表面，煌煌然发亮，这大概就是所谓的"黄目"。看它的纹饰，仿佛还有牙齿、角、口和嘴唇的形象，所以有人说"黄目"可能自是一种动物。我当年又曾在姑熟王敦所建城下的土中得到一件铜钲，其底部刻有"诸葛士全茖鸣钲"的文字。"茖"就是古"落"字，在这里是"部落"的"落"，"士全"应该就是王敦部将的名字。钲的中间铸有一个动物，有角，头像羊头，身子的线条如同缪篆，就像现今术士所画的符篆。旁边有两个字，是大篆的"飞廉"二字，篆文也很古怪，那么这件钲的中间所铸的图形大约就是飞廉的形象。飞廉是古代相传的一种神兽的名称。淮南转运使韩持正也有一件钲，那上面所铸的飞廉图形和篆字，与我的这一件也相同。据此推论，那么"黄目"也有可能是一种动物。此等飞廉之类，其形状似字非字，似画非画，恐怕古人别有深意。大抵古代先王的礼器都不是随便制作的，从前夏后氏铸鼎以使民知神奸，大概也是这类器物。遗憾的是现在还未能深入研究揭示其中的道理，然而古人这样做一定是有所寓意的。有人说，《三礼图》所画的樽彝都是木制的，没有听说有铜制的。这点也经不起质证，如现在人们获得的古铜樽已经极多，怎么能说古代没有铜制的礼器呢？如《三礼图》中的瓮是陶制的，而《左传》中却有玉制的"瑶瓮"；律管是竹制的，而晋代在舜祠下便发掘出了玉制的律管。这些也是没有常规的。又如蒲璧和谷璧，《三礼图》都在璧的表面上画几棵草或庄稼的图案作为它们的装饰，而现在世人发掘古墓所得到的蒲璧，却是刻纹茂密像蒲席的编织花纹铺开时的样子，谷璧则不过是璧的表面密排的圆形突起有如米粒而已，可见《三礼图》也未可作为依据。

吴钩

唐人诗多有言吴钩者。吴钩，刀名也。刀弯，今南蛮用之，谓之"葛党刀"。

【译文】

唐人诗作多有言及吴钩的。吴钩是刀名。刀是弯的，现在南方一些土著部族还在用，称之为"葛党刀"。

革囊纳声

古法，以牛革为矢服，卧则以为枕。取其中虚，附地枕之，数里内有人马声，则皆闻之。盖虚能纳声也。

【译文】

古人有一种方法，是以牛皮制成的革做箭袋，睡卧时就以这革袋当枕头。这是利用革袋中空的特点，把它贴到地面枕上去，数里之内有人马的声音，就都能够听到。大抵凡是中空之物就能够接纳声波。

神臂弓

熙宁中，李定献偏架弩①，似弓而施干镫②。以镫距地而张之③，射三百步，能洞重札④，谓之"神臂弓"，最为利器。李定，本党项羌酋，自投归朝廷，官至防团而死⑤，诸子皆以骁勇雄于西边。

【注释】

①偏架弩：机械弓的一种。弓架上无箭槽，发射时箭在弓架一边，故名。

②干（gàn）镫：犹如铁制的马镫，用脚踩踏以张弓。

③距：亦作"拒"，抵。

④重（chóng）札：两层或多层的铠甲。

⑤防团："防御使"、"团练使"的合称。前者高于后者。皆为武臣阶官。

【译文】

熙宁年间，李定向官府献进偏架弩，像一般的弩弓而安装了一种干镫。用脚踏干镫抵于地面开弓，箭射出三百步远，还能洞穿多层铠甲，当时称之为"神臂弓"，是最厉害的武器。李定本是党项羌族人的酋长，自从投归朝廷，历官至团练使、防御使而去世，他的几个儿子都以骁勇善战称雄于西部边陲。

沈卢、鱼肠

古剑有"沈卢"、"鱼肠"之名沈音湛①。"沈卢"，谓其湛湛然黑色也。古人以剂钢为刃②，柔铁为茎干，不尔则多断折。剑之钢者，刃多毁缺，"巨阙"是也，故不可纯用剂钢。"鱼肠"，即今蟠钢剑也③，又谓之"松文"④，取诸鱼燔熟⑤，褫去胁⑥，视见其肠，正如今之蟠钢剑文也。

【注释】

①沈卢："沈"即古"沉"字，"湛"字古读亦如"沉"。卢，黑色。

②剂钢：即今所称"合金钢"，也就是统称的"钢"。古人以为这种钢掺入了其他成分（剂），有杂质，不是纯钢，故称"剂钢"。

③蟠钢剑：饰蟠龙纹的钢剑。

④松文：同"松纹"。因松树的皴皮纹似蟠龙，故蟠龙剑又称"松文剑"。

⑤取诸：取之于。指"鱼肠"之名的取义而言。

⑥褫（chǐ）：剥去。

【译文】

古代的名剑有叫"沈卢"、"鱼肠"的沈，音湛。"沈卢"的意思，是说它的色泽湛湛然又黑又亮。古人以含有杂质的钢为剑刃，以熟铁为剑身，不这样剑就容易折断。用钢铸的剑，剑刃会多有毁缺，古时相传的"巨阙"就是这种剑，所以铸剑不可纯用含有杂质的钢。以"鱼肠"为名的

剑，就是现在的蟠钢剑，其名又叫"松纹"；这"鱼肠"的
名字是这样来的：把鱼煮熟，剥去它两边的肉，露出它的
肠子看一看，就知道其肠正像现在蟠钢剑的花纹。

汉墓石刻壁画

济州金乡县发一古冢①，乃汉大司徒朱鲔墓，石
壁皆刻人物、祭器、乐架之类。人之衣冠多品②，有
如今之幞头者，巾额皆方，悉如今制，但无脚耳③。
妇人亦有如今之"垂肩冠"者，如近年所服角冠④，
两翼抱面，下垂及肩，略无小异。人情不相远，千
余年前冠服已尝如此。其祭器亦有类今之食器者。

【注释】

①金乡县：今属山东。

②品：种类。

③脚：指幞头的垂带。

④角冠：唐代女道士多服一种宽大的白角冠，或下垂
　及肩，时称"垂肩冠"或"等肩冠"。宋代宫廷妇
　女曾一度流行用这种冠饰，后被禁止。

【译文】

济州金乡县发掘出一座古墓，是东汉初大司徒朱鲔的
墓，墓室的石壁上都刻有人物、祭器、乐架之类的图像。
人物的衣冠服饰多种多样，有一种头巾像今天的幞头，头
巾的前面都是方形的，完全和今天的式样相同，只是没有
垂带。妇人所戴也有像今人所称的"垂肩冠"的，类似近

年所服的角冠，两侧的巾布包着脸面，下垂到肩部，几乎连小小的差异都没有。是知人情相近而不相远，千余年前的冠服已曾是这个样子。墓室图像中的祭器也有类似今天的食器的。

凸面镜

古人铸鉴，鉴大则平，鉴小则凸。凡鉴洼则照人面大，凸则照人面小。小鉴不能全视人面，故令微凸，收人面令小，则鉴虽小而能全纳人面；仍复量鉴之大小，增损高下，常令人面与鉴大小相若。此工之巧智。后人不能造，比得古鉴[①]，皆刮磨令平，此师旷所以伤知音也[②]。

【注释】

①比：及，等到。

②师旷：春秋时晋国宫廷乐师。

【译文】

古人铸造铜镜时，镜面大就铸成平的，镜面小就铸成凸的。凡是镜面凹的照人脸就大，镜面凸的照人脸就小。小镜子不能全看到人的脸，所以让它微微凸起，使收进去的人脸变小，这样镜子虽小而能全装下人的脸；又再打量镜子的大小，增减镜面的高低，常使收进去的人脸总是与镜面的大小差不多。这是古代工艺所体现的精巧和智慧。后人造不出这样的铜镜，等到得到古铜镜，又都加以刮磨使镜面变平，这就是师旷为什么会感伤知音难遇的原因。

唐肺石

长安故宫阙前，有唐肺石尚在。其制如佛寺所击响石而甚大，可长八九尺，形如垂肺；亦有款志①，但漫剥不可读。按《秋官·大司寇》："以肺石达穷民。"原其义，乃伸冤者击之，立其下，然后士听其辞②，如今之挝登闻鼓也③。所以肺形者，便于垂；又肺主声，声所以达其冤也。

【注释】

①款志：也写作"款识"，指金石器物上铸刻的文字。

②士：古代掌狱讼的官。

③挝（zhuā）：击。登闻鼓：古代设于朝堂下，许臣民击之而言事或申冤的鼓。始于晋代，后世沿之。宋代有登闻鼓院，专职收受臣民章奏。

【译文】

长安旧宫阙的前面，还有一块唐代的肺石在。这肺石的形制像佛寺所敲击的响石，相当大，大约长八九尺，形状像下垂的肺；上面也刻有文字，但已漫漶剥落不能识读。按《周礼·秋官·大司寇》记载："以肺石达穷民。"推究这记载的意思，应该是说申冤者敲击肺石，立于其下，然后治狱讼的官来听他的申述，就像今天的挝击登闻鼓。它所以是肺形，是为了便于悬挂；而肺又是主导发声的器官，声音又是用以上达其冤屈的。

顺天得一钱

熙宁中，尝发地得大钱三十余千文①，皆"顺天"、"得一"。当时在庭皆疑古无"得一"年号，莫知何代物。予按《唐书》：史思明僭号②，铸"顺天"、"得一"钱。"顺天"乃其伪年号；"得一"特以名铸钱耳，非年号也。③

【注释】

①大钱：也称"重钱"，指较重的钱，即面额较高的钱。史载史思明所铸大钱，一枚当"开元通宝"一百枚。

②史思明（？—761）：唐代"安史之乱"头目之一。公元759年自称帝，后被其子所杀。

③杂史记载史思明初铸"得一元宝"钱，旋以部下言"得一"不吉利，又改为"顺天元宝"。其钱在乱平后无用，被收集铸为佛像，而流落民间者尚多。

【译文】

熙宁年间，曾因掘地采集到大钱三十多千文，都是"顺天元宝"和"得一元宝"。当时朝廷诸臣都怀疑古代没有"得一"年号，不知这些钱是哪个朝代的。我检查《唐书》记载：史思明僭越称帝号，铸"顺天"、"得一"钱。"顺天"是史思明伪政权的年号；"得一"只是他所铸钱的称谓，不是年号。

透光镜

世有透光鉴，鉴背有铭文，凡二十字，字极

古，莫能读。以鉴承日光，则背文及二十字皆透在屋壁上①，了了分明②。人有原其理，以谓铸时薄处先冷，唯背文上差厚，后冷而铜缩多；文虽在背，而鉴面隐然有迹，所以于光中现。予观之，理诚如是。然予家有三鉴，又见他家所藏，皆是一样，文画铭字无纤异者，形制甚古，唯此一样光透，其他鉴虽至薄者，皆莫能透。意古人别自有术。

【注释】

①文：同"纹"。下同。

②了了：形容很清楚。

【译文】

民间流传一件透光的铜镜，镜的背面有铭文，共二十个字，字体极古老，不能识读。用镜面接太阳光，铜镜背面的花纹及二十个字就都透射在屋壁上，十分清楚分明。有人推究这一现象的道理，以为铸铜镜时，薄的地方先冷，而背面有花纹及文字的地方要厚一些，这些地方冷得慢，铜就收缩得多一些；花纹虽在背面，而在镜面上仍然隐约存留着它们的痕迹，所以在日光照射下就显示出来了。依我所观察，这一现象的原理确实如此。然而我家里有三面铜镜，又曾见到他人家里所藏的一面，都是一个样式，纹饰图画和铭文字体几乎没有丝毫的差异，形制都很古老，而只有这一面能够透光，其他镜子即使最薄的，也都不能透光。我猜想古人可能自有一套特别的制作技术。

弩机矩度

予顷年在海州①，人家穿地得一弩机②。其望山甚长③，望山之侧为小矩④，如尺之有分寸。原其意，以目注镞端⑤，以望山之度拟之，准其高下，正用算家勾股法也⑥。《太甲》曰："往省括于度则释⑦。"疑此乃"度"也。汉陈王宠善弩射⑧，十发十中，中皆同处。其法以"天覆地载，参连为奇，三微三小，三微为经，三小为纬，要在机牙"。其言隐晦难晓，大意"天覆地载"，前后手势耳；"参连为奇"，谓以度视镞，以镞视的，参连如衡⑨，此正是勾股度高深之术也；"三经三纬"，则设之于栅⑩，以志其高下左右耳。予尝设三经三纬，以镞注之，发矢亦十得七八；设度于机，定加密矣。

【注释】

①顷年：近年。海州：今江苏连云港海州区。

②弩机：弩弓的发射装置。又称"弩牙"。

③望山：弩机的组成部件。在机键的上面，用以瞄准，犹今之"准星"。

④小矩：小型的直角形矩尺。

⑤镞（zú）：箭头。

⑥勾股法：即今所称"勾股定理"，亦即直角三角形的斜边正方形面积等于其两条直角边正方形面积之和的定理。

⑦省（xǐng）括于度则释：语见《尚书·太甲上》。意

谓看准了箭杆的尾端合于瞄准的度数就发射。省，观察。括，指箭杆的尾部接触弓弦的部分。释，放出。

⑧陈王宠：即刘宠（？—197）。东汉末陈孝王刘承之子。曾镇压"黄巾起义"，后为袁术所杀。

⑨参：读为"三"。衡：平，水平。

⑩堋（péng）：设置箭靶的矮墙。也指靶场。

【译文】

我近年在海州，见有户人家挖地得到一件弩机。这弩机的瞄准部件相当长，瞄准部件旁边有一小矩尺，如同普通的有分寸刻度的矩尺。推究其意，是在发射时以眼目注视箭头的端点，用瞄准部件的度数测算发射的角度，以调整箭头的高下，用的正是算术家的勾股法。《尚书·太甲》说："往省括于度则释。"我怀疑这件弩机的小矩尺就是《太甲》篇所说的"度"。汉末陈王刘宠善于弩弓发箭，号称十发十中，并且每次射中的都是同一个靶心。史书记载他的办法是"天覆地载，参连为奇，三微三小，三微为经，三小为纬，要在机牙"。这些话隐晦难明白，揣测其大意："天覆地载"，大约不过是指发射时用以指示调整前后高下的手势；"参连为奇"，说的是按瞄准部件的度数注视箭头，通过箭头注视靶的，使瞄准部件、箭头、靶的三者连在同一条水平线上，这正是利用勾股定理测量高下浅深的方法；"三经三纬"，则是设在靶墙上的三条纵线和三条横线，用来标志箭靶的高低左右。我曾按这办法设置三经三纬，以箭头瞄准，发箭也十中七八；若设刻度于弩机上，那么命中的精密度一定会更高。

青堂羌善锻甲

　　青堂羌善锻甲^①，铁色青黑，莹彻可鉴毛发。以麝皮为绲旅之^②，柔薄而韧。镇戎军有一铁甲^③，櫝藏之，相传以为宝器。韩魏公帅泾原^④，曾取试之，去之五十步，强弩射之，不能入。尝有一矢贯札^⑤，乃是中其钻空^⑥，为钻空所刮，铁皆反卷，其坚如此。凡锻甲之法，其始甚厚，不用火，冷锻之，比元厚三分减二乃成^⑦。其末留箭头许不锻，隐然如瘊子^⑧，欲以验未锻时厚薄，如浚河留土笋也^⑨，谓之"瘊子甲"。今人多于甲札之背，隐起伪为瘊子；虽置瘊子，但元非精钢，或以火锻为之，皆无补于用，徒为外饰而已。

【注释】

①青堂羌：亦作"青唐羌"。原为吐蕃族的一支，后据青唐城（在今青海西宁）建立政权。北宋时所称"青唐羌"，实指唃厮啰政权所属的藏人。

②以麝皮为绲旅之："绲"字不见于字书，疑为"裲"字之误。"裲"即裲裆，即今所称背心。"旅"疑为附着之意。如是，此句意谓以麝皮为背心而缀以甲片。

③镇戎军：行政区划名，治今宁夏固原。

④韩魏公：即韩琦（1008—1075）。北宋宰相。曾为陕西四路经略安抚招讨使。

⑤札：甲片。

⑥钻空：即"钻孔"，为连缀甲片而在甲片上穿的小孔。

⑦元：今用"原"字。下同。

⑧瘊子：俗语，指皮肤上的赘疣。

　按：锻甲而留此小凸起，以验未锻时厚薄，实际也就是要掌握甲片锻成后的厚薄。

⑨土笋：竹笋状的立土，即用以标识原地面高度的土柱。

【译文】

　　青堂羌人善于锻造铠甲，所造铠甲的铁片颜色青黑，晶莹透亮，可以照出毛发。用麝皮做成的背心缀以甲片，柔软轻薄而坚韧。镇戎军有一副铁甲，用木匣收藏着，官员届届相传当做宝器。韩魏公任泾原帅时，曾取出做过试验，在五十步开外，用强弩来射它，不能射穿。也曾有一箭穿透了甲片，竟是因为正好射在了甲片的小钻孔上，结果箭头为钻空所刮，铁都反卷起来了，其甲片竟坚硬到如此程度。凡是锻造铁甲，其方法是开始铁片甚厚，不用炉火加高温锻打，而只进行冷锻，直到铁片的厚度比原来减少了三分之二，就算锻成了。甲片的末端留着像筷子头那么大小的一小片不锻打，隐约像个瘊子，这是为了检查铁片未锻打时的厚薄，有如疏浚河道时留些笋状的立土，所以这种铠甲被叫做"瘊子甲"。今人锻甲，多在甲片的背面暗留一个伪做的瘊子；虽留瘊子，但所用质料原非精钢，或由火锻做成，都无补于实用，不过徒为外表的装饰罢了。

折玉钗与玉臂钗

　　朝士黄秉少居长安①，游骊山，值道士理故宫石渠，石下得折玉钗，刻为凤首，已皆破缺，然制作精巧，后人不能为也。郑愚《津阳门诗》云："破簪碎钿不足拾，金沟浅溜和缨緌。"②非虚语也。予又尝过金陵，人有发六朝陵寝，得古物甚多。予曾见一玉臂钗，两头施转关，可以屈伸，合之令圆，仅于无缝，为九龙绕之，功侔鬼神。世多谓前古民醇，工作率多卤拙，是大不然。古物至巧，正由民醇故也，民醇则百工不苟。后世风俗虽侈，而工之致力不及古人，故物多不精。

①黄秉：字里未详。熙宁中曾以驾部员外郎知洺州。

②此处所引郑愚的二句诗，原是描写唐玄宗时宫女浴池的景象的，意思是说：破碎的发簪和珠宝首饰委弃地上都不值得拣拾，在皇宫的水沟中随着浅浅的水溜和冠饰的缨带一起被冲走。金沟，指皇帝宫苑中的水沟。缨緌（ruí），冠饰的垂带。

【译文】

朝廷命官黄秉年轻时居住在长安，有一次游骊山，正碰上一个道士在修治旧时宫殿的石渠，在石头下发现一支折断的玉钗，钗头刻成凤首的形状，都已残缺，然而制作精巧，是后人不能做到的。郑愚的《津阳门诗》说："破簪碎钿不足拾，金沟浅溜和缨緌。"这话不是虚传的。我又曾路过金陵，见有人发掘六朝君主的陵墓，得到很多古物。我曾看到一支玉臂钗，两头都设置转动机关，可以弯曲、伸直或使之变成圆形的，几乎看不出有缝，而为九条龙所环绕，制作功夫可比鬼斧神工。世人多称往古民风淳朴，手工制作大都粗糙笨拙，其实大不是这么一回事。古器物制造非常精巧，正由于民风淳朴的缘故，民风淳朴则各种手工制作都一丝不苟。后世风俗虽浮华奢侈，而在工艺上的用力不及古人，所以造出来的器物多不精致。

出土古印章多是军中官

今人地中得古印章，多是军中官。古之佩章，罢免迁死皆上印绶，得以印绶葬者极稀。土中所得，多是没于行阵者。

【译文】

今人所得地下出土的古印章，多是军中武官的印章。古人佩带印章，罢免、升迁和死去都要上交印章和系印章的绶带，能以印章和绶带随葬的极少。现在见于地下出土的，多是死于行伍战阵的人所留下的。

唐玉辂

大驾玉辂①，唐高宗时造，至今进御。自唐至今，凡三至泰山登封，其他巡幸，莫记其数，至今完壮，乘之安若山岳，以措杯水其上而不摇。庆历中，尝别造玉辂，极天下良工为之，乘之动摇不安，竟废不用。元丰中，复造一辂，尤极工巧，未经进御，方陈于大庭，车屋适坏，遂压而碎，只用唐辂。其稳利坚久，历世不能窥其法。世传有神物护之，若行诸辂之后，则隐然有声。

【注释】

①大驾：古代皇帝车辆的专称。玉辂（lù）：用玉石装
　饰的大车。秦、汉以后亦成为皇帝专车的称呼。

【译文】

宫中大驾玉辂，是唐高宗时制造的，至今还供皇上使
用。从唐朝到现在，共三次用它东至泰山举行封禅典礼，
其他巡视出行，不计其数，而玉辂至今完好结实，乘坐起
来安如山岳，放杯水在上面也不会摇动。庆历年间，曾另
造一辆玉辂，极尽天下最优秀的工匠手艺制作，乘上去还
是摇动不稳定，最后被废弃不用。元丰年间，又造了一辆
玉辂，尤其极尽天下工巧之能事，而还没有进献皇上，正
陈放在大庭中，恰好车屋倒坏，竟压碎了，只好仍用唐玉
辂。唐玉辂的稳定、便利、坚固、耐用，历来都不能搞清
楚它所以如此的制造方法。世传有神物保护它，如果让它
行在其他车辂之后，就会隐隐约约听到一种奇怪的声响。

神奇

　　"神奇"门所记都是古人不能解释的一些传闻异事。其中有些现象，在今天看来已是常识，如所谓"雷斧"，应该就是原始先民留下来的石斧，只不过因雷震而偶然有所发现而已。至于流星陨石、闪电熔化金属之类，就更无可奇怪了。另有一些事例，看上去似是迷信的记录，而从科学上也未必不能解释，如说鳗井中的鳗出游则有水旱疫疫、蟹泉中的蟹出穴则必雨量充沛之类，可能与气候的变化有关系。不过作者所记的一些方士、女巫、神仙、佛、道故事，还是总不免掺杂天人感应、阴阳灾异以至不可知论、宿命论的成分，类似于传统正史中的《五行志》，这似乎与沈括的科学性格不相符。从"事非前定"条看，沈括其实是很"唯物"的，他的大量科学记录也同时包含着对宿命论的批判，但古人的思想中本多矛盾（今人也是一样），对此不必苛求。这里仅略选几例，以见所记并非都无可取。

卷二十

原始石斧

世人有得雷斧、雷楔者，云"雷神所坠，多于震雷之下得之"，而未尝亲见。元丰中，予居随州①，夏月大雷震，一木折其下，乃得一楔，信如所传。凡雷斧，多以铜铁为之，楔乃石耳，似斧而无孔。世传雷州多雷，有雷祠在焉，其间多雷斧、雷楔。按《图经》："雷州境内有雷、擎二水②，雷水贯城下，遂以名州。"如此，则"雷"自是水名，言"多雷"乃妄也。然高州有电白县③，乃是邻境，又何谓也？

【注释】

①随州：今湖北随州。

②雷州：今广东雷州。

③电白：今属广东茂名。

【译文】

传闻世人有拾得雷斧、雷楔的，说是"天上的雷神所遗落，多可在震雷之下的地面上拾到"，而我未曾亲自见过。元丰年间，我在随州，夏天发生大雷震，下面一棵树被劈断，我也找到一件楔子，果然如世人所传。凡是雷斧，多用铜铁制造，而楔是石制的，像斧而没有孔。世传雷州多雷，那里建有雷祠，祠中就多有雷斧、雷楔。《图经》记载说："雷州境内有雷、擎两条河，雷水经过城下，因此其地就因水名而叫雷州。"如果这样的话，则这个"雷"自是水名，说雷州之名得自多雷乃是妄说。然而高州又有电白县，与雷州是邻境，这个"电白"又是什么意思呢？

陨石

治平元年，常州日禺时①，天有大声如雷，乃一大星几如月，见于东南；少时而又震一声，移著西南；又一震而坠在宜兴县民许氏园中，远近皆见火光赫然照天，许氏藩篱皆为所焚。是时火息，视地中只有一窍如杯大，极深。下视之，星在其中荧荧然，良久渐暗，尚热不可近。又久之，发其窍，深三尺余，乃得一圆石，犹热。其大如拳，一头微锐，色如铁，重亦如之。州守郑伸得之，送润州金山寺②，至今匣藏，游人到则发视。王无咎为之传，甚详。

【注释】

①禺（yú）：即"禺中"，近正午时。

②润州金山寺：今镇江金山寺。

【译文】

治平元年，常州日近正午时，天上忽然有巨大声响如雷鸣，只见一颗大星几乎像月亮那样大，出现在东南方；不一会儿又一声震响，大星移动闪亮于西南方；又一声震响而坠落在宜兴县民许氏家的园子里，远远近近都看见火光赫然照亮天空，许氏家的藩篱都被这火光焚毁。这时等火熄灭后，人们看到地下有个洞，洞口像杯口那么大，极深。向洞里面看，星还在其中荧荧发光，过了许久才渐渐暗下去，而仍然很热而不可接近。又过了好久，人们挖开这个洞，在三尺多深的地中，得到一块圆石，表面还热乎乎的。圆石像拳头那么大，一头稍微有点细，颜色像铁，重量也和铁差不多。常州守令郑伸得到它，把它送到了润州金山寺，至今还在寺中用匣子珍藏着，有游人来参观时才打开供欣赏。王无咎为此写了一篇记叙文章，言之甚详。

雷震

内侍李舜举家曾为暴雷所震。其堂之西室，雷火自窗间出，赫然出檐，人以为堂屋已焚，皆出避之。及雷止，其舍宛然，墙壁、窗纸皆黔。有一木格①，其中杂贮诸器，其漆器银钔者②，银悉镕流在地，漆器曾不焦灼。有一宝刀，极坚钢③，就刀室中镕为汁，而室亦俨然。人必谓火当先焚草木，然后流金石；今乃金石皆铄④，而草木无一毁者，非人情所测也。佛书言"龙火得水而炽，人火得水而灭"，此理信然。人但知人境中事耳，人境之外，事有何限？欲以区区世智情识，穷测至理，不其难哉！

【注释】

①木格：分层分格以置物的木架。

②钔（kòu）：木制漆器以金、银等镶边包角或做装饰叫"钔"，其器称"钔器"。

③钢：通"刚"，刚硬。

④铄（shuò）：熔化。

【译文】

内侍李舜举家曾被暴雷所震。他家堂屋的西头房间，有雷火从窗户冒出，赫然窜出于房檐之上，家里人以为堂屋已被烧了，都跑出去躲避。及暴雷停止，那间房子却宛然如故，只是墙壁和窗纸都变黑了。屋内有一个木架，其中杂七杂八地存放着各种器物，那些有银饰的漆器，银饰全都熔化流到了地上，漆器却不见被烤焦。有一口宝刀，极为刚硬，就在刀鞘里被熔化为铁汁，而刀鞘也俨然完好无损。人们通常必定会认为，雷火为害当先焚草木，然后才熔化金石；而现在却是金石都被熔化，草木反而无一被毁，这不是人之常情所能推测的。佛书上说"龙火得水会更炽烈，人火得水则会熄灭"，这话确有道理。人只不过了解人世间的事情罢了，人世间之外，无穷无尽的事理又有何极限？欲以区区人世间的知识和情理，去追根究底地测量终极的道理，不是太难了吗？

事非前定

人有前知者，数十百千年事皆能言之，梦寐亦或有之，以此知万事无不前定。予以为不然。事非前定，方其知时，即是今日；中间年岁亦与此同时，元非先后。此理宛然，熟观之可喻。或曰：苟能前知，事有不利者可迁避之。亦不然也。苟可迁避，则前知之时，已见所避之事；若不见所避之事，即非前知。

【译文】

　　人有号称能前知的，世传这种人就连数十百千年之后的事都能预言，就是梦寐中的事或者将来也会发生，以此知道万事无不是前定的。我对这些说法不以为然。万事并没有前定的，当所谓将来的某件事被人们知道的时候，它便已是"今日"的事；从"今日"到预言的将来的年岁，这中间所有的时间都与"今日"同时，原没有先后。这道理看似曲折，仔细体察就会明白。有人说：假如能够前知，那么将来事情有不利的就可以躲避。这说法也不是那么回事。假如可以躲避，那么人们在"前知"的时候，就已看出所要躲避的事；若是看不出所要躲避的事，那就说明人们不能"前知"。

异事异疾附

　　卷二十一所记"异事",多数为自然现象和考古资料,有重要研究价值,与上卷所记不同。但原载仍有个别条目,透露出与上卷所谓"神奇"的故事相类似的倾向。

卷二十一

虹

世传虹能入溪涧饮水，信然。熙宁中，予使契丹，至其极北黑水境永安山下卓帐①。是时新雨霁，见虹下帐前涧中。予与同职扣涧观之②，虹两头皆垂涧中。使人过涧，隔虹对立，相去数丈，中间如隔绡縠③。自西望东则见，盖夕虹也。立涧之东西望，则为日所铄④，都无所睹。久之，稍稍正东，逾山而去。次日行一程，又复见之。孙彦先云⑤，虹乃雨中日影也，日照雨则有之。

【注释】

①永安山：史又称"马盂山"，在今内蒙古宁城西。宁城曾为辽朝的中京，此山常为辽主避暑与围猎的场所。沈括谓此山在黑水流域，当是估计有误。卓帐：安扎帐篷。

②扣：通"叩"，进入之意。

③绡縠（xiāohú）：轻薄如雾的绢、纱之类丝织品。

④铄：义同"销"。本指金属熔化，此犹言消融。

⑤孙彦先：即孙思恭。字彦先，登州（今山东蓬莱）人。官至天章阁待制，精通历算之学。

【译文】

世人相传彩虹能够入溪涧中饮水，这是确实的。熙宁年间，我出使契丹，到了它最北边黑水境内的永安山下扎下帐篷。当时正逢雨后初晴，见有彩虹降到帐篷前的溪涧中。我和一起出使的同事进入溪涧中观看，彩虹的两头都垂到涧水中。使人过溪涧，隔着彩虹站到对面，相距有数丈远，中间如同隔了一层薄纱。自西向东观望能够看见彩虹；大概由于这是傍晚的彩虹。站到溪涧的东面向西观望，则彩虹被太阳光消融，都无所见。过了好久，彩虹渐渐向正东方移动，最后越过山岭离去。第二天继续前行一程，又看见了彩虹。孙彦先以为，虹是雨中太阳的影子，太阳照雨就会有虹出现。

夹镜之疑

予于谯亳得一古镜^①，以手循之^②，当其中心，则摘然如灼龟之声^③。人或曰："此夹镜也^④。"然夹不可铸，须两重合之。此镜甚薄，略无焊迹，恐非可合也。就使焊之，则其声当铣塞^⑤；今扣之，其声泠然纤远^⑥。既因抑按而响，刚铜当破^⑦，柔铜不能如此澄莹洞彻。历访镜工，皆罔然不测。

【注释】

①谯亳（bó）：今安徽亳县。宋设亳州，习惯上亦习
　称"谯郡"。
②循：通"揗"，抚摩。
③摘然：读作"摘（tì）然"，形容开裂的样子。灼龟：
　古人用龟甲占卜，在龟甲正面凿小坑，然后从背面
　用火灼烤，使在正面出现裂纹。

④夹镜：两层铜材合起来制作的铜镜。

⑤铣（xiǎn）塞：二字之意未明。按上下文意，当是指滞涩浑浊的声音。

⑥泠（líng）然纤远：清脆、纤细而传得远。

⑦刚铜：硬铜。实指青铜或黄铜，与下"柔铜"（红铜）相对。

【译文】

我在亳州得到一面古铜镜，用手抚摩它，当摸到镜子的中心时，它就会开裂似地发出像灼烤龟甲的声音。有人说："这是一面两层的夹镜。"可是两层铜材是不可能一次铸成的，必须把两层单铸再拼合起来才行。这面镜子很薄，看不出有焊接的痕迹，恐怕不是拼合起来的。即使就把它看成是两面焊接起来的，那么它的声音就应是滞涩不通畅的；现在叩击它，它的声音却清脆悠长。同时既然在按压时它能发出声响，那么它若是硬铜的就会破裂，若是软铜的又不可能如此澄明透亮。多次访问制造铜镜的工人，大家都对这面镜子迷惘而猜不透。

冷光

卢中甫家吴中①，尝未明而起，墙柱之下，有光熠然②。就视之，似水而动；急以油纸扇挹之③，其物在扇中滉漾，正如水银，而光艳烂然；以火烛之，则了无一物。又魏国大主家亦尝见此物④，李团练评尝与予言⑤，与中甫所见无少异，不知何异也。予昔年在海州，曾夜煮盐鸭卵，其间一卵烂然，通明如玉，荧荧然屋中尽明；置之器中十余日，臭腐几尽，愈明不已。苏州钱僧孺家煮一鸭卵⑥，亦如是。物有相似者，必自是一类。

【注释】

①卢中甫：即卢秉。字仲甫，德清（今属浙江）人。官至龙图阁直学士。吴中：泛指苏州一带。

②熠（yì）然：闪烁貌。

③挹（yì）：舀，盛。

④魏国大主：即魏国大长公主，宋太祖长女。

⑤李团练评：即李评。字持正，上党（今山西长治）人。侥幸进用，官至团练使。

⑥钱僧孺：《长兴集》记其为沈括妻妹之夫。苏州人，曾为长洲主簿。

【译文】

卢中甫家住吴中，曾有一次天未亮就起床，看见墙柱的下面，有东西熠熠闪光。走近去看，那东西像水在流动；急忙用油纸扇把它舀起来，它就在扇中滉漾，正像水银，而光亮灿烂；拿烛火照它，却什么东西都没有。此外，魏国大长公主家也曾见到这种东西，李评团练使曾跟我谈起过，和在卢中甫家所见的完全一样，不知是什么怪现象。我往年在海州时，曾在夜间煮咸鸭蛋，其中有一个鸭蛋光灿灿的，通体透明如玉，荧荧的光亮照得满屋子都明亮起来；把它放在器皿中十多天，臭烂腐败得几乎没有了，却更加明亮，发光不止。苏州钱僧孺家煮了一个鸭蛋，也是这样。有相似现象的东西，必定是自为一类的。

古金饼

寿州八公山侧土中及溪涧之间①，往往得小金饼，上有篆文"刘主"字，世传淮南王药金也②。得之者至多，天下谓之"印子金"是也。然止于一印，重者不过半两而已，鲜有大者。予尝于寿春渔人处得一饼，言得于淮水中，凡重七两余，面有二十余印，背有五指及掌痕，纹理分明。传者以谓堲之所化③，手痕正如握堲之迹。襄、随之间，故春陵白水地④，发土多得金麟趾、袅蹄⑤。麟趾中空，四傍皆有文刻，极工巧。袅蹄作团饼，四边无模范迹，似于平物上滴成，如今干柿，土人谓之"柿子金"。《赵飞燕外传》⑥："帝窥赵昭仪浴，多袖金饼，以赐侍儿私婢。"殆此类也。一枚重四两余，乃古之一斤也。色有紫艳，非他金可比。以刀切之，柔甚于铅，虽大块亦可刀切，其中皆虚软；以石磨之，则霏霏成屑。小说谓麟趾、袅蹄乃娄敬所为药金⑦，方家谓之"娄金"，和药最良，《汉书》注亦云："异于他金。"予在汉东，一岁凡数家得之，有一窖数十饼者，予亦买得一饼。

【注释】

①八公山：在今安徽淮南西。其地在宋代属寿州（先后治今凤台、寿县）。

②淮南王：即刘安（前179—前122）。汉高祖刘邦之孙。好读书，组织门客撰成《淮南子》。后以谋反事发，被杀。

③埿（ní）：读作"泥"，指泥团。

④舂（chōng）陵白水：指舂陵县白水乡，在今湖北枣阳南吴店镇。西汉时宗室刘仁（东汉光武帝之祖）迁居于此，改封舂陵侯。

⑤金麟趾：麟足形的铸金。裛（niǎo）蹄：马蹄形的铸金。

⑥《赵飞燕外传》：旧题汉人伶玄传，记汉成帝皇后赵飞燕轶事。

⑦娄敬：即刘敬。汉初齐地人。事刘邦，封关内侯，赐姓刘。

【译文】

寿州八公山旁的土地中及溪涧之间，往往发现小金饼，上面有篆书的"刘主"二字，世传为淮南王刘安所造的药用金饼。世人得到这种小金饼的很多，各地称之为"印子金"的就是这种小金饼。然而这种小金饼只有一个印，较重的也不过半两左右，很少有较大的。我曾从寿春渔人的手里得到一饼，说是出于淮水中，共重七两有余，上面有二十多个印，背面有五个指头及手掌的痕迹，纹路清晰。传给我这金饼的人以为它是由捏起来的泥饼变成的，上面的手印正像捏泥团留下的痕迹。襄阳、随州之间，在旧时的舂陵县白水乡一带，挖地多能见到金麟趾和裛蹄金。金麟趾是中空的，四面都有刻画的文饰，极为工巧。裛蹄金是团饼的形状，四边都没有用模子铸造的痕迹，似乎是在什么物体的平整表面上浇成的，就像如今的干柿饼，当地人称之为"柿子金"。《赵飞燕外传》记载："成帝窥视赵飞燕洗澡，常在衣袖里藏着金饼，用来赏赐收买飞燕的侍女和贴身丫鬟。"所用的金饼大概就是金麟趾和褭蹄金之类。这种金饼一枚重四两有余，就是古代的一斤。其中有艳丽的紫色的，其他金饼都不能比。用刀来切它，比铅还柔软，就是大块也可用刀来切，其中都是空软的；以磨石来磨它，就变成纷纷的碎屑落下来。小说中说麟趾金和褭蹄金是娄敬所造的药用金，医家称之为"娄金"，用来配药是最好的，《汉书》旧注也说："与其他金制品不同。"我在汉东时，一年里就有好几家发现这种金饼，有一窖就出土几十饼的，我也买得一饼。

奇疾

世有奇疾者。吕缙叔以知制诰知颍州①，忽得疾，但缩小，临终仅如小儿。古人不曾有此疾，终无人识。有松滋令姜愚②，无他疾，忽不识字，数年方稍稍复旧。又有一人家妾，视直物皆曲，弓弦、界尺之类，视之皆如钩，医僧奉真亲见之。江南逆旅中一老妇③，啖物不知饱④。徐德占过逆旅⑤，老妇愬以饥，其子耻之，对德占以蒸饼啖之；尽一竹簧，约百饼，犹称饥不已；日食饭一石米，随即痢之，饥复如故。京兆醴泉主簿蔡绳⑥，予友人也，亦得饥疾，每饥立须啖物，稍迟则顿仆闷绝。怀中常置饼饵，虽对贵官，遇饥亦便龁啖⑦。绳有美行，博学有文，为时闻人，终以此不幸，无人识其疾，每为之哀伤。

【注释】

①吕缙（jìn）叔：即吕夏卿。字缙叔，晋江（今福建泉州）人。曾充《新唐书》编修官，官至知制诰。

②姜愚：《宋史》有姜愚，字子发，开封（今属河南）人，晚年得目疾，未知是否即其人。

③逆旅：指旅店、旅舍。

④啖（dàn）：吃。

⑤徐德占：即徐禧（？—1082）。字德占，分宁（今江西修水）人。官至御史中丞，阵亡于永乐城之战。

⑥蔡绳：《笔谈》卷五另有一条记其为山阳（今江苏淮安）人。余不详。

⑦龁（hé）：咬。

【译文】

世间有得奇怪疾病的。吕缙叔以知制诰为颍州知州，忽然得病，只是身体缩小，临终时身体仅像小儿般大小。未听说古人曾有这种病，终于没有人能看能治。又有松滋县令姜愚，没有别的病，却忽然不识字，数年以后才渐渐恢复。又有一人家的姜，看直的东西都弯曲，如弓弦、界尺之类，她看着都像钩，医僧奉真曾当面给她看过病。江南旅店中有一位老妇，吃东西不知饱。徐德占路过这旅店，老妇诉说肚子饿，她儿子觉得丢人，就当着徐德占的面给她蒸饼，想让她吃个够；结果吃完了一箩筐，大约有百来个，还不停地喊饿。她每天能吃一石米的饭，随即泻肚子排泄掉，又饥饿如故。京兆醴泉县主簿蔡绳，是我的友人，也得了这种饥病，他每觉得肚子饿就必须立即吃东西，稍慢点就会一下子仆倒在地而昏厥过去。他常在怀里揣着饼糕之类的食物，虽当着贵人高官的面，碰上饿了也随便啃吃。蔡绳有好品行，博学而有文采，为一时知名的人士，而后来竟有此不幸，又无人能治其病，我常为他哀伤。

巨嵎山震动

登州巨嵎山①，下临大海。其山有时震动，山之大石皆颓入海中。如此已五十余年，土人皆以为常，莫知何谓。②

【注释】

①巨嵎（yú）山：在今山东栖霞东北。

②《宋史·河渠志》："巨嵎山摧，海水摇荡，如此不止者仅十年。"此与沈括所记不同，当从《宋史》。此山实不在海岸上。其始震在庆历六年（1046）。

【译文】

登州巨嵎山，下临大海。其山时有震动，山上的大石都倾颓入海中。这种情形已有五十多年，当地人都习以为常，而不知道为什么会这样。

滴翠珠

士人宋述家有一珠，大如鸡卵，微绀色，莹彻如水。手持之，映空而观，则末底一点凝翠，其上色渐浅；若回转，则翠处常在下。不知何物，或谓之"滴翠珠"。佛书：西域有琉璃珠，投之水中，虽深皆可见，如人仰望虚空月影。疑此近之。

【译文】

士人宋述家里有一颗珠子，像鸡蛋大小，微微有点深青带红的颜色，精莹透亮如水。用手拿着它，对着天空看，它的底部就有一个深青翠绿色的点，从这个点往上，颜色逐渐变浅；如果把它倒转过来，则这个深青翠绿色的点总是在下面。不知道这是什么宝贝，有人把它叫做"滴翠珠"。佛书上说：西域有一种琉璃珠，把它投到水中，水即使很深也都能看得见，就像人仰望水底下虚空中的月亮影子一样。我怀疑这颗珠子跟佛书上说的琉璃珠相近似。

海市蜃楼

登州海中，时有云气如宫室台观城堞、人物车马冠盖①，历历可见，谓之"海市"。或曰蛟蜃之气所为②，疑不然也。欧阳文忠曾出使河朔，过高唐县驿舍中，夜有鬼神自空中过，车马人畜之声一一可辨，其说甚详，此不具纪。闻本处父老云，二十年前尝昼过县，亦历历见人物，土人亦谓之"海市"，与登州所见大略相类也。

①堞（dié）：城墙上如齿状的矮墙。

②蛟蜃（shèn）：指神化的海中蛟龙和蜃（大蛤蜊）。但按古代民间的理解，"蜃"可能是海中或陆地两栖类爬行动物"成精"的统称。

【译文】

登州一带的海上，时常有云气如宫室台观城堞、人物车马冠盖的形状，历历清晰可见，人们称之为"海市"。有人说这是海中的蛟龙和巨蜃吐气造成的，我怀疑不是这样。欧阳文忠公曾奉命出使河北，过高唐县住宿驿站的官舍中，夜间闻见有鬼神从空中通过，车马人畜之声一一可辨，他的叙说甚为详细，这里不再转述。我听高唐本地的父老说，二十年前这种景象也曾在白天出现过，天上路过的人物也历历可见，当地人也称之为"海市"，与在登州所看到的大略相似。

延州石笋

近岁延州永宁关大河岸崩①，入地数十尺，土下得竹笋一林，凡数百茎，根干相连，悉化为石。适有中人过②，亦取数茎去，云欲进呈。延郡素无竹，此入在数十尺土下，不知其何代物。无乃旷古以前，地卑气湿而宜竹耶？婺州金华山有松石，又如桃核、芦根、蛇蟹之类，皆有成石者，然皆其地本有之物，不足深怪。此深地中所无，又非本土所有之物，特可异耳。

【注释】

①永宁关：在今陕西延川境。

②中人：宫廷宦官。

【译文】

近年延州永宁关附近的黄河堤岸崩塌，在地下数十尺的土层中，发现了成林的竹笋，共几百棵，根和干相连，都化成了石头。正好有宦官路过这里，也取了几棵去，说是要进呈给皇上。延州向来没有竹子，这批石竹笋埋在数十尺的地下，不知是哪个时代的。难道是在旷古有人以前，这里地势低、气候潮湿，适宜于竹子的生长？婺州金华山有松树的化石，又如桃核、芦根、地螃蟹之类的，都有化成石头的，但那些都是地下本来就有的东西，不足深怪。这批竹笋则是在地下很深的土层中原先不可能有的，又不是本地所原有的植物，所以特别令人觉得异常。

泽州蛇状化石

治平中，泽州人家穿井①，土中见一物，蜿蜒如龙蛇状，人畏之，不敢触。久之，见其不动，试摸之，乃石也。村民无知，遂碎之。时程伯纯为晋城令②，求得一段鳞甲，皆如生物。盖蛇、蜃所化，如石蟹之类。

【注释】

①泽州：今山西晋城。

②程伯纯：即程颢（1032—1085）。其字通作"伯淳"。

【译文】

治平年间，泽州有一户人家打井，在土中发现一样东西，形状蜿蜒如龙蛇，人们都害怕，不敢接触。过了好久，见它不动，试探着摸它，原来是石头。村民无知，竟然把它打碎了。其时程伯纯为晋城县令，访求得到一段鳞甲，还都像活物的鳞甲一样。这大概是由蛇、蜃所化成的，如地蟹的化石之类。

鳄鱼

《岭表异物志》记鳄鱼甚详①。予少时到闽中，时王举直知潮州，钓得一鳄，其大如船，画以为图，而自序其下。大体其形如鼍②，但喙长等其身③，牙如锯齿。有黄、苍二色，或时有白者。尾有三钩，极铦利④，遇鹿豕即以尾戟之以食⑤。生卵甚多，或为鱼，或为鼍鼋⑥，其为鳄者不过一二。土人设钩于犬豕之身，筏而流之水中，鳄尾而食之，则为所毙。

【注释】

①《岭表异物志》：唐人刘恂撰，记岭南事物。

②鼍（tuó）：即今所称扬子鳄。

③喙（huì）：嘴。

④铦（xiān）利：锐利。

⑤戟：古代的一种能刺能钩的长兵器。此用作动词，
　　指像用戟那样袭击钩取。

⑥鼋（yuán）：俗称"绿团鱼"、"癞头鼋"，古人常与

"鼍"并称。

【译文】

《岭表异物志》记载鳄鱼非常详细。我年轻时到福建，当时王举直为潮州知州，钓到一条鳄鱼，大如一条船，于是把它画成一张图，并在图上题写文字以自叙其事。鳄鱼的形体大体上像鼍，但嘴巴的长度等于它身子的长度，牙像锯齿。有黄、绿两种颜色，有时还见到白的。尾巴上有三个钩，极锋利，遇上鹿和野猪之类，即以尾巴袭击钩取而吞食。生卵很多，而孵出来的或是鱼，或是鼍鼋，真为鳄鱼者不过十之一二。当地人在狗或猪的身上下钩子，放到竹筏上漂流于水中，鳄鱼追随筏子吃这些猪、狗，则被捕获丧命。

海蛮师

嘉祐中，海州渔人获一物，鱼身而首如虎，亦作虎文。有两短足在肩，指爪皆虎也。长八九尺，视人辄泪下，舁至郡中①，数日方死。有父老云，昔年曾见之，谓之"海蛮师"。然书传小说未尝载。②

【注释】

①舁（yú）：抬。

②此条末别本或有后人按语："此物即虎头鲨也，能变虎。"

【译文】

嘉祐年间，海州渔人捕获一种海生动物，身子像鱼而头像老虎，身上的花纹也像老虎的花纹。有两条短腿在肩上，指爪也和老虎一个样。长八九尺，看到人就掉眼泪，抬到州府衙门里，过了几天才死去。有父老说，当年曾见过这种动物，叫做"海蛮狮"。然而过去的各种典籍和杂记小说中，对这种动物都没有记载。

龙卷风

熙宁九年，恩州武城县有旋风自东南来[①]，望之插天如羊角，大木尽拔。俄顷，旋风卷入云霄中。既而渐近，所经县城官舍、民居略尽，悉卷入云中。县令儿女奴婢卷去，复坠地，死伤者数人。民间死伤亡失者不可胜计，县城悉为丘墟，遂移今县。

【注释】
①武城：今山东武城。
【译文】

熙宁九年，恩州武城县有旋风从东南方向袭来，望去直插云天，状如羊角，大树尽被拔起。不一会儿，旋风卷入云霄中。没过多长时间，逐渐临近而经过县城，县城里所有的官舍、民居几乎被一扫而光，全部卷入了云霄中。县令的儿女和奴婢都被卷去，复坠于地，死伤了好几人。民间死伤失踪的不可胜计，县城完全变成一片废墟，遂将县城移到了现在的新建地址。

冰花

宋次道《春明退朝录》言[①]："天圣中，青州盛冬浓霜，屋瓦皆成百花之状。"此事五代时已尝有之，予亦自两见如此。庆历中，京师集禧观渠中冰纹^②，皆成花果林木。元丰末，予到秀州，人家屋瓦上冰亦成花，每瓦一枝，正如画家所为折枝^③。有大花似牡丹、芍药者，细花如海棠、萱草辈者，皆有枝叶，无毫发不具。气象生动，虽巧笔不能为之。以纸折之，无异石刻。

【注释】

①《春明退朝录》：北宋宋敏求撰，多记唐宋典故。宋敏求，字次道。

②集禧观：北宋在京城所建祭祀五岳的宗教建筑。

③折枝：画家的花卉画法之一，指画花卉不带根。

【译文】

宋次道《春明退朝录》记载："天圣年间，青州隆冬季节，屋瓦上的浓霜都成为各种花卉之状。"这样的事五代时已曾有，我也曾两次亲身见到此种情形。庆历年间，京师集禧观水渠中的冰凝结成纹，就都是花果林木的形状。元丰末年，我到秀州，居民屋瓦上的冰也成花状，每瓦一枝，正像画家所画的折枝。有花大类似牡丹、芍药的，有花小类似海棠、萱草之类的，都有枝有叶，无纤毫细节不具备，气象生动，即便是画家的工巧笔法也不能画出来。如果用纸把它们拓印下来，那就与石刻没有差别。

谬误谲诈附

　　卷二十二所记的各种谬误，有的是人们知识、认识上的错误，有的是因不了解情况或误解而造成的错误，有的是沿用旧习而不适应新情况所导致的错误，也有的是因为被蒙蔽或欺诈而以是为非、以非为是的错误，还有的是郢书燕说式的反使错误的行为转为成例的错误。诸如此类的错误，在现实生活中是随时都可能发生的，读此卷可以受到各种启发。

卷二十二

丁晋公之逐

丁晋公之逐①，士大夫远嫌，莫敢与之通声问。一日忽有一书与执政，执政得之不敢发，立具上闻。洎发之②，乃表也③，深自叙致，词颇哀切。其间两句曰："虽迁陵之罪大④，念立主之功多。"遂有北还之命⑤。谓多智变，以流人无因达章奏，遂托为执政书，度以上闻，因蒙宽宥。

【注释】

①丁晋公：即丁谓（966—1037）。字谓之，长洲（今江苏苏州）人。善权术，宋真宗时官至宰相，封晋国公，时人目为奸邪。仁宗即位后罢去，被放逐于海南。

②洎（jì）：及，至。

③表：指给皇帝上奏的表章，而不是私人书信。

④迁陵：指宋真宗陵墓曾改换陵址修建事。真宗死后，丁谓尚为宰相，主持改换真宗陵址，修建不成，复迁回原址。后丁谓被贬斥，此亦为罪状之一。

⑤北还：指允许丁谓回内地居住（时从雷州徙道州）。

【译文】

丁晋公被放逐，士大夫避嫌疑，没有人敢与他互通声息，以书信问讯往来。有一天，忽然有他的一封信投给执政大臣，执政大臣收信后不敢打开，立即报告给了皇上。等到打开信封，才知道里面装的是给皇上的奏表，表中用尽心机委婉陈述自己的处境，为自己开脱，言词似乎恳切，心迹颇令人同情。其中有两句说："虽迁移先帝陵址之事罪大，还望皇上念及罪臣辅佐先帝之功多。"于是有仁宗允许他迁居内地的诏命。丁晋公多智术权变，以流放之人没有途径把私人奏章送到皇帝手上，于是假托为写给执政的书信，估计执政会不敢开拆而报告给皇帝，竟因此获得皇帝的宽恕而内迁。

《酉阳杂俎》记事多诞

段成式《酉阳杂俎》，记事多诞。其间叙草木异物尤多谬妄，率记异国所出欲无根柢①。如云："一木五香：根，旃檀②；节，沉香；花，鸡舌；叶，藿；胶，薰陆。"此尤谬。旃檀与沉香两木元异③。鸡舌，即今丁香耳，今药品中所用者亦非。藿香自是草叶，南方至多。薰陆小木而大叶，海南亦有，"薰陆"乃其胶也，今谓之"乳头香"。五物迥殊，元非同类。

【注释】

①率：大率，大概。欲：理解为"殆"，恐怕，几乎。

　根柢：今多写作"根底"。

②旃（zhān）檀：即檀香。古印度语称为"旃檀那"。

③元：今用"原"字。下同。

【译文】

段成式的《酉阳杂俎》一书，记事多有荒诞不经之处。

其中记叙奇花异草、珍贵树木尤多错误和歪曲，大抵记别国所出者几乎没有根底。如书中说："有一种树能产五种香料：它的根是檀香，枝节是沉香，花是鸡舌香，叶是藿香，流出的胶是薰陆香。"这是特别荒谬的。檀香与沉香两种树木原是不同的。鸡舌香就是现在的丁香，今日药品中所用的鸡舌香也不是真正的鸡舌香。藿香自是草本植物，叶也是草叶，南方极为多见。薰陆香是小木本而大叶子，海南也有，所谓"薰陆"指的是它的胶，现在叫做"乳头香"。这五种植物迥然不同，原不属于同一类别。

包孝肃为吏所卖

包孝肃尹京①，号为明察。有编民犯法当杖脊②，吏受赇与之约曰："今见尹，必付我责状③。汝第呼号自辩④，我与汝分此罪，汝决杖，我亦决杖。"既而包引囚问毕，果付吏责状，囚如吏言，分辩不已。吏大声诃之曰："但受脊杖出去，何用多言！"包谓其市权⑤，撾吏于庭⑥，杖之十七，特宽囚罪，止从杖坐⑦，以抑吏势。不知乃为所卖，卒如素约。小人为奸，固难防也。孝肃天性峭严，未尝有笑容，人谓"包希仁笑比黄河清"。

【注释】

①包孝肃：即包拯（999—1062）。字希仁，合肥（今属安徽）人。官至三司使，卒谥孝肃。尹京：为京城府尹。包拯曾任权知开封府之职。

②杖脊：用刑杖打脊背的刑罚。宋代为流放刑、徒刑的一种代用刑。如原判二年徒刑的，杖脊十七下可以释放。原不判徒刑的杖刑，后改为杖臀（打屁股），刑罚更轻，如原杖八十的改为臀杖十七。

③责状：由过错人或犯人签字画押的具结书、保证书。

④第：但，只管。

⑤市权：卖权，以权力谋私利。

⑥捽（zuó）：揪住。

⑦杖坐：坐杖刑。古代定罪称"坐"，此实指由杖脊改为杖臀。

【译文】

包孝肃为权知开封府，以明察著称。有个平民犯法当受杖脊之刑，府中有个吏人受了他的贿赂，与他约定说："今天府尹要提讯你，一定会把写具结书的事交给我。你只管呼天喊地地为自己辩解，我给你分担罪责，你被判打板子，我也被判打板子。"没过多会儿，包孝肃叫人押囚犯上堂审讯完毕，果然叫吏人起草案子的具结书，囚犯按吏人事先的嘱咐，辩解个不停。吏人大声诃斥说："你只管受脊杖滚出去，何必啰唆！"包孝肃以为这吏人越职卖权，把他揪到公堂上，打他屁股十七板，而特地宽减了囚犯的罪行，也只判他受臀杖，以抑制吏人的权势。其实包孝肃不知道已为吏人所卖，判决的结果最终和吏人事先与犯人的约定一样。小人做奸诈的勾当，本来就是很难防范的。包孝肃天性峭刻严厉，未尝有笑容，时人称"包希仁笑比黄河清"。

浙江茶纲

李溥为江淮发运使^①，每岁奏计^②，则以大船载东南美货结纳当途^③，莫知纪极^④。章献太后垂帘时^⑤，溥因奏事，盛称浙茶之美，云："自来进御，唯建州饼茶，而浙茶未尝修贡。本司以羡余钱买到数千斤，乞进入内。"自国门挽船而入，称"进奉茶纲"^⑥，有司不敢问。所贡余者，悉入私室。溥晚年以贿败，窜谪海州，然自此遂为发运司岁例^⑦。每发运使入奏，舳舻蔽川，自泗州七日至京^⑧。予出使淮南时，见有重载入汴者，求得其籍^⑨，言"两浙笺纸三暖船"^⑩，他物称是。

【注释】

①李溥：宋太宗时由小吏被提拔，真宗时官至制置江淮等路茶盐矾税兼发运司事。

②奏计：年终向中央奏报所掌地方的财政等情况。古时多称"会计"。

③当途：指朝中当权的大臣。

④纪极：终极，限度。

⑤章献太后（969—1033）：宋真宗皇后。仁宗即位时年幼，她垂帘听政十一年。

⑥纲：宋代官府水陆运输的货物分类单位。因货物种类不同，"纲"的大小有不同规定，如粮米以一万石为一纲（水运需要大船几十艘），俗称"米纲"。各种水陆运输统称"纲运"。

⑦岁例：每年按一定比例或数量缴纳的赋税、钱币、货物等。

⑧泗州：治今江苏泗洪东南。北宋时水运，由此经泗水、汴水入京师开封，为一大干道。

⑨籍：指船运的登记簿，即货物单。

⑩笺纸：小幅而华贵的纸张。暖船：有帷幕的船。

【译文】

李溥为江淮发运使，每年的年终进京奏报财计状况，即以大船装载东南地区珍贵土产交结贿赂朝中当权大臣，肆无忌惮，不知收敛。章献太后垂帘听政时，李溥利用奏事的机会，盛称浙江茶叶的优美精善，又说："自来向皇宫进贡的，只有建州的饼茶，而浙江茶不曾修贡。本司用节余的钱买到浙江茶数千斤，请求允许贡入内宫。"他所调度的运茶船，直接从京城大门下的汴水道牵挽到城里，号称是"进奉皇帝的茶纲"，有关部门都不敢盘查。那些进贡剩余的茶叶，他都装入了私囊。李溥晚年以贿赂遭查处落败，被贬斥流放到海州，然而他所首开的茶贡却从此成为江淮发运司每年例行的进贡。每当发运使入奏茶纲进京，长长的大船遮蔽河面，从泗州连行七日到达京城。我出使淮南时，见有满载着货物准备入汴京的船只，曾设法弄到这些船只的货物单，上面虽写着"两浙笺纸三暖船"，其实所运送的其他贡物或私载的货物，都不亚于簿子上所登记的物品的数量。

车渠

海物有车渠，蛤属也。大者如箕，背有渠垄如蚶壳，故以为器，致如白玉①。生南海。《尚书大传》曰："文王囚于羑里，散宜生得大贝如车渠②，以献纣。"郑康成乃解之曰③："渠，车罔也④。"盖康成不识车渠，谬解之耳。

【注释】

①致：指纹理细密。

②散宜生：西周初年大臣。相传周文王被殷纣王囚于羑里（今河南汤阴）时，他曾向纣王献美女、良马等，使文王得以获释。

③郑康成：即汉末经学家郑玄。

④车罔：即"车辋"，旧时木车轮安装辐条的外框。

【译文】

海中有种生物车渠，属于蚌蛤之类。大的有簸箕那么大，背上有沟有垄像蚶子的壳，所以人们用它的壳装饰器物，纹理细密，如同白玉。生于南海中。《尚书大传》说："文王被囚禁于羑里，散宜生得一大贝如车渠，以献给纣王。"郑康成竟解释说："渠，就是车辋。"大概郑康成不知道什么是车渠，不过误解之而已。

讥谑

　　"讥"是讥讽，"谑"是玩笑。卷二十三所记大致为士大夫圈子中的幽默故事，而幽默往往包含某种事实或道理，所谓"亦庄亦谐"也是笔记体著作本有的一种风格。

卷二十三

石曼卿微行娼馆

石曼卿为集贤校理①，微行倡馆②，为不逞者所窘③。曼卿醉与之校，为街司所录④。曼卿诡怪不羁，谓主者曰："只乞就本厢科决⑤，欲诘旦归馆供职⑥。"厢帅不喻其谲，曰："此必三馆吏人也。"杖而遣之。

【注释】

①石曼卿：即石延年。史载其以秘阁校理迁太子中允，未尝为集贤校理。

②微行：不暴露真实身份地暗地出行。倡馆：指妓院。

③不逞者：不逞之徒，为非作歹的家伙。

④街司：即左右金吾街司。属卫尉寺，掌以军兵宿卫宫殿及巡逻街市等。录：登记处理。

⑤厢：军队编制单位。科决：按规定的科条处罚判决。

⑥诘旦：明天早晨。

【译文】

石曼卿为集贤校理时，有一次夜里私下逛妓院，碰上几个为非作歹的家伙，被弄得很难堪。石曼卿喝醉了，与几个家伙争吵计较，结果被金吾街司的巡逻兵带走。石曼卿为人诡诈怪异，不拘小节，就对主事的厢兵头目说："只请求就在你们这里受罚了断，我明天早晨还要回三馆上班。"厢兵头目不明白他的滑稽暗示，就说："这家伙必定是三馆的吏人。"因此就打了他板子，把他放了。

热中允不博冷修撰

旧日官为中允者极少①，唯老于幕官者累资方至，故为之者多潦倒之人。近岁州县官进用者多除中允，遂有"冷中允"、"热中允"。又集贤殿修撰②，旧多以馆阁久次者为之，近岁有自常官超授要任、未至从官者多除修撰③，亦有"冷撰"、"热撰"。时人谓"热中允不博冷修撰"。

【注释】

①中允：即太子中允，太子东宫官属。

②集贤殿修撰：宋代文官高等贴职，级别在学士之下、直阁之上。

③常官：指常调官，即升迁时按正常程序授予相应职务的官员。从官：指侍从官。宋代以诸殿阁学士、直学士、待制与翰林学士、给事中、六部尚书、侍郎为侍从官，皆为执政官以下最高层次的职事官或贴职官。

【译文】

过去除授太子中允这一官职的人极少，只有久为幕职官而不得提拔、累积了较高资格的人才以这一官职安置，所以被任命为此官的多是仕途潦倒不得志之人。近年州县官被升职任用的多除授太子中允，因此有"冷中允"、"热中允"的说法。再就是集贤殿修撰，过去多授予久任馆职而待次需要提拔的人，近年有自常调官越级提拔担任要职而又未达到侍从官资格的人多授予修撰的职名，因此也有"冷修撰"、"热修撰"的说法。时人称"热中允换不过冷修撰"。

不识字更快活

梅询为翰林学士①，一日书诏颇多，属思甚苦。操觚循阶而行②，忽见一老卒卧于日中，欠伸甚适。梅忽叹曰："畅哉！"徐问之曰："汝识字乎？"曰："不识字。"梅曰："更快活也。"

【注释】

①梅询（964—1041）：字昌言，宣城（今属安徽）人。官至翰林侍读学士、给事中。

②操觚（gū）：犹言拿着纸笔。觚，古代书写用的木简。

【译文】

梅询为翰林学士时，有一天要起草的诏令文件颇多，构思很是苦恼。他拿着纸笔沿台阶边想边走，忽然看见一个老兵躺在日头里，暖洋洋地伸着懒腰很舒适。梅询忽然叹道："真是快活啊！"徐徐问老兵："你识字吗？"老兵回答说："不识字。"梅询说："那就更快活了。"

馆阁"害肚历"

馆阁每夜轮校官一人直宿，如有故不宿，则虚其夜，谓之"豁宿"。故事，豁宿不得过四，至第五日即须入宿。遇豁宿，例于宿历名位下书"腹肚不安，免宿"，故馆阁宿历，相传谓之"害肚历"。

【译文】

三馆秘阁每夜轮流校勘官一人在馆中住宿值班，如有事情不能住宿值班就空一夜，这种情况被称为"豁宿"。按从前的制度，豁宿不得超过四天，到第五天就必须入馆中宿值。凡是要豁宿，馆阁官相沿成例地在值班簿当值人的名位下写上"腹肚不安，免宿"几个字，所以馆阁夜宿的值班簿，时人相传称之为"害肚历"。

杂志

　　卷二十四、卷二十五以"杂志"为标题，所录大约是作者认为不易归类的材料，故总汇于书末，而称为"杂志"。实际全书都是杂记性的，分类只是相对的，所以各类别之间多有内容性质相近的条目。就材料的重要性而言，用今天的眼光来看，这两卷绝不低于其他各卷，如有关石油、盐南风、海陆变迁、雁荡山、指南针、胆矾炼铜、边州木图、李顺事迹等条，都在这一类。这一类中还有很值得重视的历史条目，如"士人以氏族相高"条考及印度的种姓制度及中原门阀制度的历史沿革，"景祐中党项首领赵德明卒"条颇为详细地叙及西夏的历史，"交趾乃汉唐交州故地"、"广源州"、"甲峒"诸条叙述五代及北宋时交、广地区的历史，"青堂羌本吐蕃别族"条考察唃厮啰政权的历史等，都可作为研究宋代历史的参考。由于这部分条目篇幅稍大，这次没有选，故下录偏重于自然科学的方面。

卷二十四

鄜延境内有石油

鄜延境内有石油，旧说高奴县出"脂水"①，即此也。生于水际，沙石与泉水相杂，惘惘而出②。土人以雉尾襄之③，乃采入缶中，颇似淳漆。燃之如麻，但烟甚浓，所沾幄幕皆黑。予疑其烟可用，试扫其煤以为墨④，黑光如漆，松墨不及也⑤，遂大为之，其识文为"延川石液"者是也⑥。此物后必大行于世，自予始为之。盖石油至多，生于地中无穷，不若松木有时而竭。今齐、鲁间松林尽矣，渐至太行、京西、江南松山，大半皆童矣⑦。造煤人盖未知石烟之利也⑧。石炭烟亦大⑨，墨人衣。予戏《延州诗》云："二郎山下雪纷纷，旋卓穹庐学塞人。化尽素衣冬未老，石烟多似洛阳尘。"⑩

【注释】

①高奴县：汉代旧县名，治今陕西延安东北延河北岸。

②惘惘：通"往往"。

③雉尾：野鸡的长尾羽。襄（yì）：通"浥"，沾。

④煤：指烟尘、烟灰。

⑤松墨：用松木燃烧的烟灰制成的墨。

⑥识（zhì）文：标记文字。

⑦童：秃顶，泛指秃。

⑧造煤人：造制墨用烟灰的人。此泛指制墨者。

⑨石炭：即现在所称煤炭。

⑩此诗大意是说：边境天寒已下起大雪，因效法塞外人立起毡帐过冬。在毡帐里点燃石油照明，以致衣服都被熏黑了而冬天还未过去，烟灰多得像洛阳的尘土。

【译文】

鄜延路境内有石油，前人记载说高奴县境出"脂水"，就是这东西。石油出于河流沿岸，凡是有沙石与泉水相混杂的地方，往往会有石油冒出。当地人用野鸡的长尾羽把它蘸起来，采集到瓦罐里，很像是浓漆。石油燃烧之后像麻絮，但是烟非常浓，帷幄帐幕沾上它的烟尘就全变成黑的。我疑心它的烟灰可以利用，就试着扫起来用以制墨，结果造出来的墨黑光如漆，连用松烟制造的墨也比不上，于是就让人成批地制造，这就是那些印着"延川石液"四字标记的墨。这一种墨以后必然大行于世，我的试验只是个开始。这是由于石油至多，生于地下无穷无尽，而不像松木原料的来源那样有时会枯竭。如今齐、鲁地区的松林已经没有了，渐至于太行山、京西地区以及江南的松山，大半也光秃秃的了。制墨的人大概现在还不知道使用石油烟尘能够获利。石炭的烟尘也很大，能沾黑人的衣服。我曾戏作一首《延州石油诗》说："二郎山下雪纷纷，旋卓穹庐学塞人。化尽素衣冬未老，石烟多似洛阳尘。"

盐南风与汝南风

解州盐泽之南，秋夏间多大风，谓之"盐南

风"。其势发屋拔木，几欲动地，然东与南皆不过中条①，西不过席张铺②，北不过鸣条③，纵广止于数十里之间。解盐不得此风不冰④。盖大卤之气相感，莫知其然也。又汝南亦多大风，虽不及盐南之厉，然亦甚于他处，不知缘何如此。或云："自城北风穴山中出。"今所谓风穴者已夷矣，而汝南自若，了知非有穴也。方谚云："汝州风，许州葱。"其来素矣。

【注释】

①中条：即今山西西南部中条山。主峰在永济东南。

②席张铺：即今山西运城西部盐湖区席张乡。西接永济境，东邻解州镇。

③鸣条：指鸣条岗，在今运城北，处夏县与临猗之间。

④不冰：指盐水不能结晶。制盐时，引盐池水入畦，因盐水的水气重，湿度大，须借助南风加速蒸发，才能更快析出结晶。

【译文】

解州盐泽的南面，秋夏之交常刮大风，人们称之为"盐南风"。其风势能够掀掉屋顶，拔出树木，几乎像要发生地震，然而东面与南面都不过中条山，西面不过席张铺，北面不过鸣条岗，范围只限于纵横几十里之间。解州盐若没有这种大风，就不能从盐泽的咸水中析出结晶。大概是含盐量很高的咸水的气息能够与盐南风相感应，没有人能说得清为什么是这样。还有汝南也多刮大风，虽然不及盐南风厉害，却也比其他地方猛烈，不知是什么缘故。或说："汝南风是从城北的风穴山中吹出来的。"但所谓风穴山现在早已夷为平地，而汝南风照常刮，可知完全不是因为有什么风穴。方言有谚语说："汝州风，许州葱。"可见这风也由来已久。

跳兔

契丹北境有跳兔，形皆兔也，但前足才寸许，后足几一尺。行则用后足跳，一跃数尺，止则蹶然仆地①。生于契丹庆州之地大漠中，予使虏日捕得数兔持归。盖《尔雅》所谓"鼨兔"也，亦曰"蛩蛩巨虚"也。

【注释】

①蹶然：倒地的样子。蹶，与"仆"同义。

【译文】

契丹人国境的北部有一种跳兔，体形完全和普通的兔子一样，但它的前腿才一寸来长，后腿则几乎长一尺。跑的时候用后腿跳，一次跳跃有好几尺，停下来则看上去就要仆倒在地。它生存于契丹庆州之地的大漠中，我出使辽国时曾捕得几只带回来。这大概就是《尔雅》所说的"鼨兔"，也叫"蛩蛩巨虚"。

蝅

蟭蟟之小而绿色者①，北人谓之"蝅"②，即

《诗》所谓"螓首蛾眉"者也，取其顶深且方也^③。又闽人谓大蝇为"胡螓"，亦螓之类也。

【注释】

①蟭蟟（jiāoliáo）：蝉的一种。又称"蛁蟟"，实即"知了"之古称。

②螓（qín）：一种形体短小而方头宽额的蝉。

③顶深：指头部前后较长。

【译文】

　　有一种形体短小而绿色的蝉，北方人叫做"螓"，也就是《诗经》中所说的"螓首蛾眉"的"螓"。《诗经》用以形容美人，就是取意于螓的头部前后深厚且额头方正。福建人又称一种大蝇为"胡螓"，大概是和螓属于同一类的昆虫。

白雁

　　北方有白雁，似雁而小，色白，秋深则来。白雁至则霜降，河北人谓之"霜信"。杜甫诗云"故国霜前白雁来"，即此也。

【译文】

　　北方有一种白雁，像雁而形体小，羽毛是白色的，深秋时就飞来。白雁飞来就是霜降的季节，所以河北人把这种鸟叫做"霜信鸟"。杜甫诗说"故国霜前白雁来"，指的就是这种鸟。

海陆变迁

予奉使河北，遵太行而北，山崖之间往往衔螺蚌壳及石子如鸟卵者，横亘石壁如带。此乃昔之海滨，今东距海已近千里。所谓大陆者，皆浊泥所湮耳①。尧殛鲧于羽山②，旧说在东海中，今乃在平陆。凡大河、漳水、滹沱、涿水、桑乾之类，悉是浊流。今关陕以西，水行地中，不减百余尺，其泥岁东流，皆为大陆之土，此理必然。

【注释】

①湮：通"堙"，壅塞、埋没，亦犹今言积淀。

②尧殛（jí）鲧（gǔn）于羽山：相传鲧治水不成，被尧诛杀（一说流放）于羽山。古地理上的羽山，学者多谓在今山东郯城东北，或又相传在蓬莱。

【译文】

我奉命出使河北察访，沿着太行山北行，山崖的岩石间往往夹杂着螺蚌壳及像鸟卵的石子，横亘在石壁上像带子。这里应是昔日的海滨，而现在东距大海已有近千里。所谓大陆，看来都是由重浊的泥沙积淀而成的。古史记载尧杀鲧于羽山，旧说羽山在东海中，而现在却在陆地上。凡黄河、漳水、滹沱、涿水、桑乾等河流，全都是浑浊的水流。现在关陕以西，水在低于地面的峡谷中流动，最深处不下百余尺，所携带的泥沙每年向东流，都成为造大陆的泥土，大陆由此形成也就是必然之理。

温州雁荡山

温州雁荡山，天下奇秀，然自古图牒①，未尝有言者。祥符中，因造玉清宫，伐山取材，方有人见之，此时尚未有名。按西域书，阿罗汉诺矩罗居震旦东南大海际雁荡山芙蓉峰龙湫②，唐僧贯休为《诺矩罗赞》③，有"雁荡经行云漠漠，龙湫宴坐雨濛濛"之句。此山南有芙蓉峰，峰下芙蓉驿前瞰大海，然未知雁荡、龙湫所在，后因伐木，始见此山。山顶有大池，相传以为雁荡；下有二潭水，以为龙湫。又有经行峡、宴坐峰，皆后人以贯休诗名之也。谢灵运为永嘉守④，凡永嘉山水游历殆遍，独不言此山，盖当时未有雁荡之名。予观雁荡诸峰，皆峭拔崄怪，上耸千尺，穹崖巨谷⑤，不类他山，皆包在诸谷中，自岭外望之都无所见，至谷中则森然干霄⑥。原其理，当是为谷中大水冲激，沙土尽去，唯巨石岿然挺立耳。如大小龙湫、水帘、初月谷之类，皆是水凿音漕之穴，自下望之则高岩峭壁，从上观之适与地平，以至诸峰之顶亦低于山顶之地面。世间沟壑中，水凿之处皆有植土龛岩⑦，亦此类耳。今成皋、陕西大涧中⑧，立土动及百尺，迥然耸立，亦雁荡具体而微者，但此土彼石耳。既非陡出地上，则为深谷林莽所蔽，故古人未见，灵运所不至，理不足怪也。

【注释】

①图牒：指地理图书。

②诺矩罗：相传为佛教十六大阿罗汉之一，居第五。

震旦：古代印度人对中国称呼的译名。佛经用此

名。雁荡：南方人称浅水湖为"荡"。相传此荡为

秋雁南归时所宿，故称"雁荡"。

③贯休：唐代僧人、诗人。《诺矩罗赞》：诺矩罗画像

的题词。

④谢灵运（385—433）：东晋末、南朝初著名诗人，

为早期山水诗的代表人物。

⑤穹（qióng）：高大。

⑥干（gān）：冲。

⑦植土龛岩：直立的土龛和土崖。较低者称"龛"，较

高者称"岩"，此皆指断土所成者。

⑧成皋：今河南荥阳汜水镇。陕西：指陕州（今河南

陕县）西部。

【译文】

温州的雁荡山，是名闻天下的一座神奇秀丽的山，然

而自古以来的地理图书，却从未见有提到过它的。大中祥

符年间，因为朝廷建造玉清昭应宫，在这里开山伐木取材，

才有人发现它，当时它还没有名气。按西域佛教书籍的记

载，大阿罗汉诺矩罗居住在中国东南大海边的雁荡山芙蓉

峰下的龙湫，唐代僧人贯休所作的《诺矩罗赞》中，便有

"雁荡经行云漠漠，龙湫宴坐雨濛濛"的诗句。这座山的南

面有芙蓉峰，峰下有芙蓉驿俯瞰前面的大海，然而不知道

雁荡、龙湫在什么地方，后来因为伐木，才见到这座山。

山顶有个大池，传说以为这就是雁荡；下面有两个水潭，

以为这就是龙湫。又有经行峡、宴坐峰，都是后人借用贯休的诗句为它们起的名字。谢灵运曾经为永嘉太守，凡永嘉一带的山水，他游历殆遍，却唯独不曾提到此山，大概当时它还没有"雁荡"这个名称。我观察雁荡诸峰，都峭拔险怪，上耸千尺，高崖巨谷，不似他山，然而它们全都包藏在各个山谷中，自岭外望去则什么都看不见，至谷中才发现它们森然耸立，直冲云霄。推原其形成之理，当是因为山谷中大水的冲激，沙土都被冲走，于是就只剩下那些巨大的岩石岿然挺立在那里。如大小龙湫、水帘谷、初月谷之类，都是大水冲凿出来的坑穴，从下面仰望是高岩峭壁，从上面看去则恰与地面相平，以至于诸峰的峰顶也低于山顶之外的地面。世上的沟壑之中，被大水冲凿之处都有直立的土龛和土崖，也属于这一类。如今成皋至陕州西部一带的大涧中，直立的土崖动及百尺，迥然耸立，也可说就是具体而微的雁荡山，只不过这里是土崖而那里是石山而已。雁荡山既陡峭地立于地面上，就一定被深山峡谷的莽莽丛林所掩蔽，因而古人未见此山，谢灵运也不曾到过，就理应不足为怪了。

木天

内诸司舍屋①，唯秘阁最宏壮。阁下穹隆高敞②，相传谓之"木天"③。

【注释】

①内诸司：设在皇城内的各中央机构。

②穹隆：中间高、四周低之形。此代指殿阁的顶部。

③木天：古人以为天是穹隆形，常称之为"苍穹"，故此以"木天"作比。

【译文】

宫城内各机构的屋舍建筑，只有秘阁最为宏伟壮观。站在阁下仰望，穹隆形的阁顶高高地向四面敞开，历来相传，称之为"木天"。

指南针

方家以磁石磨针锋，则能指南，然常微偏东，不全南也。水浮多荡摇，指爪及碗唇上皆可为之，运转尤速，但坚滑易坠；不若缕悬为最善。其法，取新纩中独茧缕①，以芥子许蜡缀于针腰②，无风处悬之，则针常指南。其中有磨而指北者，予家指南北者皆有之。磁石之指南，犹柏之指西，莫可原其理。

【注释】

①纩（kuàng）：丝绵絮。

②芥子：芥末粒。

【译文】

方术家用磁石磨针尖，则针尖能指南，然而常常微微偏东，不完全指向正南方。让带磁的针浮在水上，则多摇荡；放在指甲上或碗边上试验也可以，而且转动速度更快，但这类物品坚硬光滑，针容易坠落；不如用丝线把针吊起来，这是最好的办法。其办法是从新缲出的丝絮中，抽出由一只茧拉出的丝，用芥末粒大小的一点蜡，把它粘缀于针腰处的平衡点上，在无风的地方悬挂，则针尖常常指南。其中也有针尖磨过之后指北的，我家里指南指北的都有。磁石指南的特性，犹如柏树的生长偏向西方，现在还无法推原其道理。

钟馗之设

岁首画钟馗于门，不知起自何时。皇祐中，金陵发一冢①，有石志②，乃宋宗悫母郑夫人③。宗悫有妹名钟馗，则知钟馗之设亦远矣。

【注释】

①金陵：今江苏南京。

②石志：用石板雕刻制作的墓志（记死者生平等）。古人墓志或盛于匣中随葬，或亦刻成碑文立于墓道。

③宗悫（？—465）：南朝刘宋时人。官至豫州刺史。

【译文】

每年元旦时在门上画钟馗，不知源起于何时。皇祐年间，金陵发掘出一座古墓，有石制的墓志，据此知道这是南朝刘宋时宗悫之母郑夫人的墓。墓志载宗悫有个妹妹名叫钟馗，可见有关钟馗的风俗已经行之久远了。

茶芽

茶牙①，古人谓之"雀舌"、"麦颗"②，言其至嫩也。今茶之美者，其质素良③，而所植之土又美，则新牙一发，便长寸许，其细如针。唯牙长为上品，以其质干、土力皆有余故也。如雀舌、麦颗者，极下材耳，乃北人不识，误为品题。予山居，有《茶论》，《尝茶诗》云："谁把嫩香名雀舌？定知北客未曾尝。不知灵草天然异，一夜风吹一寸长。"

【注释】

①牙：古用作"芽"字。

②雀舌、麦颗：指茶的新芽初生，如鸟舌、麦粒的形状。

③质：下称"质干（树干之干）"，实指茶树的品种。

【译文】

茶的新芽，古人称之为"雀舌"、"麦颗"，都是说它极鲜嫩的。现在的好茶，只要茶树的品种一向优良，而所栽植的土壤又好，则新芽一生出来，就有一寸长左右，细得像针。只有芽长的才是上品，因为这种茶树的品种、枝干以及土壤的肥力，都足以让它们长出长芽而有余。像雀舌、麦粒那种形状的，其实是极下等的造茶材料，不过因为北方人不懂，才把它们视为上品而误加称道。我居处山林，曾作《茶论》，又有《尝茶诗》写道："谁把嫩香名雀舌？定知北客未曾尝。不知灵草天然异，一夜风吹一寸长。"

闽中小核荔枝

闽中荔枝，核有小如丁香者①，多肉而甘，土人亦能为之。取荔枝木去其宗根②，仍火燔令焦，复种之，以大石抵其根，但令傍根得生，其核乃小，种之不复牙^③。正如六畜去势，则多肉而不复有子耳。

【注释】

①丁香：指丁香荔，一种小核良种荔枝。

②宗根：最靠近根部的老本和主根。

③牙：同"芽"，发芽。

【译文】

福建地区的荔枝，核有小得像丁香荔的，肉多而甘甜，当地人也能种植这种荔枝。其办法是拿普通的荔枝树，把它的老本和主根取下来，又用火把它烤得焦乎乎的，再栽到地里去，并用大石头压住它的根，只让它从旁边生根，这样长出来的荔枝核就小，再种这种核也不再发芽。正如家畜被阉割去势后，就会多长肉而不再能繁殖后代。

傍不肯

元丰中，庆州界生子方虫^①。方为秋田之害，忽有一虫生，如土中狗蝎^②，其喙有钳，千万蔽地，遇子方虫则以钳搏之，悉为两段。旬日，子方皆尽，岁以大穰。其虫旧曾有之，土人谓之"傍不肯"。

【注释】

①庆州：今甘肃庆阳。子方虫：亦写作"虸蚄"，一种螟蛉的幼虫。

②狗蝎：土狗子和蝎子。

【译文】

　　元丰年间，庆州境内发生子方虫的灾害。正当这种虫为害秋天的庄稼，忽然又有一种虫子出现，像土狗子和蝎子，它嘴上有钳子，千千万万地遮蔽地面，碰上子方虫就用它的钳子搏噬，子方虫都被剪成两段。不过十天半月，子方虫都被吃光了，这年因此大丰收。这种虫过去曾有过，当地人把它叫作"傍不肯"。

芋梗治蜂毒

　　处士刘易隐居王屋山①，尝于斋中见一大蜂罥于蛛网②，蛛搏之，为蜂所螫坠地③。俄顷，蛛鼓腹欲裂，徐行入草。蛛啮芋梗微破④，以疮就啮处磨之，良久，腹渐消，轻躁如故。自后人有为蜂螫者，捼芋梗傅之则愈。

【注释】

①刘易：忻州（今山西忻县）人。博学好古，隐居不仕，卒于治平末年。

②罥（juàn）：被缠绕挂住。

③螫：旧读 shì，今亦读 zhē，同"蜇"，指毒虫用毒刺刺人、畜或其他生物。

④芋：俗称"芋头"。

【译文】

　　处士刘易隐居于王屋山，曾在书房内看到一只大蜂被蛛网挂住，蜘蛛搏击蜂子，反被蜂子蜇刺而坠落地上。不一会儿，蜘蛛腹部肿胀起来似乎要破裂，就慢慢爬到了草中。蜘蛛微微咬破了一条芋头的梗，把被毒刺的疮口靠到芋梗咬破处摩擦，过了一阵子，其腹部的肿胀逐渐消了下去，又和先前一样轻松狂躁。从那以后，人有被毒蜂蜇了的，揉搓芋梗敷在伤口上就能痊愈。

乌脚溪

漳州界有一水①，号"乌脚溪"，涉者足皆如墨。数十里间水皆不可饮，饮则病瘴②，行人皆载水自随。梅龙图公仪宦州县时③，沿牒至漳州④，素多病，预忧瘴疠为害。至乌脚溪，使数人肩荷之⑤，以物蒙身，恐为毒水所沾。兢惕过甚，睢盱瞿铄⑥，忽坠水中，至于没顶乃出之，举体黑如昆仑⑦。自谓必死，然自此宿病尽除，顿觉康健，无复昔之羸瘵⑧，又不知何也。

【注释】

①漳州：今属福建。

②瘴：瘴气，山林间湿热有毒、易致疾病的气。又称"瘴疠"。

③梅龙图：即梅挚。字公仪，成都新繁（今并入新都）人。官至龙图阁学士。

④沿牒：随牒，服从上级指派。犹今言职务调动。

⑤肩荷：用肩舆抬着。肩舆，即长竹竿夹椅子的代步

工具。

⑥睢盱（huīxū）：张目貌。矍铄（juéshuò）：惊视的
样子。

⑦昆仑：指"昆仑奴"，古人对南洋一带皮肤黝黑的人
及非洲黑人的统称。

按：此水能染黑人体，大约是因为麦角碱含量过高。
此种物质能使人得黑脚病，引起皮肤坏疽。

⑧羸瘵（léizhài）：病弱。

【译文】

　　漳州境内有一条河，叫做"乌脚溪"，蹚水过河的人，
腿脚都会像被墨汁染过。数十里之间的水都不可饮用，饮
用了就会得瘴气病，路过这里的人都随身自己带着饮用水。
龙图梅公仪在州县为官时，调动到漳州，他素来多病，来
之前就担心身体会更遭受瘴疠的伤害。至乌脚溪，让数人
用肩舆抬着他过河，并用物品把全身蒙住，恐怕被有毒的
水沾染。由于过分警惕，战战兢兢的，惊视水中，忽然掉
了下去，以至于淹没了头顶才被捞出来，全身都黑得像是
黑人。自以为必死无疑，然而从此以后，多年的旧病全都
没有了，顿觉身体康健，不再像以前那样病弱，而到底不
明白这是什么缘故。

卷二十五

枳首蛇

宣州宁国县多枳首蛇^①，其长盈尺，黑鳞白章，两首文彩同，但一首逆鳞耳。人家庭槛间，动有数十同穴，略如蚯蚓。

【注释】

①宁国县：今安徽宁国。枳（zhī）首蛇：《尔雅》作"轵首蛇"，旧注谓指"歧头蛇"，即一蛇两首，而两首同在一端。此所记则为两首在两端的蛇，又称"两头蛇"。枳，通"枝"，歧出。

【译文】

宣州宁国县多有枳首蛇，长一尺多，有黑鳞和白花纹，两首的花纹颜色一样，但有一首的鳞是倒着的。人家庭院门槛之间，动辄有几十条同在一穴中，就跟蚯蚓差不多。

胆矾炼铜

信州铅山县有苦泉^①，流以为涧，挹其水熬之则成胆矾，烹胆矾则成铜。熬胆矾铁釜，久之亦化为铜。水能为铜，物之变化，固亦不测。按《黄帝·素问》有"天五行、地五行，土之气在天为湿，土能生金石，湿亦能生金石"，此其验也。又石穴中，水所滴皆为钟乳、殷蘖^②；春、秋分时^③，汲井泉则结石花；大卤之下，则生阴精石^④：皆湿之所化也。如木之气在天为风，木能生火，风亦能生火，盖五行之性也。

【注释】

①铅（yán）山县：今属江西。

②殷孽：钟乳石的根部。又称"姜石"，中医亦称"通石"。

③春、秋分：春分和秋分。

④阴精石：见下卷"太阴玄精石"条。

【译文】

信州铅山县有处泉水叫苦泉，水流成为山间溪水，舀取其水煎熬就能熬成胆矾，再熬胆矾就能熬成铜。熬胆矾的铁锅，日子久了也会变成铜。水能够变成铜，物质的变化，确也无法推测。按《黄帝内经·素问》一书记载"天有五行、地有五行，土之气在天为湿，土能生金石，湿气也能生金石"，这水变铜的事例就是一种明验。另外在石穴中，水滴下来都能形成钟乳石、姜石；春分和秋分时节，从井泉中汲出的水能结成石花；含盐量很高的卤水地下，则能生成阴精石：这些都是由湿气所化成的。如木之气在天为风，木能生火，风也能生火，大概五行的本性就是这个样子。

古之节

古之节如今之虎符①，其用则有圭、璋、龙、虎之别，皆楺将之②，"英荡"是也③。汉人所持节，乃古之旄也④。予在汉东得一玉琥⑤，美玉而微红，酣酣如醉肌⑥，温润明洁，或云即玫瑰也⑦。古人有以为币者⑧，《春官》"以白琥礼西方"是也；有以为货者，《左传》"加以玉琥二"是也⑨；有以为瑞节者，"山国用虎节"是也⑩。

【注释】

①节：符节，古代用作凭证之物。虎符：古代用以调兵遣将的兵符。铜制，虎形，分作两半，帝王与统兵官各执一半，调兵时两半验合方能生效。

②椟将：装在匣子里携带。椟，木匣。

③英荡：《周礼·地官·司徒·掌节》谓各种金制的节"以英荡辅之"，旧注或说"英荡"即"画函"（有漂亮绘画装饰的木匣）。沈括此处用此意，指"英荡"即"椟"。

④旄：装饰牦牛尾的旗子。汉人出使所持的节，在竹竿上缀牦牛尾饰物，又称"节旄"。

⑤琥：玉制的虎形器。

⑥酣酣：艳丽的样子。

⑦玫瑰：一种美玉。

⑧币：礼物。

⑨加以玉琥二：《左传》昭公三十二年原文作"赐子家子双琥"。

⑩山国用虎节：为《周礼·掌节》之文，以为出使山地国家要用虎形的节。

【译文】

　　古代的节犹如今天的虎符，但在使用时有圭节、璋节、龙节、虎节的分别，都装在木匣里携带，《周礼》所说的"英荡"就是这种匣。汉人所持的节，其实是古代的旄。我在汉东地方得到一件玉琥，玉很漂亮而微微发红，艳艳地就像美人醉后的肌肤，温润明洁，有人说这就是玫瑰玉。古人有以玉琥为礼物的，《周礼·春官》篇所说的"以白琥礼西方"就是礼物；有以玉琥为财物的，《左传》提到"加以玉琥二"就是财物；有以玉琥为吉祥的符节的，《周礼》记载的"山国用虎节"就是这种用途。

汴渠落差测量

　　国朝汴渠，发京畿辅郡三十余县[①]，夫岁一浚。祥符中，阁门祇候使臣谢德权领治京畿沟洫[②]，权借浚汴夫，自尔后三岁一浚，始令京畿民官皆兼沟洫河道[③]，以为常职。久之，治沟洫之工渐弛，邑官徒带空名，而汴渠有二十年不浚，岁岁埋淀；异时京师沟渠之水皆入汴，旧尚书省《都堂壁记》云"疏治八渠，南入汴水"是也。自汴流埋淀，京城东水门下至雍丘、襄邑[④]，河底皆高出堤外平地一丈二尺余，自汴堤下瞰，民居如在深谷。熙宁中，议改疏洛水入汴。予尝因出使，按行汴渠，自京师上善门量至泗州淮口[⑤]，凡八百四十里一百三十步；地势，京师之地比泗州凡高十九丈四尺八寸六分，于京城东数里白渠中穿井至三丈，方见旧底。验量地势，用水平、望尺、干尺量之⑥，不能无小差。汴渠堤外，皆是出土故沟水，令相通，时为一堰节其水；候水平，其上渐浅涸，则又为一堰，相齿如阶陛。乃量堰之上下水面相高下之数，会之，乃得地势高下之实。

【注释】

①京畿（jī）辅郡：指京城周围地区各州县。

②祗（zhī）候：职官名。宋代祗候分置于东、西上阁门，与阁门宣赞舍人并称阁职，祗候分佐舍人。谢德权（953—1010）：字士衡，福州（今属福建）人。初仕南唐，入宋仕至西染院使。

③民官：指各州县长官。别本或从下文作"邑官"。

④雍丘、襄邑：今河南杞县、睢县。

⑤淮口：汴水入淮河的河口，在今江苏泗洪东南。

⑥望尺、干尺：即测高的标杆和测距的量杆。

【译文】

本朝汴渠，原先经常征发京师周围地区三十多个县的民夫，每年疏浚一次。大中祥符年间，阁门祗候使臣谢德权执掌京畿地区河渠的治理事务，暂时借调疏浚汴渠的民夫，自此以后，汴渠改为三年疏浚一次，并诏令京畿地区的州县官都兼管治理沟渠河道之事，以为经常的职责。历时既久，治理沟渠河道的工役逐渐废弛，州县官徒有兼管的空名，而汴渠已有二十年不曾疏浚，年年壅堵淤淀；以往京城沟渠的水也都流入了汴渠，旧时尚书省的《都堂壁记》所说的"疏通八条水渠，让它们都南流入汴水"，指的就是这种情况。自汴水逐渐壅堵淤淀后，从京城以东的水门直到雍丘、襄邑的水道，河床都高出堤外的平地一丈二尺多，从汴堤上往下看，民居都好像在深谷中。熙宁年间，朝廷打算改引洛水入汴渠。我曾利用出使的机会，循行勘查汴渠的情况，从京城的上善门测量到泗州的淮口，共有八百四十里一百三十步的距离；这中间的地势，京师地面比泗州高出了十九丈四尺八寸六分，在京城以东数里的白渠中打井至三丈深，才见到汴渠原先在这里的河床。测量地势，仅用水平仪、标杆和量杆测量，不能保证没有小误差。汴渠的堤坝之外，到处都是修堤时挖土留下的旧水沟，我就让人把这些水沟打通，时时隔一段就筑上一道堰以拦截沟中的水；等到这道堰中的水满平了，就在它上面已逐渐变浅或干涸的地方再筑一道堰拦截水，再使满平，这样一道一道筑上去的堰排列起来就像台阶。于是一段一段测量上下堰之间水面的高低之数，最后会集累加起来，也就得出了地势高下的实际落差数值。

江湖不遇风之术

江湖间唯畏大风。冬月风作有渐，船行可以为备；唯盛夏风起于顾盼间，往往罹难①。曾闻江国贾人有一术②，可免此患。大凡夏月风景③，须作于午后。欲行船者，五鼓初起，视星月明洁，四际至地皆无云气，便可行，至于巳时即止④。如此，无复与暴风遇矣。国子博士李元规云："平生游江湖，未尝遇风，用此术。"

【注释】

①罹（lí）难：遇难。罹，遭遇。

②江国：泛指长江沿岸地区。有时也指江淮之间。

③风景：疑当作"风暴"，与下文"暴风"相应。

④巳时：今上午九时至十一时。

【译文】

在江湖上行船，就怕大风。冬季的风是渐渐刮起来的，要行船可以早作防备；盛夏的风则转瞬间就会刮起，行船的人往往会遇难。曾听说长江岸边的商人有一种办法，可以避免此种祸患。大凡夏天的风如果暴烈，必起于午后。要行船的人，夜间五更初刻就起来看天，见天上星月明亮皎洁，四周天际直到地面都无云气，便可出行，而到中午以前就停下来。这样，就不会再遇上暴风了。国子博士李元规说："平生游历江湖，行船未尝遇到过大风，用的就是这办法。"

大蓟

予使虏至古契丹界，大蓟茇如车盖①，中国无此大者。其地名"蓟"，恐其因此也，如杨州宜杨、荆州宜荆之类②。"荆"或为"楚"，"楚"亦荆木之别名也。

【注释】

①大蓟茇（bá）：草名。通称"大蓟"，有的方言也称"大蓟菜"。

②杨州：史书一般写作"扬州"。

【译文】

我出使契丹，到了契丹人从前居住的地界，见到大蓟
荶就像车盖一般大，在中原没有这么大的。这地方以"蓟"
为地名，恐怕就是因为这种大蓟荶特别多的缘故，有如杨
州适宜杨树生长、荆州适宜荆木生长之类。"荆"又称作
"楚"，"楚"也是荆木的另一名称。

契丹语入诗

刁约使契丹，戏为四句诗曰："押燕移离毕^①，
看房贺跋支^②。饯行三匹裂^③，密赐十貔貍。"皆纪
实也。移离毕，官名，如中国执政官；贺跋支，如
执衣、防阁^④；匹裂，似小木罌^⑤，以色绫木为之^⑥，
如黄漆；貔貍，形如鼠而大，穴居食谷梁，嗜肉，
狄人为珍膳，味如独子而脆^⑦。

【注释】

①押燕：主持宴会。指契丹为使者刁约设宴。

②看房：指护卫使者住处。

③饯行：指设宴为使者送行。

④执衣、防阁：官员的役人。唐代在京文武职事官皆
　　有防阁（从事护卫斋阁等），州县官及在外监官皆有
　　执衣（以随从执笔砚等）。

⑤罌：小罐。此指契丹人宴会上用的小木罐。

⑥色绫木：一种纹理像绫纹的木料。

⑦独（tún）：亦写作"豘"、"豚"，小猪。

【译文】

刁约出使契丹，戏谑地写了四句诗："押燕移离毕，看房贺跋支。饯行三匹裂，密赐十貔貍。"这四句诗记录的都是实事。移离毕，契丹的官名，如同中国的执政官；贺跋支，如同中国官员的役从执衣、防阁；匹裂，是一种像小木罐的器物，用色绫木制造，看上去有如用黄漆漆过；貔貍，是一种外形像老鼠而稍大的野兽，在地上打洞藏身，能吃谷物，又贪吃肉，契丹人以为珍贵的肉食，味道像小猪而肉更脆。

清节

蔡君谟尝书小吴笺云①："李及知杭州②，市白集一部，乃为终身之恨。此君殊清节，可为世戒。张乖崖镇蜀③，当邀游时，士女环左右，终三年未尝回顾。此君殊重厚，可以为薄夫之检押④。"此帖今在张乖崖之孙尧夫家。予以为买书而为终身之恨，近于过激，苟其性如此，亦可尚也。

【注释】

①蔡君谟：即蔡确（1037—1093）。字持正，晋江（今属福建）人。著名书法家。官至宰相。

②李及：字幼几，郑州（今属河南）人。官至御史中丞，以清介著称。史载其为官除饮食外，不市一物。

③张乖崖：即张咏（946—1015）。字复之，鄄城（今属山东）人。官至御史中丞，以强干著称。

④检押：法度，规矩。

【译文】

蔡君谟曾书写一小幅吴笺纸说："李及为杭州知州，买过一部白居易的诗集，竟成为终身的遗憾。此君格外有清节，可以为世人的儆戒。张乖崖镇守蜀中，当出游时，淑女环绕左右，终三年任期未曾回头看一眼。此君格外谨重厚道，可以为轻薄之人的法度。"此帖如今在张乖崖的孙子张尧夫家。我以为买书而为终身的遗憾，近于过激，但假如他天性如此，也是值得尊重的。

"天子请客"

陈文忠为枢密[①]，一日日欲没时，忽有中人宣召。既入右掖，已昏黑，遂引入禁中。屈曲行甚久，时见有帘帏灯烛，皆莫知何处。已而到一小殿，殿前有两花槛，已有数人先至，皆立廷中，殿上垂帘，蜡烛十余炬而已。相继而至者凡七人，中使乃奏"班齐"，唯记文忠、丁谓、杜镐三人[②]，其四人忘之，杜镐时尚为馆职。良久，乘舆自宫中出，灯烛亦不过数十而已。宴具甚盛，卷帘，令不拜，升殿就坐。御座设于席东，设文忠之坐于席西，如常人宾主之位。尧叟等皆惶恐不敢就位，上宣谕不已，尧叟恳陈自古未有君臣齐列之礼，至于再三。上作色曰："本为天下太平，朝廷无事，思与卿等共乐之。若如此，何如就外朝开宴？今日只是宫中供办，未尝命有司，亦不召中书辅臣。以卿等机密及文馆职任，侍臣无嫌，且欲促坐语笑，不须多辞。"尧叟等皆趋下称谢，上急止之，曰："此等礼数，且皆置之。"尧叟悚栗危坐，上语笑极欢。酒五六行，膳具中各出两绛囊，置群臣之前，皆大珠也。上曰："时和岁丰，中外康富，恨不得与卿等日夕相会。太平难遇，此物助卿等燕集之费。"群臣欲起谢，上云："且坐，更有。"如是酒三行，皆有所赐，悉良金重宝。酒罢，已四鼓，时人谓之"天子请客"。文忠之子述古得于文忠，颇能道其详，此略记其一二耳。

【注释】

①陈文忠：即陈尧叟（961—1017）。字唐夫，阆中（今属四川）人。真宗时官至枢密使加同平章事，卒谥文忠。

②杜镐（hào，938—1013）：字文周，无锡（今属江苏）人。久任官职，真宗时先后特置龙图阁直学士、学士使充之，禄秩至礼部侍郎。

【译文】

陈文忠为枢密院长官，有一天将日落时，忽然有宦官传宣皇上召见。陈文忠入皇城右掖门后，天已昏黑，遂被引入宫城内。曲曲弯弯地走了好久，不时见有帘幕灯烛，都不知道是什么地方。然后来到一座小殿，殿前有两个雕花的栏杆，已有几人先到，都站在殿前的庭院中，殿上垂着竹帘，点燃的蜡烛也不过十几支。相继来到的共有七人，掌礼仪的宦官于是奏称"班齐"，只记得七人中有陈文忠、丁谓、杜镐三人，其余四人忘记了，杜镐当时还只是馆职人员。许久，皇上的轿子从宫中出来，灯烛也不过几十盏。宴会准备得很丰盛，卷起帘子后，皇上令诸人不要叩拜，都升殿就座。皇上御座设在宴席的东面，而设陈文忠的座位于宴席的西面，如同常人宴客的宾主之位。陈文忠等都惶恐不敢就位，皇上不停地宣谕就座，陈文忠恳切陈述自古未有君臣并排列坐的礼仪，以至于解释再三。皇上不高兴地说："本来因为天下太平，朝廷无事，想与卿等共享快乐。如果这样，哪还比得上就在外朝开宴？今天只是宫中供给置办的，未尝叫有关部门做什么，也不召中书辅臣参加。以卿等都是担当机密职事和文馆职任的，侍从之臣没什么嫌疑，权且想促膝坐坐，说说笑笑，不必再多推辞。"陈文忠等都要趋下台阶称谢，皇上急忙制止，说："此等礼数，暂且都放下。"陈文忠等惶悚战栗，正襟危坐，皇上笑语极欢畅。酒喝了五六巡，餐具中间各给放了两个红锦囊，置于诸臣之前，都是大珠宝。皇上说："风调雨顺，年景丰收，中外康乐富足，恨不得与卿等每天晚上都聚会。太平世道难遇，这点东西就算赞助你们宴集游乐的费用。"诸臣欲起立称谢，皇上说："且坐，过会儿还有。"如此上酒三巡，都有赐予，全是美金重宝。宴会结束，已到了四更天，当时人称这次是"天子请客"。陈文忠之子述古得知其事于陈文忠，颇能道其详细，这里只是略记其一二。

"三不得"宅第

丞相陈秀公治第于润州①，极为闳壮②，池馆绵亘数百步③。宅成，公已疾甚，唯肩舆一登西楼而已。人谓之"三不得"：居不得，修不得，卖不得。

【注释】

①陈秀公：即陈升之（1011—1079）。神宗熙宁初年为宰相，善附会。

②闳（hóng）壮：宏伟壮丽。

③步：古代度量单位，六尺为步。

【译文】

丞相陈秀公在润州修建的宅第，极为宏阔壮丽，园池楼馆绵延数百步。宅第建成，秀公已病得很严重，只不过让人用轿子抬着登了一回西楼而已。人称这宅子有"三不得"：居不得，修不得，卖不得。

廖恩

福建剧贼廖恩聚徒千余人①，剽掠市邑，杀害将吏，江浙为之骚然。后经赦宥，乃率其徒首降，朝廷补恩右班殿直，赴三班院候差遣②。时坐恩黜免者数十人，一时在铨班叙录③，其脚色皆理私罪或公罪④，独恩脚色称出身以来并无公私过犯。

【注释】

①廖恩：北宋南剑州（今福建南平）人。为当地大姓，以经商致富。以曾有军功，对朝廷赏赐不满，遂于西宁十年（1077）聚众起事，屡败官军。不久投降，

补右班殿直（低级武臣阶官），任鄜延路指挥使。

②差遣：宋人称官员的实际职务为差遣。

③铨（quán）班叙录：指在吏部有关机构排队等待考查及调换差遣等。

④脚色：宋人对初入仕或其他官员所写个人简历的称呼。其内容须写明有无过犯。私罪、公罪：宋代官员因公务过失触罪而不涉徇私舞弊者称"公罪"，不关公务而因私情触罪或因公务而涉徇私者称"私罪"。私罪的处罚较公罪为重。

【译文】

福建大寇廖恩聚集徒众千余人，剽掠城邑，杀害将吏，江浙一带为之骚动。后经朝廷赦免，遂率领其徒众服罪投降，朝廷授予廖恩右班殿直的官衔，让他到三班院等候任命实际职务。当时因受廖恩起事的牵连而被降职和罢免的官员有数十人，一时在吏部铨考机构办理有关手续，他们的履历表上都必须写明因此事被治私罪或公罪，唯独廖恩的履历表自称为官以来没有公私过犯。

边州木图

予奉使按边，始为木图，写其山川道路。其初遍履山川，旋以面糊、木屑，写其形势于木案上。未几寒冻，木屑不可为，又镕蜡为之。皆欲其轻，易赍故也。至官所，则以木刻上之。上召辅臣同观，乃诏边州皆为木图，藏于内府。

【译文】

我奉命出使河北察访边境事宜，始制作木版地图，以摹绘边境的山川道路。起初先走遍了那里的山川，随后用面糊和木屑，在木案上塑制当地地形的模型。没过多久，因为天冷冰冻，用木屑不能做成，又改用熔蜡的办法制作。这些都是为了使地图轻便，容易携带。回到官署，乃雕刻成木版地图进献朝廷。皇上召集辅政大臣一起观看，于是下诏边地各州都制作木版地图，收藏于宫中的有关机构。

李顺

蜀中剧贼李顺陷剑南两川①，关右震动②，朝廷以为忧。后王师破贼，枭李顺③，收复两川，书加行赏，了无间言④。至景祐中，有人告李顺尚在广州，巡检使臣陈文琏捕得之，乃真李顺也。年已七十余，推验明白，因赴阙，覆按皆实。朝廷以平蜀将士功赏已行，不欲暴其事，但斩顺，赏文琏二官，仍阁门祗候。文琏泉州人，康定中告归泉州，予尚识之。文琏家有李顺案款⑤，本末甚详。顺本味江王小博之妻弟⑥，始王小博反于蜀中，不能抚其徒众，乃共推顺为主。顺初起，悉召乡里富人大姓，令具其家所有财粟，据其生齿足用之外⑦，一切调发，大赈贫乏；录用材能，存抚良善，号令严明，所至一无所犯。时两蜀大饥，旬日之间，归之者数万人，所向州县开门延纳，传檄所至无复完垒。及败，人尚怀之，故顺得脱去，三十余年乃始就戮。

【注释】

①李顺：北宋淳化四年（993）春随王小波起义，十二月王小波死后，代为首领。次年正月攻克成都，称"大蜀王"，众至数十万，又分兵东攻至巫峡。五月被镇压。剑南两川：指剑南西川（治今成都）、剑南东川（治今三台）。唐分设节度使，宋初改府、州。

②关右：关西，今陕西潼关以西地区。

③枭（xiāo）：处以斩刑，悬首示众。

④间言：嫌疑、怀疑之言。

⑤案款：刑事审判案卷。

⑥味江：水名，又为镇名。在今四川都江堰西南。王小博：即王小波。起义当年十二月战死。

⑦生齿：指人口。

【译文】

蜀中大反寇李顺攻陷剑南东西川，关西地区震动，朝廷为之忧虑。后官军破寇兵，杀李顺枭首示众，收复两川，记功行赏，朝廷内外全无怀疑李顺已死的议论。至景祐年间，有人告发说李顺尚在广州，巡检使臣陈文琏捕获其人，果然是真李顺。当时李顺已七十多岁，审讯清楚以后，用囚车押赴京师，复核再审，知其事皆属实。由于朝廷对平蜀将士的论功行赏早已实施，因而不打算公开此事，只是杀了李顺，又给陈文琏加官两级而使之为阁门祗候了事。陈文琏是泉州人，康定年间辞职回泉州，我还认识他。他家里有李顺一案的审讯案卷，记录此案的前后始末甚为详细。李顺本是味江王小博的妻弟，起初王小博在蜀中起兵造反，不能得到部众的拥戴，其部众于是共推李顺为首领。李顺初为首领，即召集乡里的所有富人大姓，下令具报其家中全部财产和粮食，除了按他们的家庭人口留下够用的之外，其余一切都调发征集，大力救济贫苦农民；录用有才干之士，存抚安分守己的人家，号令严明，所到之处一无所犯。其时两川正遭遇严重的饥荒，不过十天半月之间，归附李顺的就达到数万人，其兵锋所向，州县官都开门迎接，讨伐檄文传布之地，没有不被攻破的城池。到他失败之后，人们还怀念他，所以李顺得以逃脱远走，直到三十多年后才被捕杀。

诸葛亮能用度外人

范文正常言①："史称诸葛亮能用度外人②。用人者，莫不欲尽天下之才，常患近己之好恶而不自知也。能用度外人，然后能周大事。"

【注释】

①范文正：即范仲淹。常：通"尝"。

②度外人：不守法度之人。据《宋稗类钞》记载，范仲淹所说"度外人"特指有气节而"阔略细故"、"有可用之材"而"不幸陷于吏议深文"之人，大致相当于今天所说有才能而犯过错误的人。

【译文】

范文正曾说过："史书记载诸葛亮能任用有才能而犯过错误的人。凡是用人，没有不希望天下人才都各尽其能的，所以经常担心因事用人近乎以个人好恶而不自知。能用犯过错误的人，然后才能使得事体周全，成就大事业。"

校书如扫尘

宋宣献博学①，喜藏异书，皆手自校雠。常谓②："校书如扫尘，一面扫，一面生。故有一书三四校，犹有脱谬。"

【注释】

①宋宣献：即宋绶（991—1040）。字公垂，平棘（今河北赵县）人。宋敏求之父，官至参知政事。北宋私家藏书，宋氏称首。

②常：通"尝"。

【译文】

宋宣献博学多识，喜欢收藏珍贵书籍，都亲手加以校勘整理。他曾说过："校书如同打扫灰尘，一边打扫，一边又生。所以往往一部书校勘三四遍，还有脱字和错字。"

药议

　　本门为沈括的医学、药物学专著，但不同于一般的医理或医方书，而是仍用笔记的体裁写作的。所录各条，大都主于检讨前人的失误或阐释自己的精要看法，均非泛论。中医学和天文历算、音乐、音韵诸学，都是中国古代极为复杂的专业技能和学术，沈括以一人之身而多专多能，累代亦罕有其比。

卷二十六

人体消化道与饮食药物吸收

古方言云母粗服，则著人肝肺不可去。如枇杷、狗脊，毛不可食，皆云射入肝肺。世俗似此之论甚多，皆谬说也。又言人有水喉、食喉、气喉者，亦谬说也。世传《欧希范真五脏图》①，亦画三喉，盖当时验之不审耳。水与食同嚼，岂能就口中遂分入二喉？人但有咽有喉二者而已，咽则纳饮食，喉则通气。咽则嚼入胃脘②，次入胃中，又次入广肠③，又次入大小肠；喉则下通五脏，为出入息④。五脏之含气呼吸，正如冶家之鼓鞴⑤；人之饮食药饵，但自咽入肠胃，何尝能至五脏？凡人之肌骨、五脏、肠胃虽各别，其入肠之物，英精之气味皆能洞达⑥，但滓秽即入二肠。凡人饮食及服药既入肠，为真气所蒸⑦，英精之气味以至金石之精者——如细研硫黄、朱砂、乳石之类——凡能飞走融结者⑧，皆随真气洞达肌骨，犹如天地之气贯穿金石土木，曾无留碍；自余顽石草木⑨，则但气味洞达耳，及其势尽，则滓秽传入大肠，润湿渗入小肠，此皆败物，不复能变化，惟当退泄耳。凡所谓某物入肝、某物入肾之类，但气味到彼耳，凡质岂能至彼哉？此医不可不知也。

①《欧希范真五脏图》：宋代的一部解剖学的图书。北宋庆历年间，广西反抗首领欧希范及其党众被镇压，宜州推官吴简令州吏及画工解剖五十余人的尸体，画出五脏图，集为此书。

②胃脘：疑当读作"胃筦（管）"，即食管。

③广肠：疑指十二指肠。如果理解为大肠，则此处文字当有错误。

④息：气，气息。

⑤鼓鞴（bài）：鼓风吹火用的革囊。如后世之风箱。

⑥英精之气味：实指食物及药物中能够被人体吸收的精华部分。

⑦真气：指人体之正气，亦即"精气"。古有"精气"说，以为阴阳二气化生万物，精气为世界的本原，人体亦由精气构成。

⑧飞走融结：指流动融合。

⑨顽石草木：指食物及药物中不能够被人体吸收的粗劣部分。

【译文】

古代的药方书上说，云母不经过加工就直接服用，便会附着到人的肝肺上去不掉。譬如枇杷和狗脊，有绒毛而不可食，都说它们的绒毛吃下去会刺入肝肺。世俗类似这样的言论很多，都是荒谬的说法。又说人有水喉、食喉、气喉三个喉咙，也是荒谬的言论。世上流传的《欧希范真五脏图》，也把人的喉咙画成三个，大概当时解剖检验得不仔细。水与食物一同下咽，怎么能就在口中分开而咽入两个喉咙呢？人只是有咽有喉这两者而已，咽是用来输送饮食的，喉则用来通气。咽输送饮食是先咽入食管，其次进入胃中，又其次进入广肠，又其次入大小肠；喉则下通五脏，用来吸气和呼气。五脏包含气体而有呼有吸，正如冶炼用的鼓风的革囊；人的饮食和服用的药饵，则只是从咽部进入肠胃，又何尝能到五脏？人的肌骨、五脏、肠胃虽各有分别，而凡是进入肠胃的食物和药物，它们的精华部分都能畅通无阻地到达身体的各处，只有渣滓和秽物进入大小肠。人的饮食及服用的药饵既入肠胃，为人体的精气所蒸化，其精华部分以至金石之物的精华成分——如经过精细加工的硫黄、朱砂、钟乳石之类——凡是能够流动融合的，都随着精气畅达肌骨，犹如天地间的精气贯通金石土木等万物，从未有滞留和阻碍；其余的不能被精气所蒸化的部分，譬之顽石草木，则只是某些气味随着精气畅达各处，及其气味的功能也用尽，就变成渣滓和秽物传入大肠，又润湿渗透于小肠，这些都是废物，不能再转变消化，只能被排泄出去。凡是所谓某物入肝、某物入肾之类的话，只是说它的气味到达了那一器官，构成某物的物质又怎能到达那里呢？这是医家所不能不了解的。

采草药不拘定月

　　古法，采草药多用二月、八月，此殊未当，但二月草已芽，八月苗未枯，采掇者易辨识耳，在药则未为良时。大率用根者，若有宿根，须取无茎叶时采，则津泽皆归其根。欲验之，但取芦服、地黄辈观，无苗时采则实而沉，有苗时采则虚而浮。其无宿根者，即候苗成而未有花时采，则根生已足而又未衰。如今之紫草，未花时采则根色鲜泽，花过而采则根色黯恶，此其效也。用叶者，取叶初长足时；用芽者，自从本说；用花者，取花初敷时；用实者，成实时采：皆不可限以时月。缘土气有早晚，天时有愆伏^①，如平地三月花者，深山中则四月花。白乐天《游大林寺》诗云："人间四月芳菲尽，山寺桃花始盛开。"盖常理也。此地势高下之不同也。如筀竹笋^②，有二月生者，有三四月生者；有五月而方生者，谓之"晚筀"。稻有七月熟者，有八九月熟者；有十月熟者，谓之"晚稻"。一物同一畦之间，自有早晚，此物性之不同也。岭峤微草凌冬不凋^③，并汾乔木望秋先陨^④，诸越则桃李冬实，朔漠则桃李夏荣，此地气之不同。一亩之稼则粪溉者先芽，一丘之禾则后种者晚实，此人力之不同也。岂可一切拘以定月哉？

【注释】

①愆 (qiān) 伏：指气候失常。

②筀 (ɡuì) 竹：即桂竹，亦即通常所见秆茎散生、较高大、呈圆筒状的竹。

③岭峤 (qiáo)：指传统所称的"五岭"（在今赣、湘、桂、粤等省区）。

④并汾：指今山西中南部地区。

【译文】

按传统的习惯，采草药多在二月、八月，这十分不恰当，只不过二月草已发芽，八月草叶未枯，采集的人容易辨识罢了，在药性上都不是好时候。大抵用根入药的，如果有隔年生的根，应该在尚无茎叶的时候采集，这时汁液都在根上。想验证这一点的话，只要观察一下芦菔、地黄一类就知道，无茎叶时采来的就结结实实而沉甸甸的，有茎叶时采来的则空落落而轻飘飘的。那些没有隔年生的根的，就等到茎叶长成而还没有开花时采集，这时的根已经充分生成而又未衰退。如现在用的紫草根，未开花时采集的就颜色鲜亮有光泽，花谢了之后再采集的就颜色黯淡而粗糙，这就是证明。用叶入药的，要在叶刚长得充分时采集；用芽入药的，可以依从过去的说法；用花入药的，要在花刚刚开放时采集；用籽实入药的，要在籽或果成实时采集：这些都不可限定时月。因为土气有早晚，天时有失常，如平地三月开花的，在深山则四月开花。白乐天的《游大林寺》诗说："人间四月芳菲尽，山寺桃花始盛开。"这差不多是常理。这是由地势高下的不同引起的。又如笙竹笋，有二月份生的，有三四月份生的；还有五月份才生的，叫做"晚笙"。水稻也有七月份熟的，有八九月份熟的；还有十月份熟的，叫做"晚稻"。同一种作物以及同一块地的作物之间，成熟都各有早晚，这是由物性的不同引起的。五岭以南的小草隆冬季节也不凋零，并汾地区的乔木临近秋天已先落叶，南方百越之地的桃李冬天结果，北方荒漠的桃李则夏天开花，这是由地气之不同引起的。同一亩地的庄稼得施肥灌溉的先发芽，同一丘坡的谷物后种的晚结实，这是由人力的不同引起的。怎么能一切都拘泥于固定的月份呢？

太阴玄精石

太阴玄精①，生解州盐泽大卤中，沟渠土内得之。大者如杏叶，小者如鱼鳞，悉皆六角，端正似刻，正如龟甲。其裙襕小堕②，其前则下刬③，其后则上刬，正如穿山甲相掩之处，全是龟甲，更无异也。色绿而莹彻；叩之则直理而折④，莹明如鉴，折处亦六角如柳叶。火烧过则悉解折，薄如柳叶，片片相离，白如霜雪，平洁可爱。此乃禀积阴之气凝结，故皆六角。今天下所用玄精，乃绛州山中所出绛石耳⑤，非玄精也。楚州盐城古盐仓下土中又有一物⑥，六棱，如马牙硝⑦，清莹如水晶，润泽可爱。彼方亦名"太阴玄精"，然喜暴润，如盐硇之类⑧，唯解州所出者为正。

【注释】

①太阴玄精：石名。又称"鬼精"、"龟精石"等，以盐卤入土久积凝结而成。近于石膏。

②裙襕（lán）：古人束腰的腰巾。此喻指龟甲中部两边突出的部分，即所谓"甲桥"。

③下刬（yǎn）：下削。此指晶体的斜面而言，上边靠

里、下边靠外称"下刬"，反之则称"上刬"。

④直理：直线纹理。

⑤绛州：今山西新绛。

⑥楚州盐城：今江苏盐城。

⑦马牙硝：即芒硝，一种晶体矿物，中医常用。

⑧盐硷（jiǎn）：盐碱。

【译文】

太阴玄精石，形成于解州盐泽含盐量很高的卤水地中，在这里沟渠内的土中能够找到。大的如杏叶，小的像鱼鳞，全都是六角的，端正得像是刻出来的，形状很像龟甲。其中部两边突出的部分稍微下落，前端的斜面向下，后端的斜面向上，正如穿山甲的背甲与腹甲相遮掩之处，完全是龟甲的形状，几乎没有差异。其颜色是绿的，而晶莹透彻；敲打它就会沿着笔直的纹理折断，透明得像镜子，而折断处的截面也是像柳叶那样的六角形。如果用火来烧，它就会全都分解成薄片而折断，薄如柳叶，一片一片分离，白如霜雪，平滑光洁，令人喜爱。这是禀受久积的阴气凝结而成的，所以都是六角。如今天下所用的玄精石，不过是绛州山中所出的绛石，并不是玄精石。在楚州盐城古盐仓下面的土中还见到一种东西，六个棱，像马牙硝，清莹如同水晶，也润泽可爱。那里的人们也叫它"太阴玄精石"，然而这种东西喜欢露出地面受潮，如同盐碱之类，只有解州所出产的才是正宗的玄精石。

附录一　补笔谈

卷一

检讨不试

旧制，馆职自校勘以上，非特除者皆先试，唯检讨不试。初置检讨官，只作差遣，未比馆职故也。后来检讨给职钱，并同带职，在校勘之上，亦承例不试。

【译文】

按以往的规定，馆职自馆阁校勘以上，除非特别授予者都要先经过考试，只有检讨一职是不经过考试就任命的。这是由于初置检讨官，只是作为一种差遣安置的，并没有把此职列入馆职的缘故。后来检讨官也加给职钱，与以他官带馆职的已没有区别，级别在校勘之上，但仍然沿承旧例不考试。

“北苑茶”

建茶之美者，号“北苑茶”。今建州凤凰山，土人相传谓之“北苑”，言江南尝置官领之，谓之“北苑使”。予因读李后主文集，有《北苑诗》及《文苑记》，知“北苑”乃江南禁苑，在金陵，非建安也。江南北苑使，正如今之内园使。李氏时有北苑使善制茶，人竞贵之，谓之“北苑茶”，如今茶器中有"学士瓯"之类，皆因人得名，非地名也。丁晋公为《北苑茶录》云："北苑，里名也，今曰'龙焙'。"又云："苑者，天子园囿之名。此在列郡之东隅，缘何却名'北苑'？"丁亦自疑之，盖不知"北苑茶"本非地名。始因误传，自晋公实之于书，至今遂谓之"北苑"。

【译文】

福建建州最好的茶，号称"北苑茶"。如今建州的凤凰山，当地人历来沿称为"北苑"，本来指的是南唐曾设官兼管这里的茶叶征收，兼管的官员就称为"北苑使"。我因为读李后主的文集，见其中有《北苑诗》及《文苑记》，始知"北苑"是南唐的皇家园林，在金陵，而不在建安。南唐的北苑使，正相当于现在的内园使。李氏统治南唐时，有个北苑使善于制茶，人们竞相以他所制的茶为珍贵，称之为"北苑茶"，就像现在的茶具中有"学士瓯"之类，都是因人而得名的，"北苑"并非地名。丁晋公撰写的《北苑茶录》说："北苑，乡村名，今称'龙焙'。"又说："苑，是天子园囿之名。这地方在天下州郡的东南一角，为什么却叫'北苑'？"丁氏自己也有疑问，看来他不知道所谓"北苑茶"的"北苑"本来不是地名。开始时是因为误传，自从丁晋公在书中把它说成是实有的地名之后，这地方竟至今就叫"北苑"了。

《史记》非"谤书"

班固论司马迁为《史记》，"是非颇谬于圣人，论大道则先黄、老而后六经，序游侠则退处士而进奸雄，述货殖则崇势利而羞贫贱，此其蔽也"①。予按《后汉》王允曰："武帝不杀司马迁，使作谤书，流于后世。"②班固所论，乃所谓"谤"也。此正是迁之微意。凡《史记》次序说论，皆有所指，不徒为之。班固乃讥迁"是非颇谬于圣贤"，论甚不慊③。

【注释】

①此处引文见东汉班固所撰《汉书·司马迁传》的"赞"语。圣人，指以孔子为代表的儒家观念。大道，即古人所泛称的"道"，在哲学上一般指天地自然及社会治理的总根源或总规律。

②此所引王允之语见《后汉书·蔡邕传》，为王允欲杀蔡邕时所说。王允（137—192），东汉末献帝时大臣，先是设计杀董卓，不久为董卓故将所杀。

③慊（qiè）：恰当。

【译文】

班固论司马迁撰写《史记》，认为"其是非标准颇与儒家圣人的观念相抵触，所以在讨论天地自然的大道理时便首先注重黄、老之学而后才及于儒家经典，在叙述游侠的事迹时便排斥有志节的隐士而专为一些奸雄人物立传，在记录工商业经济状况和相关人物的活动时便崇尚发财致富的势利而以贫贱为耻辱，这些都是司马迁观念上的囿蔽和局限性所在"。我查考《后汉书》记载王允说："汉武帝不杀司马迁，使得他作出了一部诽谤的书，贻害于后世。"被班固所批评的司马迁的观念，就是所谓"谤"了。其实这正是司马迁著史隐微而不明说的用意之所在。大抵《史记》的叙述体例和有关论说，都是有所指的，并不是没有目的地编一堆空言式的史料。班固却批评司马迁"是非观念与圣贤多相乖违"，这议论很不恰当。

卷二

海潮

　　卢肇论海潮^①，以谓日出没所激而成，此极无理。若因日出没，当每日有常，安得复有早晚？予尝考其行节，每至月正临子、午则潮生^②，候之万万无差。此以海上候之，得潮生之时，去海远即须据地理增添时刻。月正午而生者为"潮"，则正子而生者为"汐"；正子而生者为"潮"，则正午而生者为"汐"。

【注释】

①卢肇：宜春（今属江西）人。唐会昌三年（843）状元，官至弘文馆学士。曾作《海潮赋》，序谓"日激水而潮生，月离日而潮大"。

②月正临子、午：指月亮正处在"上中天"和"下中天"的位置上。古人称正午时分（午时中点）太阳所处的位置叫"上中天"，午夜时分（子时中点）太阳所处的位置叫"下中天"。由于月亮每天东移13°，它与太阳通过"上中天"和"下中天"的时间就不一致。这也影响到海潮发生的时间，使海潮的高潮每天延后约50分钟。

【译文】

　　卢肇论海潮，以为海潮是由日出和日落的激荡而造成的，这说法极无道理。如果是因为日出和日落，那么海潮的生成和退落应该每天都有固定的时间，又怎么会有早有晚呢？我曾经考察海潮生成的时间规律，每到月亮正处在"下中天"和"上中天"的位置时它就会生成，这种观测结果万万无差错。这是从海上观察所得到的潮生时刻，如果离海较远，就须根据具体的地理位置增加时刻。如果以月亮正当"上中天"所生成的叫做"潮"，那么它正当"下中天"所生成的就是"汐"；如果以月亮正当"下中天"所生成的叫做"潮"，那么它正当"上中天"所生成的就是"汐"。

十二气历

历法见于经者，唯《尧典》言"以闰月定四时成岁"。置闰之法，自尧时始有，太古以前又未知如何。置闰之法，先圣王所遗，固不当议，然事固有古人所未至而俟后世者。如"岁差"之类①，方出于近世，此固无古今之嫌也。凡日一出没，谓之一日；月一盈亏，谓之一月。以日、月纪天虽定名，然月行二十九日有奇复与日会，岁十二会而尚有余日；积三十二月复余一会，气与朔渐相远，中气不在本月②，名实相乖；加一月谓之"闰"，闰生于不得已，犹构舍之用樿楔也③。自此气朔交争，岁年错乱，四时失位，算数繁猥。凡积月以为时，四时以成岁，阴阳消长，万物生杀，变化之节，皆主于气而已，但记月之盈亏，都不系岁事之舒惨④。今乃专以朔定十二月，而气反不得主本月之政⑤。时已谓之春矣，而犹行肃杀之政，则朔在气前者是也，徒谓之乙岁之春，而实甲岁之冬也；时尚谓之冬矣，而已行发生之令，则朔在气后者是也，徒谓之甲岁之冬，乃实乙岁之春也。是空名之正，二、三、四反为实。而生杀之实反为寓⑥，而又生闰月之赘疣，此殆古人未之思也。今为术，莫若用十二气为一年，更不用十二月，直以立春之日为孟春之一日，惊蛰为仲春之一日，大尽三十一日，小尽三十日，岁岁齐尽，永无闰余。十二月常一大一小相间，纵有两小相并，一岁不过一次。如此，则四时之气常正，岁政不相陵夺，日月五星亦自从之，不须改旧法。唯月之盈亏，事虽有系之者，如海、胎育之类，不预岁时寒暑之节，寓之历间可也。借以元祐元年为法：当孟春小，一日壬寅，三日望，十九日朔；仲春大，一日壬申，三日望，十八日朔。如此，历日岂不简易端平，上符天运，无补缀之劳？予先验天百刻⑦，有余有不足，人已疑其说；又谓十二次斗建当随岁差迁徙⑧，人愈骇之。今此历论，尤当取怪怒攻骂，然异时必有用予之说者。

【注释】

①岁差：即恒星年（地球绕太阳公转一周所历时间）与回归年（又称"太阳年"，即太阳两次经过春分点所历时间）之差。前者较后者约长 20 分 23 秒。照古人的说法，太阳循黄道向西退行，约五六十年就要退一度左右。最早发现岁差的是东晋初年的虞

喜（约发现于公元330年）。

②中气：按通行的"二十四节气"歌诀，处单数位的称"节气"，处双数位的称"中气"。

③楣（diàn）楔：二字分指门楣和门框，即门上面的横木和两边的立柱。

④舒惨：指阴阳变化。此用汉代张衡《西京赋》"人在阳时则舒，在阴时则惨"之文，由人的心情转指不同时令的阴阳变化。

⑤政：此指与节令相适应的一切人事活动（包括保护自然、养生、农事、祭祀及行政措施等等）。古人称一年有"十二月令"，则所行之事便有"十二月政"。

⑥寓：托寄。此指历法上的依附性质。

⑦百刻：指一昼夜。古人以漏壶计时，一昼夜分为一百刻。

⑧斗建：古人以北斗星的斗柄所指的方向（以等分圆周的十二地支表示）推算月份，如夏历正月斗柄指向寅即为建寅之月，二月斗柄指向卯即为建卯之月，等等，称为"斗建"。也称"月建"。

【译文】

历法见于古代经书的，只有《尚书·尧典》说到"用闰月调整时日，以定四时节气，而成一岁之历象时令"。设置闰月的办法，因为尧的时代才开始有，远古以前的情形又不知是什么样子。设置闰月的办法，是古代先圣王所流传下来的，固然不应提出异议，然而事情本来就有古人未曾做到而等待后人来做的。如"岁差"之类，直到近世才发现，这当然也就没有以今变古的嫌疑。凡是太阳出没一次，就叫做一日；月亮亏盈一遭，就叫做一月。用日、月记录天体运行虽是固定的名目，然而月亮运行二十九日有余复与太阳会合，每年十二次会合而还有剩余的时日；积累三十二个月就会剩余一次会合的时日，节气和朔日的错位越来越远，以致中气不在当月，名实就相乖违了；为此就要加一个月，叫做"闰月"，所以加闰月也是出于不得已，犹如建造房子的门要加门楣和门框。自此以后，节气和朔日就相互冲突，导致历法上的年岁错乱，四季失位，测算数据繁琐复杂。大凡积三月以为一季，积四季而成一年，阴阳二气的消长，万物的生死循环，所有的变化节奏，无不归结于节气的转换，而只按月亮的盈亏造历法，便都与岁时运转的阴阳变化没有关联。现在却专以合朔确定十二个月，而节气反而不能主导当月的人事活动。譬如说，历法季节已称为春天了，而人事活动仍按万物萧条的节令进行，朔日在节气之前就是这种情况，因而白白地称说某季是乙岁的春天，实际它还是上一年甲岁的冬天；反过来说，历法季节还称某季是甲岁的冬天，而人事活动已开始按万物生长的节令进行，朔日在节气之后就是这种情况，因而白白地称说某季是甲岁的冬天，实际它已是下一年乙岁的春天。如此，所谓正月就是徒有其名，反而是二月、三月或四月合乎作为一年之始的实际。这样在历法上，反映万物生长或萧条的节气反而是附属的性质，而由此又生出闰月的累赘，这大概是由于古人未曾深入思考。现在要改进历法，没有比采取如下办法更好的，就是用十二个中气为一年，更不用十二个朔闰月，直接以立春之日为孟春正月的第一日，惊蛰为仲春二月的第一日，大月都满三十一日，小月都满三十日，岁岁整齐无余日，永远不用闰月。十二个月恒常一大一小相间，即使有两个小月并列，每年也不过一次。这样，就使四时节气永远与历法相合，每年的岁时活动不相侵越，自然顺从日月五星的运行规律，也不需要再修改旧的历法。只是月亮的盈亏，虽然有些事像是跟它有关系的，如海潮的起落、胎生的孕育之类，但它不关乎岁时寒暑的节气变化，把它附载到上述历法中就可以了。权且以元祐元年为例而示其法：当孟春正月为小月，则一日干支为壬寅，三日月望，十九日为合朔日；仲春二月为大月，则一日干支为壬申，三日月望，十八日为合朔日。如此，历法岂不是简易、整齐而平稳，上符天体的运行，而无修补测算的烦劳？我先前曾测验每一昼夜的一百刻，发现时刻有时有余有时不足，有人已怀疑我的看法；又曾说每年十二次斗建当是随着岁差而迁移的，有人更惊诧为骇人耳目。现在我这关于制历方法的新论，大概尤其会被一些人大惊小怪、攻击怒骂，然而将来必定会有人采用我的学说。

老军校

宝元元年，党项围延安七日，邻于危者数矣。范侍郎雍为帅[①]，忧形于色。有老军校出，自言曰："某边人，遭围城者数次，其势有近于今日者。虏人不善攻，卒不能拔，今日万万无虞。某可以保任，若有不可，某甘斩首。"范嘉其言壮，人心亦为之小安。事平，此校大蒙赏拔，言知兵善料敌者首称之。或谓之曰："汝敢肆妄言，万一不验，须伏法。"校笑曰："君未之思也。若城果陷，何暇杀我耶？聊欲安众心耳。"

【注释】

①范侍郎雍：即范雍（？—1046）。字伯纯，洛阳（今属河南）人。屡为边帅，好谋而少成。官至资政殿大学士、礼部尚书，卒谥忠献。

【译文】

宝元元年，西夏大军包围延安七天，延安城几次接近失陷。侍御史范雍为边帅，忧形于色。这时有个老军校站出来，自称："我是边地人，已多次经历被围城的战役，那时的形势有和今天相近的。党项人不善于攻城，最终不能攻下围城，今天的事万万不用担心。我可以立下军令状担保，如果我的话不灵，我甘愿被杀头。"范帅赞赏他的豪言壮语，一时人心也为之稍稍安定。战事平息之后，这位军校大受奖赏提拔，人们谈起能知兵、善应敌的人，都首先称道他。有人对他说："你竟敢放肆胡言乱语，万一事不应验，是要伏军法的。"这位军校笑笑说："你没动脑子想想。如果城果然被攻陷了，谁还顾得上杀我？当时也不过是要姑且稳定军心罢了。"

王和尚

种世衡初营青涧城①，有紫山寺僧法崧，刚果有谋，以义烈自名。世衡延置门下，恣其所欲，供亿无算。崧酗酒狎博，无所不为，世衡遇之愈厚。

留岁余，崏亦深德世衡，自处不疑。一日，世衡忽怒谓崏曰："我待汝如此，而阴与贼连，何相负也？"拽下械系，捶掠极其苦楚。凡一月，滨于死者数矣，崏终不伏，曰："崏，丈夫也。公听奸人言，欲见杀则死矣，终不以不义自诬。"毅然不顾。世衡审其不可屈，为解缚沐浴，复延入卧内，厚抚谢之，曰："尔无过，聊相试耳。欲使为间，万一可胁，将泄吾事。设虏人以此见穷，能不相负否？"崏默然，曰："试为公为之。"世衡遗遣之，以军机密事数条与崏，曰："可以此藉手，仍伪报西羌。"临行，世衡解所服絮袍赠之，曰："胡地苦寒，此以为别。至彼，须万计求见遇乞，非此人，无以得其心腹。"遇乞，虏人之谋臣也。崏如所教，间关求通遇乞。虏人觉而疑之，执于有司。数日，或发袍，领中得世衡与遇乞书，词甚款密。崏初不知领中书，虏人苦之备至，终不言情。虏人因疑遇乞，舍崏，迁于北境。久之，遇乞终以疑死。崏邂逅得亡归，尽得虏中事以报。朝廷录其劳，补右侍禁，归姓为王。崏后官至诸司使，至今边人谓之"王和尚"。世衡本卖崏为死间，邂逅得生还，亦命也。康定之后，世衡数出奇计；予在边，得于边人甚详，为新其庙像，录其事于篇。②

【注释】

①种世衡（985—1045）：字仲平，洛阳（今属河南）

人。官至环州知州兼环庆路钤辖，为一时名帅。青涧城：今陕西清涧。

②《宋史·种世衡传》记载法崧本姓王，名光信，骁勇善骑射。初以熟悉边境地区山川道路，常为种世衡出兵做向导，种世衡奏以为三班借职，并为之改名"崧"（亦作"嵩"）。及受种世衡派遣入夏，被夏人囚禁于陷阱中，备尝艰苦。后来西夏内乱，其大臣野利等被杀，元昊有意与宋讲和，遂遣法崧回。鄜延经略使庞籍疏上其事，言其劳苦及离间之功，乃迁法崧官为三班奉职，又因法崧自陈而继迁侍禁、阁门祗候。其他宋人笔记所说亦互有异同，而以沈括此条所记较为详悉。

【译文】

种世衡最初营建青涧城时，有个紫山寺僧人法崧，刚毅果决有谋略，以敢于为忠义献身自任。种世衡招纳他为门下客，任其恣意放纵，供他挥霍的钱财无数。法崧酗酒赌博，无所不为，种世衡对他愈厚待。过了一年多，法崧也对种世衡深深感恩，不怀疑种世衡对他的信任。有一天，种世衡忽然发怒，对法崧说："我对你如此厚待，而你竟暗地里与羌人勾结，为何负我？"命人拽下去铐上刑具，囚禁起来，捶笞拷掠，极其严酷。一月之内，法崧几次被折磨得要丧命，而到底不认罪，说："我法崧是大丈夫。府公您听信奸人之言，要杀我您就杀，我也不过一死，但决不会招供没有的事，接受您强加给我的这种不义之名。"对种世衡的行为毅然不顾。种世衡确知其不可屈服，于是为他脱去绳索刑具，让他沐浴更衣，引他到自己的卧室内，深切安抚道歉，说："你没有过错，我不过姑且试试你。想让你做间谍，万一你被胁迫不能承受，将会泄露我的机密。假如羌人也像我这次试你一样对你穷尽折磨，你能不能不负我？"法崧默然不语，然后说："我为府公试试。"种世衡厚赠钱财而派他前往，又告诉他几条军事机密，说："你就以这几条机密为借口下手，假装西投是为了把机密报告给西羌人。"法崧临行时，种世衡又脱下所穿的丝絮棉袍送给他，说："胡人之地酷冷严寒，我就以这个作为分别的礼物。到了那里，你要想尽一切办法求见遇乞，除非此人，你无法得到他们的心腹机密。"遇乞其人，是西夏的第一谋臣。法崧按种世衡的布置，偷渡边关到了西夏，要求见遇乞。羌人有所提防而怀疑他，把他抓起来送到了有关机构。过了几天，有人扯破他的棉袍搜查，在棉袍的领子中发现了种世衡给遇乞的书信，言词十分真诚亲密。法崧原先并不知道衣领中有这书信，羌人严刑拷打备至，法崧始终不讲实情。羌人因此而怀疑遇乞，就放了法崧，把他转移到西夏的北部地区。久后西夏生变，遇乞最终因受怀疑而被杀。法崧遇机会得以逃归，尽得羌中情况而报告朝廷。朝廷肯定了他的功劳，补授他为右侍禁，又让他还俗，复本姓为王。法崧后来官至诸司使，至今边境地区的人还称他为"王和尚"。种世衡本来是出卖法崧，用他的死来离间羌人的，他遇机会得以生还，这也是他的命。康定年间以后，种世衡守边屡出奇计；我在边境任职时，从边地人那里得知王和尚的事迹，甚为详细，因此为他重塑了庙像，并以这篇文章记录其事迹。

一举三役

祥符中，禁火^①。时丁晋公主营复宫室，患取土远，公乃令凿通衢取土。不日皆成巨堑，乃决汴水入堑中，引诸道竹木排筏及船运杂材，尽自堑中入至宫门。事毕，却以斥弃瓦砾灰壤实于堑中，复为街衢。一举而三役济，计省费以亿万计。

【注释】

①禁火：别本或作"禁中火"，指皇宫发生火灾。事在大中祥符八年（1015）四月。

【译文】

大中祥符年间，皇宫中发生火灾。当时丁晋公主持营建修复宫室，计虑取土太远，于是指令凿开宫前的大道取土。没有几天，大道都成了巨大的壕沟，因而决开汴水堤岸，引水入壕沟中，使各地运送各种材料的竹排、木筏和船只，都从壕沟中直接来到宫门前。工程结束后，又以废弃的瓦砾灰土填到壕沟中，复修整为街道通衢。一举而三项力役同时成功，节省的费用可以亿万计。

龙船坞

国初，两浙献龙船，长二十余丈，上为宫室层楼，设御榻，以备游幸。岁久腹败，欲修治，而水中不可施工。熙宁中，宦官黄怀信献计，于金明池北凿大澳^①，可容龙船，其下置柱，以大木梁其上。乃决水入澳，引船当梁上，即车出澳中水，船乃笐于空中^②。完补讫，复以水浮船，撤去梁柱，以大屋蒙之，遂为藏船之室，永无暴露之患。

【注释】

①澳：可以泊船的水湾。这里实指人工湖式的船坞。

②笐（gāng）：通"扛（gāng）"，抬起的意思。

【译文】

本朝建国之初，两浙向朝廷献上一艘大龙船，长二十多丈，船上有多层楼的宫室，设置有皇上的御榻，以备皇上出游。年深岁久，龙船的腹部有损坏，欲加修治，而水中无法施工。熙宁年间，宦官黄怀信献进一计，于金明池北开凿一个人工湖为港湾，使它可以容得下龙船，在湖湾的下部立大木柱，在大木柱上架横梁。于是决水入湖湾中，把龙船牵引到正当水下横梁的位置，即用水车车尽湖湾中的水，船就被架在空中。修补完了以后，再将湖湾灌满水，使龙船浮起，然后撤去梁柱，又建一座大屋把龙船遮盖起来，这样它也就成了藏船的房子，使龙船永无暴露在外的担忧。

真迹与孤寒

李学士世衡喜藏书^①，有一晋人墨迹在其子绪处。长安石从事尝从李君借去，窃摹一本，以献文潞公，以为真迹。一日潞公会客，出书画，而李在坐，一见此帖，惊曰："此帖乃吾家物，何忽至此？"急令人归取验之，乃知潞公所收乃摹本。李方知为石君所传，具以白潞公，而坐客墙进，皆言潞公所收乃真迹，而以李所收为摹本。李乃叹曰："彼众我寡，岂可复伸？今日方知身孤寒。"

【注释】

①李世衡：疑即李士衡。参见《笔谈》卷九"李士衡不重财物"条。

【译文】

学士李世衡多藏书，有一幅晋人墨迹在其子李绪那里。长安人石从事曾从李君借去这幅墨迹，偷偷临摹了一本，把它献给文潞公，文潞公以为是真迹。有一天文潞公会客，向客人展示书画，而李世衡恰好在座，一见这幅帖子，吃惊地说："这帖子是我家的藏品，怎么忽然到了这里？"急忙叫人回家取来对证，始知文潞公所收藏的是摹本。李世衡这才发现摹本是石从事传出去的，就把事情的原委告诉了文潞公，而坐客一窝蜂围上来，挤成人墙，都说文潞公收藏的是真迹，而以为李氏所收才是摹本。李世衡于是感叹道："他们人多势众，我孤家寡人，还怎么能向他们说清楚？今天我才知道身份的孤寒。"

八分书

今世俗谓之隶书者，只是古人之"八分书"，谓初从篆文变隶，尚有二分篆法，故谓之"八分书"。

后乃全变为隶书，即今之正书、章草、行书、草书皆是也。后之人乃误谓古八分书为隶书，以今时书为正书，殊不知所谓正书者，隶书之正者耳；其余行书、草书，皆隶书也。杜甫《李潮八分小篆歌》云："陈仓石鼓文已讹[1]，大小二篆生八分。苦县、光和尚骨立，书贵瘦硬方通神。"《苦县老子》、《朱龟碑》也[2]。《书评》云："汉、魏牌榜碑文和《华山碑》，皆今所谓隶书也。"杜甫诗亦只谓之"八分"。又《书评》云："汉、魏牌榜碑文，非篆即八分，未尝用隶书。"知汉、魏碑文皆八分，非隶书也。

【注释】

①石鼓文：先秦时秦国刻在十块鼓形石上的文字，唐代发现于陈仓（今陕西宝鸡东）。其字介于金文与小篆之间，传统上或称金文为大篆。石鼓原物现在尚存于北京故宫博物院。

②《苦县老子》、《朱龟碑》：此谓杜诗所说的"苦县"指的是《苦县老子碑铭》，"光和"指的是《汉幽州刺史朱龟碑》。二碑在宋时均见于亳州（今安徽亳县）。老子相传为苦县人，《朱龟碑》则立于汉灵帝光和六年（183），故杜诗分别以"苦县"、"光和"代指二碑。此引杜诗的大意是：石鼓文已经残驳讹缺，而由大、小两种篆书逐渐产生出八分书。《老子碑》、《朱龟碑》的字尚如同骨立，所以古人认为书法崇尚瘦硬才能通神。

【译文】

现在世俗所称的隶书，只是古人所称的"八分书"，意指字体的变迁最初从篆文演变为隶书，还保存着二分的篆法，所以叫做"八分书"。后来就全变为隶书了，而现在所称的正书、章草、行书、草书，原来也都是隶书就有的称呼。后人误称古代的八分书为隶书，而以现在通行的书写字体为正书，殊不知所谓正书，原先只是指规范的隶书；其余行书、草书，在隶书中也都有。杜甫的《李潮八分小篆歌》说："陈仓石鼓文已讹，大小二篆生八分。苦县、光和尚骨立，书贵瘦硬方通神。"所谓"苦县"、"光和"，分别指的是《苦县老子碑铭》和《朱龟碑》。《书评》说："汉、魏牌榜碑文和《华山碑》，都是现在的所谓隶书。"这些牌榜碑文，杜甫诗也只称之为"八分书"。《书评》又说："汉、魏牌榜碑文，不是篆书就是八分书，未曾用过隶书。"可知汉、魏碑文都是八分书，而不是篆书。

南唐书画印记

江南府库中，书画至多，其印记有"建业文房之印"、"内合同印"。"集贤殿书院印"以墨印之，谓之"金图书"，言惟此印以黄金为之。诸书画中，时有李后主题跋，然未尝题书画人姓名，唯钟隐画，皆后主亲笔题"钟隐笔"三字。后主善画，尤工翎毛。或云：凡言"钟隐笔"者，皆后主自画。后主尝自号"钟山隐士"，故晦其名谓之"钟隐"，非姓钟人也。今世传钟隐画，但无后主亲题者，皆非也。

【译文】

南唐的府库中，收藏的书画极多，其印记有"建业文房之印"、"内合同印"等。其中"集贤殿书院印"是以黑墨印在书画上的，而称之为"金图书"，说的是只有此印是用黄金铸造的。各种书画中，时常会看到李后主的题跋，然而未尝题写书画人的姓名，只是钟隐的画，都有后主亲笔题写的"钟隐笔"三字。后主善画，尤工于花鸟。或说：凡是有"钟隐笔"三字的，都是后主自己画的，后主曾自号为"钟山隐士"，所以隐藏自己的真名而称为"钟隐"，并非真有个姓钟的人。现在世上所传的钟隐画，只要是没有后主的亲笔题跋的，都不是南唐的真品。

三足鬲与铜香炉

古鼎中有三足皆空、中可容物者，所谓"鬲"也。煎和之法，常欲滓在下①，体在上，则易熟而不偏烂。及升鼎，则浊滓皆归足中。《鼎卦》初六："鼎颠趾，利出否。"②谓浊恶下，须先泻而虚之。九二阳爻，方为"鼎实"③。今京师大屠善熟彘者，钩悬而煮，不使著釜底，亦古人遗意也。又古铜香炉④，多镂其底，先入火于炉中，乃以灰覆其上，火盛则难灭而持久；又防炉热灼席，则为盘荐水⑤，以渐其趾⑥，且以承火炧之坠⑦。其他古器，率有曲意，而形制文画，大概多同。盖有所传授，各守师法，后人莫敢辄改。今之众学，人人各出己意，奇衺浅陋⑧，弃古自用，不止器械而已。

【注释】

①渹（qì）：肉汁。

②此所引为《易经·鼎卦》初六爻的爻辞，意谓把鼎足倒过来，利于倒出脏物。否，恶，指不洁之物。

③鼎实：《鼎卦》九二爻辞原作"鼎有实"，指鼎中又放入了烹煮之物。

④铜香炉：此指古人在室内燃香饼以取香味的一种熏炉，三足有盖。香饼用香料掺在炭末及其他添加剂中做成。

⑤荐：进。此指盛上。

⑥渐（jiān）：浸泡。

⑦炧（xiè）：燃烧物烧剩的部分。

⑧衺(xié)：同"邪"。

【译文】

古鼎中有三足皆为空心而其中可以盛东西的，这样的鼎就是古人所称的"鬲"。用鼎烹煮肉食的方法，总是希望汤汁在肉块下面，肉块浮在汤汁上，这样就容易煮熟而又不会一边烂、一边不烂。等到取出煮熟的肉块时，浑浊的渣滓就都落到鼎足中。《鼎卦》的初六爻辞说："把鼎足颠倒过来，便于倒出不洁之物。"这是说脏物沉淀后，必须先把它倾泻掉，把鼎足清空。所以到九二阳爻，爻辞才说"鼎中又有了烹煮之物"。如今京师有名的屠夫善于烹熟整条猪的，都是用钩子悬挂着烹煮，而不让它附着于锅底，这也是从古人的用意继承下来的。此外，古代的铜香炉，大都在底部镂孔，使用时先把点燃的香饼放入炉中，再以灰覆盖香饼，这样火旺后就不容易熄灭而能燃烧得久；又为防止香炉烧热后烤坏席子，因而在炉下放一托盘而加水，以浸泡香炉的三足，且用以承接未烧完就掉下来的残留香饼。其他古器，大率都有曲折周到的用意，而形制和文饰，大抵多相同。这是由于古人的技艺和学问只要有所传授，就都各守师法，后人不敢随意更改。今天的众多学问，人人各出己意，离奇不正而浅陋，放弃传统，师心自用，又不止于器物的制作而已。

卷三

"飞鸟图"与《守令图》

地理之书，古人有"飞鸟图"，不知何人所为。所谓"飞鸟"者，谓虽有四至里数[①]，皆是循路步之，道路迂直而不常，既列为图，则里步无缘相应，故按图别量径直四至，如空中鸟飞直达，更无山川回屈之差。予尝为《守令图》[②]，虽以二寸折百里为分率[③]，又立准望、牙融[④]，傍验高下、方斜、迂直，七法以取鸟飞之数[⑤]。图成，得方隅远近之实[⑥]，始可施此法，分四至八到为二十四至，以十二支、甲乙丙丁庚辛壬癸八干、乾坤艮巽四卦名之[⑦]。使后世图虽亡，得予此书，按二十四至以布郡邑，立可成图，毫发无差矣。

【注释】

① 四至：亦泛称"四至八到"，指某地到它周边相邻各地的距离。"四至"以东西南北言，"八到"又加东南、西南、西北、东北四个方向。

② 《守令图》：又称《天下郡县图》《天下州府军监县镇》。沈括制作，为一套图，有大图一、小图一、十八路图各一。始作于熙宁九年（1076），完成于元祐三年（1088）。今四川省博物馆所藏《九域守令图碑》，当即其总图的碑刻。

③ 分率：即现在所称比例。以二寸折百里，即以地图

上的二寸表示百里的实际距离。

④准望：方位。牙融：二字之意未明。疑指行政区划的地理边界而言（译文权且作"边界"理解）。又按晋人裴秀的"制图六法"，此下仍当有"道里"一项（译文亦增入）。

⑤七法：疑二字上当有"凡"字。鸟飞之数：即直线距离。

⑥方隅：方位。

⑦十二支：即子、丑、寅、卯、辰、巳、午、未、申、酉、戌、亥。

【译文】

地理书籍中，记载古人有一种"飞鸟图"，不知是什么人制作的。所谓"飞鸟"，指的是过去的地理书虽记有四至的里数，却都是沿着相互间的道路步测的，由于道路的曲直没有常规，在绘制成地图以后，里数和步测就无法一致，所以就按地图别为量度四至的直线距离，如空中鸟飞直达，这样的直线距离也就不会再有因为山川阻隔与道路曲直所造成的里数上的误差。我曾制作《守令图》，虽以二寸折算百里为比例，而又测定方位、边界和道里，并以地形高下、方向斜正、道路曲直为验证，凡用七种方法，以推求各地间的直线距离。地图绘成后，天下郡县的方位和远近皆得其真实情况，于是施用飞鸟法，细分四至八到为二十四至，并以十二地支、甲乙丙丁庚辛壬癸八个天干名和乾坤艮巽四个卦名为二十四至的名称。即使后世郡县地图亡佚了，只要得到我这套"飞鸟图"，按二十四至在上面填布郡邑，马上就可以绘制出新图，丝毫不会有差错。

磁针有指北者

以磁石磨针锋，则锐处常指南。亦有指北者，恐石性亦不同。如夏至鹿角解，冬至麋角解①。南北相反，理应有异，未深考耳。

【注释】

①麋（mí）：麋鹿，俗称"四不象"。

【译文】

用磁石磨针尖，则针尖的一端常常指向南方。也有指向北方的，恐怕是磁石的性质有所不同。如夏至季节鹿角就脱落，麋鹿的角却在冬至季节脱落。南北方向是相反的，按说磁石磨过的针尖指南或指北应该有不同的道理，只是人们未曾深加研究而已。

河豚

吴人嗜河豚鱼，有遇毒者，往往杀人，可为深戒。据《本草》："河豚，味甘温，无毒，补虚，去湿气，理脚腰①。"因《本草》有此说，人遂信以为无毒，食之不疑，此甚误也。《本草》所载河豚，乃今之鲵鱼，亦谓之"鲵五回反鱼"，非人所嗜者，江浙间谓之回鱼者是也。吴人所食河豚，有毒，本名"侯夷鱼"。《本草注》引《日华子》云："河豚，有毒，以芦根及橄榄等解之。肝有大毒。又为'鲵鱼'、'吹肚鱼'。"此乃是侯夷鱼，或曰"胡夷鱼"，非《本草》所载河豚也，引以为注大误矣。《日华子》称又名"鲕鱼"，此却非也，盖差互解之耳②。规鱼③，浙东人所呼；又有生海中者，腹上有刺，名"海规"。吹肚鱼，南人通言之，以其腹胀如吹也。南人捕河豚法，截流为栅，待群鱼大下之时，力拔去栅，使随流而下，日暮猥至④，自相排蹙⑤，或触栅则怒，而腹鼓浮于水上，渔人乃接取之。

【注释】

①理：治。唐人避讳"治"字，改写为"理"，后人多承之。

②差互：错互，彼此互相混用。

③规鱼："鲕"、"鮰"读音皆同"规"，故俗称"规鱼"。

④猥（wěi）：多而杂，拥挤。

⑤蹙（cù）：迫，挤。

【译文】

江浙一带的人嗜好吃河豚鱼，有中毒的，往往死人，应该深以为戒。据《本草》记载："河豚鱼，味甜而温和，无毒，能够补虚弱，去湿气，治脚病和腰病。"因《本草》有这样的说法，人们就相信了，以为河豚无毒，食之不疑，这是个大误解。《本草》所记载的河豚，指的是今天的鲕鱼，也称"鮰五回反鱼"，并不是人们所嗜好的河豚，江浙间称为回鱼的就是这种鱼。江浙人所吃的河豚是有毒的，本名"侯夷鱼"。《本草注》引《日华子》说："河豚，有毒，用

芦根及橄榄等可以解其毒。其肝有大毒。又称为'鲈鱼'、
'吹肚鱼'。"这说的是侯夷鱼，或叫"胡夷鱼"，不是《本
草》所记载的河豚，引《本草》为此作注释就大错特错了。
《日华子》说这种鱼又称"鲈鱼"，这却是不对的，大抵是
一种相互混用的解释。把这种鱼叫做"规鱼"，是浙东人的
称呼；又有生于海中的一种鱼，腹上有刺，叫做"海规"。
叫它"吹肚鱼"，是南方人笼统的称呼，因为它腹部能膨
胀，就像吹起来的一样。南方人捕河豚的方法，是在河流
上横着设置栅栏，等到成群的鱼大批游下来时，稍微提起
栅栏，使鱼群随流而下，黄昏时候鱼越来越多，自相排挤，
或触栅即发怒，而腹部胀鼓鼓地浮上水面，渔人就在下面
接捞上来。

附录二　续笔谈

鲁肃简公劲正

鲁肃简公劲正^①，不徇爱憎，出于天性。素与曹襄悼不协^②，天圣中因议茶法，曹力挤肃简，因得罪去；赖上察其情，寝前命，止从罚俸，独三司使李谘夺职，谪洪州。及肃简病，有人密报肃简，但云"今日有佳事"。鲁闻之，顾婿张昷之曰^③："此必曹利用去也。"试往侦之，果襄悼谪随州。肃简曰："得上殿乎？"张曰："己差人押出门矣。"鲁大惊曰："诸公误也。利用何罪至此？进退大臣，岂宜如此之遽！利用在枢密院，尽忠于朝廷，但素不学问，倔强不识好恶耳，此外无大过也。"嗟惋久之，遽觉气塞。急召医视之，曰："此必有大不如意事动其气，脉已绝，不可复治。"是夕，肃简薨。李谘在洪州，闻肃简薨，有诗曰："空令抱恨归黄壤，不见崇山谪去时^④。"盖未知肃简临终之言也。

【注释】

①鲁肃简公：即鲁宗道。与下文李谘及议茶法事，均
　参见《笔谈》卷十二"宋代茶法"条。

②曹襄悼：即曹利用（971—1029）。字用之，宁晋
　（今属河北）人。武人出身，真宗时官至枢密使加
　同平章事。在位久，颇恃功逞威，然每抑宦官、贵
　戚、宗室子弟的法外请赏，由是结怨。仁宗即位

后，以他事罢知随州，后又谪房州安置，半道被押送的内侍侵逼，自缢死。

③张皀（wēn）之：字景山，宋城（今河南商丘）人。官至光禄卿。

④崇山：此用传说的尧曾流放崇伯鲧（大禹之父）的掌故。李谘二句诗的意思是：只让鲁宗道抱憾而死去，可惜没有看到他被流放。

【译文】

鲁肃简公为人刚正，行事不循从个人爱憎，这是出于他的天性。他一向与曹襄悼不合，天圣中曾因讨论茶法，曹襄悼极力排挤肃简公，因此导致肃简公得罪被罢职；不过随后赖皇上察觉到真实情况，又撤销了先前的罢官令，仅给了他扣罚俸禄的处分，只有三司使李谘被削去贴职，贬到了洪州。等到肃简公病重时，有人给他传递宫中密报，但只是说"今天有好事"。肃简公听到消息后，回头对女婿张皀之说："这一定是指曹利用要丢官了。"张皀之试着去打听，果然是曹襄悼谪官随州。肃简公说："皇上召见他了吗？"张皀之说："已经派人把他押出城门。"肃简公闻听大惊，说："这事几个主事大臣办得不对。曹利用的罪过怎么能到这地步？贬斥大臣，哪该这么仓促！曹利用在枢密院，还是尽忠于朝廷的，只是他向来不学无术，倔强得很，有时不识好歹，此外并无大过错。"他嗟叹了好一阵子，突然觉得闷得慌。家人急忙请医生来看，医生说："这一定是有大不如意的事让他动气了，现在气脉已断绝，没法再治。"当天晚上，肃简公谢世。李谘在洪州，听到肃简公去世的消息，曾写诗道："空令抱恨归黄壤，不见崇山谪去时。"他大概还不知道肃简公临终所说的话。

"乌鬼"再考

杜甫诗有"家家养乌鬼，顿顿食黄鱼"之句，近世注杜甫诗，引《夔州图经》称："峡中人谓鸬鹚为'乌鬼'。蜀人临水居者，皆养鸬鹚，绳系其颈，使之捕鱼，得鱼则倒提出之，至今如此。"又尝有近侍奉使过夔、峡，见居人相率十百为曹，设牲酒于田间，众操兵仗，群噪而祭，谓之"养鬼"。养读从去声。言乌蛮战伤多，与人为厉，每岁以此禳之。又疑此所谓"养乌鬼"也。

【译文】

杜甫诗有"家家养乌鬼，顿顿食黄鱼"的句子，近年世人注释杜甫诗，引《夔州图经》说："峡州一带叫鸬鹚为'乌鬼'。蜀人临水居住的，都养鸬鹚，用绳系住它的脖颈，让它捕鱼，在它捕到鱼后，就把它倒提起来，使它把鱼吐出，至今还是这样。"然而又曾有皇上的贴身侍从奉命办差，路过夔州、峡州一带，见当地居民相互跟随，以几十人或上百人为一群，备置牺牲和酒食于田间，众人操着兵器，集体鼓噪而举行祭祀活动，称之为"养鬼"。"养"读去声。所谓"养鬼"，意思是乌蛮战死的人多，这些死者会变成厉鬼害人，所以每年都举行这种活动来禳除灾害。我因此又怀疑这种活动就是所谓的"养乌鬼"。

酒，酒

韩退之诗句有"断送一生唯有酒"，又有"破除万事无过酒"。王荆公戏改此两句为"一字题"四句，曰："酒，酒，破除万事无过，断送一生唯有。"不损一字，而意韵如自为之。

【译文】

韩退之的诗句有"断送一生唯有酒"，又有"破除万事无过酒"。王荆公戏为改作，将两句诗合成"一字题"的形式，变为四句，说："酒，酒，破除万事无过，断送一生唯有。"没有减少一个字，而寓意和韵味都像是自己创作出来的。